Rüdiger Nehberg

Die Autobiographie

Rüdiger Nehberg

Die Autobiographie

Mit 95 Fotos

MALIK

Alle Fotos: Archiv Rüdiger Nehberg/Annette Weber

Der Abdruck des Liedtextes »I'm on my way« aus der CD »Der Excessor« erfolgt mit freundlicher Genehmigung von Udo Lindenberg, der Textpassagen von Karl-Heinz Schütt aus seinem Porträtbuch »Leben mit Risiko« mit freundlicher Genehmigung von Oliver Schwarzkopf.

ISBN 3-89029-297-6

Satz: EDV-Fotosatz Huber/Verlagsservice G. Pfeifer, Germering
Druck und Bindung: Ebner & Spiegel, Ulm
Printed in Germany

www.malik.de

Der schädlichste Satz in jeder Sprache ist:
So haben wir das schon immer gemacht!
Grace M. Hopper

Inhalt

Vorwort

Jeder Mann ist nur so gut
wie die Menschen an seiner Seite.
Frei nach mir

Manche schreiben ihre Memoiren bereits mit 18. So, als wäre ihr Leben schon gelaufen. Oder als erwarteten sie keine weiteren Höhepunkte mehr. Oder als seien sie so wichtig, dass noch viele Bände folgen müssten.

Ich bin nun 70 und finde den Zeitpunkt zu früh, um bereits eine Endbilanz abzuliefern. Außerdem raubt mir das Schreiben der Biografie viel Zeit. Ich könnte sie erheblich besser nutzen für die Vorbereitung meiner nächsten Aktion in der Sahara. Warum also schon jetzt?

Annette sieht das anders. »Ist doch klar. Weil du 70 wirst! Das ist ein runder Geburtstag. Und weil du laut Lebensversicherungsstatistik als Ex-Bäcker nur 68 werden durftest und somit bereits zwei Jahre überm Limit bist. Nicht deine Nachfahren sollen das Buch schreiben, sondern du selbst.«

Annette, meine Frau und Kampfgefährtin, hat Recht. Sie ist Realistin. Rechnerisch gesehen müsste ich loslegen. Bettina Feldweg, meine Lektorin bei Piper, gibt ihr Feuerschutz. »Und gerade deshalb, weil du dein Schicksal weiterhin provozieren willst. Du überforderst deinen Schutzengel. 22-mal hat er dir bei bewaffneten Überfällen zur Seite gestanden. Dazu kommen die ungezählten Male bei Problemen mit Naturgewalten. Ich sehe den Schutzengel regelrecht vor mir: mit völlig zerfleddertem Gefieder. Gerupft wie ein Geier am Hals oder ein Huhn, bevor es in die Suppe springt. Du solltest ihm ruhig mal eine

Ruhepause gönnen, damit sich die Federn regenerieren können.«

Engel! Als wenn ich mich auf undefinierbare Gestalten verließe. Dann müsste ich ja auch an die Hölle glauben. Annette und Bettina schaukeln sich gegenseitig hoch. Ständig hängen sie an der Strippe oder mailen sich die kostbare Freizeit weg.

Meine Einwände, auch 75 sei ein rundes Alter, und danach hätte ich vielleicht nur noch uninteressante Rentneraktionen im Programm, prallen bei solcher Argumentation ab. Wenn Bettina und Annette sich verbünden, sehe ich einfach alt aus. Uralt. Siebzig.

Ein kritischer Blick in den Spiegel tut ein Übriges. Mutter Natur beginnt, mich abzuwracken, zu recyceln. Meine Endkompostierung ist eingeleitet. Da gibt es nichts zu beschönigen. Die Muskeln legen sich in Falten, das Gehör hat sich aus der Pflicht gestohlen und seine Verantwortung den Hörgeräten überlassen. Angeblich knarren meine Gelenke. Jedenfalls behauptet Annette das. Ich selbst höre das Knarren trotz der guten Hörgeräte nicht. Wahrscheinlich habe ich bei ihrem Erwerb zu viel gezahlt und sie fühlen sich deshalb verpflichtet, störende Geräusche hightech-mäßig weg zu filtern.

Natürlich könnte ich mich verjüngen. Dreimal fünf Liegestützen mehr pro Tag, den Bart richtig ins Kraut schießen lassen, ihn färben und föhnen und gekonnt um den haarlosen Schädel drapieren – dann würde mich bestimmt jeder auf erst 69 schätzen. Aber es war nie mein Stil, mir etwas vorzumachen.

»Ich habe über 20 Bücher geschrieben. Das ist doch Biografie genug. Warum soll ich alles noch einmal erzählen?«, wage ich einen letzten Versuch, der Pflicht zu entrinnen. »Bringt diese 20 Bände einfach als preiswerte Paperback-Ausgabe raus, schön nebeneinander aufgereiht in einem Geschenkschuber. Wie die 20 Bände Meyer's Lexikon. Davon druckt ihr 100 000 und gebt sie bei Aldi als Sonderangebot raus.«

Jetzt habe ich mich clever aus der Affäre gezogen! Ich meine das ernst und komme mir schlau vor. Die beiden Frauen gucken sich an. Sie strahlen synchron. Ich habe gesiegt. Mit 70 gegen zwei Frauen, die nicht mal *zusammen* 70 Lenze auf den Lebenskalender bringen – hallo! –, das mache mir erst mal einer nach! Vorsichtshalber schiebe ich noch einen hinterher. »Wenn ihr mich in meinem Alter weiterhin so stresst, kriege ich womöglich einen Herzinfarkt. Und dann könnt ihr das Buch selbst schreiben.«

»Mensch, eine gute Idee!«, tönt Bettina auch gleich.

Ich bin geschockt über so viel Abgebrühtheit. Bei welchem Verlag bin ich da nur gelandet? Oder hat sie das mit dem Herzinfarkt etwa überhört?

»Das eine schließt ja das andere nicht aus. Weißt du, wie ich das meine? Die 20 Bände auf der einen Seite und deine Biografie auf der anderen! Wir können ja nicht nur deine alten Kamellen auffrischen. Zum Siebzigsten muss etwas Neues her. Allein schon für alle diejenigen deiner Leser, die die übrigen Bücher längst gelesen haben. An die müssen wir ja auch denken.«

»Und außerdem hast du so viele Geschichten zu erzählen, die noch niemand kennt. Die Erlebnisse aus deiner Kindheit, deiner Jugend, der Lehre, deiner Wanderschaft als Geselle, deine ersten Reisen, deine Pleiten und Misserfolge, deine Philosophie – da ist noch so viel, dass man daraus sogar zwei Bände machen könnte …« Annette tutet unüberhörbar in Bettinas Horn. Sie hätte lieber Verlegerin werden sollen und nicht meine Managerin.

»Ich und Philosoph? Wollt ihr mich auf den Arm nehmen?«

»Nein, ganz und gar nicht. Ich meine deine Art, Probleme anzugehen und mit Misserfolgen fertig zu werden, dieses ›Tränen nutzen zum Weiterschwimmen‹, wie du mal gesagt hast. Ein solches Buch würde bestimmt vielen Menschen Mut machen zu eigenem Engagement.«

Ich bin baff. Die Frauen kennen mich offenbar besser als ich mich selbst. Da habe ich tatsächlich manche Nuss im Leben geknackt. Aber gegen diese zwei bin ich hilflos. Was will ich meinen Lesern denn zum Thema Problemlösungen raten, wenn ich nicht einmal mit den beiden fertig werde? Ich gebe mich geschlagen. Damit sie mir die Niederlage nicht anmerken, verwandle ich sie großspurig in einen Sieg, mache aus dem Flop 'nen Top.

»Okay. Bettina, Annette, der Spiegel und der Realist in mir – das sind vier gegen den einen, der da meint, die Zeit für die Biografie sei verfrüht. Der Klügere gibt nach. Ich schreibe das Buch.«

Und hier ist es nun. Es ist aber durchaus mehr als nur eine Aufzählung vergangener Episoden.

Ich möchte mit diesem Buch auch Jugendlichen Mut machen. Mut, gegen die scheinbare Chancenlosigkeit in der Berufswelt zu bestehen, sich gegen die Norm des Alltags zu behaupten, gegen Ungerechtigkeiten Front zu machen. Mit Vielfalt, mit Individualität, mit Ausdauer. Lasst euch Ideen, Ideale und Visionen nie kaputt reden. Fahrt raus in die Welt. Lernt andere Lebensarten kennen. Lernt vergleichen, bewerten. Das Leben kann so vieles mehr sein als nur Schule und Schuften, Beruf und Geraffe, Glotze und Glitzer. Durch befriedigenden Inhalt lässt sich aus dem relativ kurzen Erdendasein ein Mehrfaches an Erfüllung herauskitzeln.

Meine Lebensgeschichte ist auch verbunden mit einem Dankeschön an die vielen Menschen, die mich je unterstützten. Sie soll ihnen, auch wenn sie *nicht* namentlich aufgezählt werden, zeigen, dass auch ihr Scherflein dazu beigetragen hat, mich voranzubringen. Egal, ob sie mir nur Mut gemacht haben, ob sie mir Kleines oder Großes abnahmen, an mich und meine Ziele glaubten, das Geschäft weiterführten, Ideen oder Kritik hatten, mir die Treue hielten oder mich einfach ausgehalten haben und noch aushalten werden. Denn Erfolg ist nie der Erfolg eines Einzelnen. Es ist immer auch der Erfolg der Hintermannschaft und jeder kann nur so gut sein wie sein Team im weitesten Sinne.

Nun wünsche ich viel Spaß beim Lesen. Aber auch viel Neues, viel Unerwartetes, viele Motivationsschübe, für ein eigenes Leben voller Pläne, Ziele, Erfolge und – nicht zu vergessen – vieler Risiken, der wichtigsten Würze des Lebens. Adrenalin pur.

Rüdiger Nehberg
Rausdorf, im Januar 2005

Nachsatz

Sollte das Buch Grund zu Beschwerden geben, dann richte man diese bitte direkt an Bettina und Annette, die Anstifterinnen des vorliegenden Werkes.

Bei Lob ist dieser Umweg nicht erforderlich. Lob direkt an mich.

Aller Anfang ist schwer

Leben ist eine immerwährende Entscheidung,
zwischen dem ganz Winzigen
und dem ganz Weiten zu wählen.
Paul Theroux

Irgendwann im September 1934 beschließen meine Eltern, sich zu klonen und Nachwuchs zu zeugen. Das soll ich werden. Mein Geburtstag wird schon bei der Paarung auf Anfang Juni festgelegt. Ich soll unbedingt im Sternzeichen der Zwillinge geboren werden, um die positiven Eigenschaften meiner Erzeuger noch zu optimieren. Zwillinge sollen angeblich nämlich all das in ihrer Veranlagung haben, was meine Eltern nicht besitzen, sie sich aber wünschen. Was auch immer das ist.

Doch daraus wird nichts. Meine Eltern vergessen, dass menschliches Leben neben allen Erbeigenschaften auch die Gabe besitzt, schon vom Moment der Zeugung an eigene Wesensarten zu entfalten. Meiner Eltern ausgeprägtes Gespür für Mathematik, gestützt auf die Zahlenakrobatik ihrer Banker-Laufbahn und die Einflüsse der Gestirne, beinhaltet einen Denkfehler. Ihr Klon, also ich, bin neugierig auf die Welt und drängelt sich bereits vier Wochen früher ans Licht, ungeachtet aller Horoskope. Das ist im Mai 1935 in Bielefeld. Ich bin ein Frühchen, ein *Stier* und damit eine vorprogrammierte Katastrophe. Hätten sie nur einen Augenblick länger gewartet, wären ihnen viele Sorgen erspart geblieben. Denn dann wäre statt meiner ein anderes Geschwisterchen gezeugt worden.

Meine Mutter versucht das Beste aus mir zu machen. Morgens befragt sie die Astrologen der Zeitung, die geben ihre Fifty-Fifty-Weisheiten von sich, und wenn mal etwas von diesen Allgemeingültigkeiten eintritt, wird die Weisheit der Sterne in den Himmel gelobt. Wo sie auch hingehört. Wenn das Gegenteil eintrifft, wird darüber nicht gesprochen.

Ich will unabhängig sein von dieser Kaste astrologischer Leute-Verdummer und mich nur auf mich selbst verlassen, auf das, was Mutter Natur mir in die Wiege gepackt hat. Das einzige Gestirn, das mein ganzes Vertrauen besitzt, ist die Sonne. Sie steht hoch in meiner Gunst. Aber das verrate ich meinen Eltern nicht. Unnötigen Kummer will ich ihnen ersparen. Ich bin ihr Wunschkind, bin »unter Schmerzen geboren« worden, ich habe es gut und soll »es mal besser haben« als sie. Genau also wie alle Kinder von allen Eltern. Mit anderen Worten: Mein Elternhaus ist stinknormal. Ein gutbürgerlicher Bankerhaushalt. Um 12:30 Uhr steht das Mittagessen auf dem Tisch, samstags gibt es Kuchen und sonntags werden die *guten* Schuhe angezogen.

Zwei Jahre nach mir wagen meine Eltern einen zweiten Versuch der Reproduktion. Meine Schwester Ingeborg kommt auf die Welt. Und da schon damals aller guten Dinge drei waren, folgt 1939 mein »kleiner« Bruder Volker. Da bin ich bereits selbst stolze vier Jahre alt und ahne nicht, wie wichtig meine Schwester noch für mich werden soll, und dass ich meinen Bruder beinahe umbringen würde.

Da meine Mutter sich nun vorwiegend um die jüngeren Geschwister kümmert, und ich nicht völlig nutzlos herumhängen soll, werde ich kurzerhand zum »Vorbild« für sie erklärt. Das hat vor allem Nachteile, wie ich bald merke. Plötzlich darf ich dies nicht mehr und das nicht mehr. »Was soll denn Ingeborg denken, wenn du in der Nase bohrst?«

Deshalb beschließe ich mit vier Jahren das erste Mal, mich allmählich vom Elternhaus zu lösen. Ich mache

mich auf die Wanderschaft quer durch Bielefeld. Mein Ziel: Johanne Krause in der Oerlinghauser Straße 5. Sie ist nicht nur meine Großmutter – die hat schließlich jeder –, meine Oma hat ein unübertreffliches Trockenobst. Auf langen Bindfäden hängen die Apfelscheiben auf ihrem Dachboden und dörren vor sich hin. Zu jenen Zeiten eine unkäufliche Delikatesse. Schon beim Gedanken an diese

Leckerei laufen meine Beine von alleine und der Speichel fadenweise aus dem Mund.

Vielleicht, weil ich ständig damit beschäftigt bin, mir den Mund trocken zu reiben, vielleicht weil ich die Reise nicht gut genug geplant habe, jedenfalls verlaufe ich mich. Ich komme nie bei meiner Oma an. Das Trockenobst hat Glück. Es bleibt ungegessen.

Irgendwann muss meine Mutter mich vermisst haben. »Düdider i betim in Odderdi«, vermutet meine kleine Schwester. Das heißt zu deutsch: »Rüdiger ist bestimmt in Olderdissen.« Und das ist Bielefelds Tierpark. Von unserer Wohnung aus sind das schlappe zwei Kilometer quer durch den Teutoburger Buchenwald. Ingeborg kennt meinen Hang zu den beiden Wölfen dort. Denn wenn allsonntäglich die Familienfrage gestellt wird, »Wo gehen wir denn heute mal hin?«, schreie ich bereits »Olderdissen!«, noch bevor der Satz beendet ist. Meine Geschwister sind zu jung, um ein Veto einzulegen. Und so gehen wir immer

nach Olderdissen. Irgendwann erübrigt sich die Frage meiner Eltern sogar gänzlich. Auch ohne Abstimmung ist Olderdissen angesagt.

Aber noch nie bin ich allein dorthin unterwegs gewesen. Immer nur im Clan. Nachbarn, die ausgeströmt sind, mich dort zu suchen, kommen ergebnislos zurück. Meine Mutter hat es gleich geahnt. »Er hat keine Leberwurstbrote mitgenommen.« Ob er bei Oma ist? Nein, dort ist er nicht angekommen. Das klärt ein Telefonat. Die Apfelscheiben werden nachgezählt. Sie sind vollzählig. Also bin ich auch nicht heimlich dort gewesen. Als es Abend und dunkel wird, kommt Panik auf. Die Polizei wird benachrichtigt.

Derweil bin ich des Suchens nach dem Trockenobst längst müde geworden. Ich habe wohl Hunger verspürt, in Papierkörben gestöbert und statt des Obstes nur Zeitungen erwischt. Die machen nicht satt, aber warm. Mit ihnen verbringe ich meine erste Nacht allein im Freien. Ein

Ereignis, das mich prägen soll. Meine erste unbewusste Survival-Erfahrung: Zeitungen wärmen.

Morgens entdecken mich Passanten unter einem Rhododendren-Busch und alarmieren die Polizei. Und die bringt mich nach Hause zu einer glücklichen Mutter. »Das darfst du nie wieder tun!«, sagt sie zum wiederholten Male, während mein extra angereister Opa Willi die Auffassung vertritt: »Dem Bengel gehört der Arsch versohlt!«

Ab jetzt passt meine Mutter höllisch auf mich auf. »Nun will der Junge auch schon *in der Woche* nach Olderdissen und nicht nur sonntags«, klagt sie meinem Vater. Der hat Verständnis. Denn ich tue das, wovon er selbst als Kind immer geträumt hat. Ich tippele überall herum und erkunde die Welt. Ihm ist das verwehrt geblieben. Denn er war zeitlebens gehbehindert. Man hat ihn bei der Geburt mit Zangen am Bein schwer verletzt. Bis zum fünften Lebensjahr musste er in Gips liegen. Als er endlich selbst-

ständig gehen konnte, hinkte er. Sein linkes Bein war sieben Zentimeter kürzer. Er beklagte sich darüber aber nie und meinte scherzend »Macht ja nichts, dafür ist das andere sieben Zentimeter länger.« Sein Standardwitz.

Mein Vater findet einen Olderdissen-Kompromiss. Unser Kindermädchen Erna – sie absolviert bei uns ein Pflichtjahr im Haushalt (Wehrpflichtersatz für Frauen) –

bringt mich in den Tierpark und holt mich zwei Stunden später wieder ab. Das Butterbrot, »bitte mit Leberwurst!«, das Mutter mir vorsorglich mitgibt, teile ich mit den Wölfen. Leberwurst mögen sie am liebsten.

Dann kommt der Krieg. Die Väter meiner Freunde werden eingezogen. Nur meiner nicht. Viele kehren nie wieder heim. »Gott sei Dank«, meint Mutter. »Er kann kein Soldat werden, weil sein Bein zu kurz ist.«

Dreimal wird er im Laufe der Jahre gemustert. Immer mit demselben Ergebnis. »Ungeeignet!« So bleibt uns Vater erhalten. Den Krieg führen die anderen Deutschen. Zunächst den in Polen. Mein Vater, der Bankbeamte, wird an eine Sparkasse in Danzig versetzt. Und wir, die Familie, reisen nach. Wir beziehen eine Wohnung in Zoppot in der Johann-Gottlieb-Fichte-Straße 12.

»Da neben uns wohnt der Graf von Zeppelin«, verraten mir meine Eltern ehrfürchtig. Ihrer Stimme nach zu urteilen, muss das ein hohes Tier sein. Der Zeppelin persönlich. Das kleine Haus mit dem Walmdach scheint jedoch meist unbewohnt. Der Graf fliegt seinen Zeppelin. Nur eine Haushälterin sehe ich manchmal. Und genau die wird mein Verhängnis. Sie erwischt mich beim Klauen der Himbeeren und petzt es dem Grafen. Statt rüberzukommen und sich zu beschweren, schreibt er einen geharnischten Brief vom Niedergang der deutschen Kultur und Ehrbarkeit. Das zeigt Wirkung. Meine Eltern sind völlig geknickt. »Du machst mir noch mal graue Haare«, klagt Mutter. Dabei hätte ich das Grau viel besser gefunden als ihr Mischmaschbrünett. Aber das behalte ich für mich. Ich will ihr nicht noch mehr Kummer bereiten.

So gelingt es der gräflichen Einschreiben-Note, die kleine Himbeernascherei zum hochkriminellen Einbruchdiebstahl aufzublasen und den Familienfrieden zu erschüttern. Ich bekomme die erste und einzige Tracht Prügel von meinem alten Herrn. Und Opa Willi prophezeit brieflich: »Du wirst noch mal in der Erziehungsanstalt landen.« Das ist so eine Art Zuchthaus für Jugendliche.

Als Wiedergutmachung werde ich zur Beschaffung von zwanzig Eimern Pferdemist verdonnert. Dünger für den gräflichen Garten im Allgemeinen und die Himbeeren im Besonderen. Normalerweise sammele ich den für *unseren* Garten und bekomme pro Eimer 25 Pfennige Taschengeld. Pferdemist liegt auf allen Straßen, denn Autos haben nur das Militär und »die ganz Hohen«. Auch der Graf. Durch ihn entgehen mir also fünf Mark Lohn. So viele Himbeeren habe ich niemals gegessen. Das kann ich schwören. Ich räche mich und klaue ihm beim Düngen noch ein paar Hände voll.

»Warum bist du nicht wie Volker und Ingeborg? Die sind immer artig und pünktlich zu Hause.« Oma Johanne bei einem ihrer Besuche und Versuche, aus mir einen »anständigen Jungen« zu machen. Statt Vorbild bin ich aber eher das schwarze Schaf der Familie. »Was soll aus dir noch mal werden?«, ist die meist gehörte Frage.

»Ich möchte Abenteurer werden«, sage ich dann immer.

»Davon kann man nicht leben. Außerdem ist es zu gefährlich«, weiß meine Oma.

»Er ist halt ein typischer Stier!«, folgert Mutter horoskopkundig und weist damit jede Verantwortung für mich von sich. Und Oma schlägt vor, eigens für mich das Sternzeichen »schwarzes Schaf« zu schaffen. Für mich erübrigt sich spätestens seitdem jeglicher Astrologie-Blödsinn. Zu meinem Vertrauen auf die Sonne gesellt sich das auf den Mond und – später – auf den Polarstern und das Kreuz des Südens. Auf sie ist Verlass.

Kriegszeiten

Zufall ist ein Wort ohne Sinn.
Nichts kann ohne Ursache bestehen.
Voltaire

Neben dem Taschengeld für Pferdemist erschließe ich mir andere Einnahmequellen. Blaubeeren, Pilze und Bernstein. Wälder und Meer sind voll mit solchen Schätzen. Ich liebe es, die Natur danach zu durchstöbern und die kargen Mahlzeiten daheim damit zu verbessern.

1942 wendet sich der Krieg zu Deutschlands Ungunsten. Die Nächte verbringen wir im Keller oder in Luftschutzbunkern. Rohstoffe werden knapp. Ich sammele Lumpen, Knochen, Papier, Alteisen. Auch das bringt Geld.

1944 ergießen sich Flüchtlingsströme aus Ostpreußen durch Zoppot nach Westen. Endlose Pferdewagen-Trecks mit ausgemergelten Pferden. Überfüllte Güterzüge voller niedergeschlagener Menschen mit ihrem wenigen geretteten Hab und Gut. Meine Mutter kocht *Kathreiners Malzkaffee*, was die Töpfe hergeben, und ich verteile ihn an die Flüchtlinge.

»Wenn das so weitergeht, müssen wir auch flüchten«, höre ich Mutter flüstern. Und sie behält Recht.

Am 12. März 1945 ist es soweit. Wir ergattern die letzten Plätze auf der *Urundi*, einem hoffnungslos überladenen Frachtschiff. Weil unsere Familie drei Kinder hat, erhalten wir eine kleine Kabine. Der reinste Luxus. Denn Hunderte von Menschen müssen mit den eisigen Plätzen an Deck vorlieb nehmen. Oder zurückbleiben. Aber das will niemand. Alle haben Angst vor den Russen. Die *Urundi* ist das letzte Flüchtlingsschiff, das Westpreußen verlässt.

Überall in der Ostsee kreuzen unsichtbar russische U-Boote. Vor wenigen Wochen erst ist die *Gustloff* gesunken. Sie war das *vor*letzte Flüchtlingsschiff. Drei Torpedos versenken es in der Ostsee. Mit fast allen Mannen und Mausen. Um unsere Sicherheit zu erhöhen, begleiten uns zwei Kreuzer.

Wir erreichen Dänemark und kommen in ein Lager fernab von allem Kriegsgeschehen. Am 8. Mai 1945, dem Tag der Kapitulation Deutschlands, wird unser Lager mit Stacheldraht umzäunt. Bewaffnete Dänen passen auf, dass

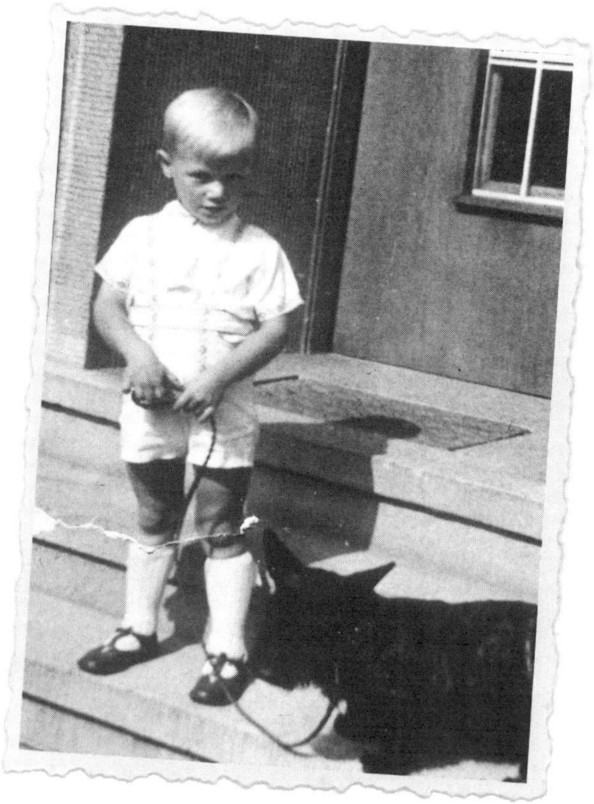

niemand flieht. Dennoch gelingt es vielen. Die Kontrollen werden sehr lasch gehandhabt. Die Dänen sind froh über jeden Deutschen, der ihr Land schleunigst verlässt.

»Wann fliehen *wir* denn?«, will ich von meinem Vater wissen.

»Wir können nicht fliehen. Wir sind zu viele Personen, ihr seid zu jung und wir müssen erst abwarten, ob Omas Haus in Bielefeld überhaupt noch steht. Vor allem aber geht es uns hier viel besser als den Menschen in Deutschland. Dort herrscht eine große Hungersnot, während wir von den Dänen ja sehr gut versorgt werden.«

Das stimmt. Wir haben satt zu essen, warme Baracken und niemand wird schikaniert, obwohl die Dänen mit den Deutschen schlechte Erfahrungen gemacht haben. Schließlich ist auch ihr Land einfach überfallen und dem Reich »von der Etsch bis an den Belt« einverleibt worden.

Nur eins gibt es nicht: Tabak. Die Erwachsenen leiden. Meine Eltern vor allem. Sie sind starke Raucher. Eine verqualmte Bude gehört ebenso zum festen Nehberg-Ambiente wie die gelben Raucherfinger meiner Eltern. »Fang du das bitte niemals an«, beschwören sie mich bei jeder neu angezündeten Zigarette. »Rauchen ist ungesund und kostet Geld.«

Dass man während des Rauchens auch behindert ist, erwähnten sie nicht. Sie merken es gar nicht. Aber ich sehe es. Entweder haben sie nur eine Hand frei, weil sie die andere für die Zigarette benötigen, oder sie können nicht richtig sprechen, weil sie sie im Mund haben. Ganz zu schweigen von der Asche, die beim Sprechen von der wippenden Zigarette auf den Teppich fällt. Solche Probleme will ich mir in meinem Leben nicht auch noch aufhalsen. Ich werde konsequenter Nichtraucher.

»Ich weiß, wo jenseits des Stacheldrahtes Waldmeister wächst«, verrate ich meinem Vater. Ich habe gleichaltrige

Jungen gesehen, die geschickt unter dem Stacheldraht hindurchgekrochen sind, um im nahegelegenen Wald dieses grüne Kraut zu pflücken. Es wird als Tabakersatz für ihre Väter gehandelt.

»Das ist zu gefährlich. Womöglich schießen die Dänen auf Fliehende.«

Das sehe ich anders. Noch nie ist einer der Jungen von den Wachposten angehalten worden. Man hat sie lediglich aufgefordert, sofort wieder zurückzukriechen. Ich schließe mich also einem der Jugendtrupps an und präsentiere abends voller Stolz den Eltern meine Ernte.

Das Glück, endlich wieder etwas zum Rauchen zu haben, überwiegt jede Besorgnis. »War es wirklich ungefährlich?«, wollen sie nur wissen. Und während ich die Frage bejahe, beginnen sie, das Zeug am Ofen zu trocknen. Eine Zeitung muss als Zigarettenpapier herhalten.

Der blühende Handel mit Waldmeister wird abrupt gestoppt, als alle Männer zunehmend über starke Kopfschmerzen klagen. Aber da habe ich mir längst eine andere lukrative Einnahmequelle erschlossen: Bei der Milchanlieferungsstelle entdecke ich »Schlagsahne«. Das ist der Schaum, der sich während des Transportes in den Kannen auf der Milch gebildet hat. Er wird einfach weggeschüttet. Bis ich auftauche.

»Darf ich den haben?«, bettele ich mit meinem treusten Augenaufschlag.

»Na klar, Kleiner!«, sagt der Vorarbeiter. Von da an kann ich jeden Morgen kommen und ihnen diese Arbeit abnehmen. Ich werde der Abschäumer des Abschaums.

Viele Mitgefangene treiben lebhaften Handel mit den Wachen. Der Schwarzmarkt blüht. Man tauscht Schmuck gegen Butter, Honig und Eier. Wir haben keinen Schmuck. Deshalb schreiben wir Bettelbriefe in die USA und bitten Unbekannte – »to whom it concerns« – um

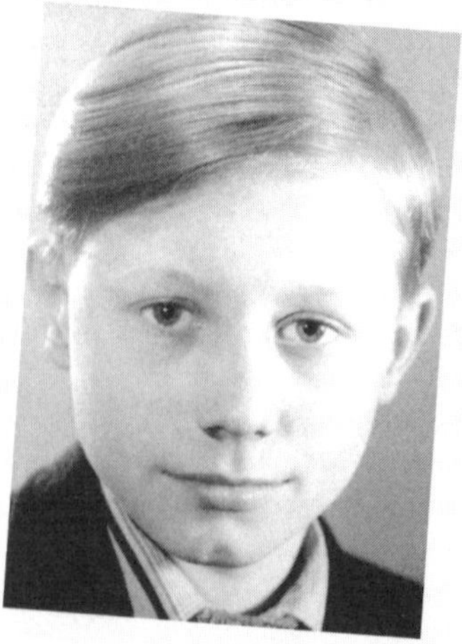

ein CARE-Paket. Für zehn Dollar übernimmt CARE den Versand sagenhafter Leckereien. Putenfleisch, Kuchenzutaten, Trockenobst, Cracker, fünf Zigaretten, Bohnenkaffee ... Es ist wie Weihnachten. Nur öfter. Nämlich einmal pro Monat.

Nach zwei Jahren im Lager werden wir entlassen. Oma Johanne hat sich endlich gemeldet. Sie ist ausgebombt, aber sie lebt und hat jetzt eine kleine Mansardenwohnung in der Oerlinghauser Str. 2 a. Es ist eng, aber wir sind durch die Entbehrungen längst stapelbar geworden. Wir drei Kinder quetschen uns in ein schmales Bett, meine Eltern haben das andere. Auch das ist sehr eng, denn manchmal liegen sie aufeinander statt nebeneinander.

Mein Vater wird als Banker wiedereingestellt. Ich quäle mich währenddessen mit Latein. Habe ich im dänischen Lager noch prima gelernt und begriffen, stürzt meine Note auf dem Ratsgymnasium von einer stolzen Eins auf eine beschämende Sechs. Daraufhin stürzt auch mein Vater. Nämlich zum Gymnasiumsdirektor, um mich von der Quarta in die Quinta zurückzustufen. Doch das ändert nichts an der Benotung. Im dänischen Lager hatten wir keine Lehrbücher und deshalb praktische Sätze gelernt wie »Ich habe Hunger, was kostet ein Brot?« Wir lernten von einem sprachbegabten Lehrer, wie Kinder das Sprechen von ihren Eltern lernen. Einfache Worte wie »Komm! Danke! Guten Tag. Ich heiße Rüdiger. Ich bin zehn Jahre alt.«

Jetzt hingegen soll ich mich für einen alten Römer namens Cäsar interessieren, der in grauer Vorzeit »hoch zu Ross den Rhein bei Köln mit drei Legionen Kavallerie und 2000 schildbewehrten Speerträgern« überquert haben soll. Und das nicht einfach so, bei Sonnenschein und Butterbrot, über eine Brücke oder durch eine Furt, sondern höchstkompliziert in Latein statt Italienisch, im Konjunktiv, im Ablativ, im siebtem Futur Partizip, im Gerundium – fernab jeder Lebensnähe.

»Latein ist die Basis aller romanischen Sprachen. Damit kannst du Arzt werden, Lateinlehrer und Jurist.« Mein Vater redet genau wie mein Pauker. Ich bin frustriert.

»Dann möchte ich lieber gleich Spanisch lernen. Davon kann man andere romanische Sprachen auch ableiten.«

Das ist schlau. Aber es stammt nicht von mir. Ein Mitschüler gleichen Niveaus hatte mir das verraten. Seine Mutter ist Spanierin.

1949. Inzwischen bin ich 13. Wir ziehen um nach Münster. Die Innenstadt ein einziger Trümmerhaufen, Münster zu 80 % zerstört. Mein Vater ist an den Westfälisch- und Lippischen Sparkassen- und Giroverband versetzt worden. Wir wohnen in der Kolmarstraße. Es gibt noch keine regelmäßig fahrenden Busse. Zu seinem Arbeitsplatz sind es fünf Kilometer. Für meinen gehbehinderten Vater ein weiter Weg, eine körperliche Qual. Ich bastele ihm ein Fahrrad. Die Teile dazu finde ich bei den vielen Schrotthändlern. Hier ein Lenker, dort einen Rahmen. Rost wird weggeschmirgelt, Schutzbleche gerade gebogen. Hauptsache, es fährt. Ich schenke es ihm zum Geburtstag.

»Noch nie im Leben habe ich ein so tolles Geschenk bekommen!«

Und noch nie habe ich meinen Vater so strahlend erlebt. Selbst meine Mutter freut sich, obwohl er sie doch soeben indirekt beleidigt hat. Seinen Worten zufolge hat sie ihm also nie etwas Vergleichbares geschenkt.

Sein Lob ermutigt mich, auch mir selbst ein Fahrrad zusammenzuflicken. Ich ahne nicht, dass mich dieses Kunstgebilde bald durch die halbe Welt tragen soll. Ohne Gangschaltung, ohne Lack. Aber funktionell. Ein Wahnsinnsschlitten.

Wandertrieb

Misserfolge sind nur misslungene Erfolge.
Gustav Grossmann

»DREIECK-ZELTPLANEN GESUCHT!«

Das ist mein erstes Inserat. Es steht in der Münsterschen Zeitung. Dreieck-Zeltplanen hatten viele Soldaten besessen. Sie gehörten zur Standard-Ausrüstung im Feld. *Eine* Plane diente lediglich als Poncho, zwei schon konnte man zu einem einfachen Regenschutz verbinden, und drei ergaben bereits ein richtiges Zelt, eine Dreieck-Pyramide.

Ich bekomme reichlich Angebote und schaue mir mehrere Offerten an. Die ersten Planen sind verschimmelt und morsch. Sie stinken und gefallen mir nicht. Ich habe nur fünf Mark, mein Geburtstagsgeschenk von Oma Johanne Krause. Sie verdient sich ihr Geld als Änderungsschneiderin. Das kostbare Geld will gut angelegt sein.

»Was? Damit willst du um die ganze Welt?«, fragt ein älterer Anbieter belustigt, als ich ihm meine Träume verrate.

»Ja, wenn's geht. Aber ich will das Zelt erst einmal an der Werse ausprobieren.« Die Werse – ein ruhiger Paddelbach bei Münster.

»Die schenke ich dir, mein Junge! So hab ich auch mal angefangen.«

Mein Freudensprung besiegelt das große Geschäft. So komme ich zu meinem ersten Zelt.

Zum Schrecken meiner Mutter baue ich es gleich in der Wohnung auf. »Geht das schon wieder los? Nun bleib doch endlich mal ruhig sitzen. Wie Ingeborg und Volker.«

Aber diese Argumente gehen mir längst am Ohr vorbei. Ich nehme sie nicht mehr wahr. Wie das nervige Ticken der großen Standuhr.

»Volker, kommst du mit? Sonnabend übernachte ich an der Werse. Ich angele mir einen Fisch und mache mir ein Feuer.«

Mein neunjähriger Bruder sagt sofort zu. Die Eltern geben sich machtlos. »Aber passt gut auf!«, ist Muttis Anstandskommentar.

Mit meinem und Vaters Rad begeben wir uns auf die kleine Reise. Stolz stellen wir unsere Zelt-Pyramide auf, sammeln Brennholz. Der benachbarte Bauer schenkt uns einen Ballen Stroh zum Reinkuscheln. Ansonsten haben wir nur eine alte Decke zum Wärmen. Es ist Mai, ich bin 14 und es ist kalt. Arschkalt. Die Eisheiligen.

Ein kleiner Weißfisch begeht den verhängnisvollen Fehler, auf meinen Wurm an der Angel reinzufallen. Doch mehr rückt die Werse nicht raus. Trotz guten Zuredens. Wir teilen den Fisch brüderlich. Irgendwann übermannt uns die Müdigkeit. Wir versuchen zu schlafen, aber die Kälte fräst uns ein Körperteil nach dem anderen aus dem Körper. Hätte ich doch nur mehr Holz gesammelt! Doch jetzt ist es zu spät. Es ist dunkel und das Holz versteckt sich. Volker wimmert. Ich stinke nach Fisch. Um Himmels willen – hoffentlich erfriert er nicht! Ich wärme ihn mit meiner Restwärme, kratze das Stroh um ihn herum zusammen, baue ihm ein Nest, lege mich über ihn. Ich bin sicher, dass wir morgen tot sind. Schon jetzt kann ich kein Glied mehr bewegen. Volker zittert unter mir. Er klammert sich an mich, um mir Wärme zu klauen. Er wird bestimmt zuerst erfrieren, denn er ist viel kleiner und wiegt viel weniger als ich. Dessen bin ich mir ganz sicher. Denn in Physik habe ich es auf eine Drei gebracht. Wieso ist es nachts so kalt, wenn es tagsüber so schön warm ist? Wohin verschwindet die Wärme denn jedes Mal? Das muss ich den Physiklehrer unbedingt fragen, wenn ich die Nacht überlebe. Ich zittere mich in eine Art Schlaf.

Um fünf Uhr wird es zaghaft hell. Jetzt Holz sammeln und ein Feuer anmachen – das kriege ich nie hin. Klamme Finger und keine Zeitung mehr zum Entzünden des Feuers. Dass man Feuer auch anders entfacht, kann ich mir zunächst nicht vorstellen. Bis es mit dem Stroh gelingt.

»Lass uns nach Hause fahren!«, flüstere ich meinem Bruder zu. Eigentlich gilt meine Frage einer Leiche, einem Häufchen Gefrierfleisch. Sein Ja überrascht, erfreut und beruhigt mich.

Das war mein erstes »Outdoor«-Training. Kaum zu Hause, gibt es nicht nur Wärme und Frühstück. Es gibt auch die schnippische Frage meiner kleinen Schwester, damals erwachsene zwölf Jahre alt. Aber nicht an mich, sondern an meinen Bruder. »Na, hat er wieder Angst gehabt?«

Ich und Angst! Das war nun wirklich längst Geschichte. Früher, vor drei Jahren, ja, da hatte ich wirklich noch viel Angst gehabt. Vielleicht auch noch vor zwei Jahren. Kein Gang in den Keller, von wo ich täglich Kohlen und Kartoffeln holen musste, ohne meine Schwester. »Kommst du mit in den Keller?«, war meine Standard-Umschreibung der Angst. »Sonst muss ich ja zweimal gehen.« Und sie sagte: »Na klar!« Aber nicht, weil sie mutig gewesen wäre. Sie war arglos. Sie hatte einfach keine Ahnung, welche Gefahren in so einem Keller auf Kinder lauerten. Da war ich besser informiert als sie. Hinter jeder Ecke konnte sich ein Räuber verstecken, jeder Spinnfaden war ein Fallstrick.

Aber nun, wo ich ihrer Hilfe nicht mehr bedarf, wurmt sie das. Es fällt ihr sichtlich schwer, dass ich auf eigenen Füßen stehe. Deshalb wohl die Frage an meinen Bruder.

Ein Stück weit half mir auch meine erste Waffe, mit den Ängsten fertig zu werden: ein Eispickel. Ein Roheis-Lieferant hatte ihn verloren. Vielleicht habe ich auch einfach mal kurz mit dem Fuß dagegen getreten und ihn seinen Blicken entzogen. Jedenfalls beschützte mich dieser lange Stahldorn. Ich trug ihn ohne Scheide in der Hosentasche. Wäre ich je gestolpert, er hätte mich aufgespießt. Mit dem Eispickel begann die Zeit, wo irgendein Schutzengel sich verpflichtet gefühlt haben muss, mich unter seine Flügel zu nehmen. Ohne irgendeine Gegenleistung und nicht wie meine Schwester. Die hatte jedes Mal einen Teil meines Dr.-Oetker-Puddings verlangt. Vanille-Geschmack.

Erste Abenteuer

Unfall ist nie Zufall.
Polizei-Slogan

»Wollen wir in der Schwimmhalle Liebespärchen belauschen?« Mein Freund Werner Jelitto und ich, zwei Voyeure, wollten wissen, was die da so treiben. Schwimmhalle war natürlich weit übertrieben. Es war ein Haufen Schutt und Asche. Aber unterirdisch gab es viele intakte Gänge, durch die in besseren Zeiten die warme Luft geleitet worden war, um das Bad zu beheizen. Und dorthin verdrückten sich angeblich die Liebespaare. Dabei war es Januar, hundskalt. Selbst das heißeste Liebespaar wäre hoffnungslos zusammengefroren, und die Feuerwehr hätte es auseinander schweißen müssen.

»Und wenn sich da Räuber versteckt halten?« Ich, der Bedenkenträger, der Skeptiker.

»Dann blenden wir sie mit der Taschenlampe«, meinte Werner.

»Und wenn sie auch eine haben und *uns* blenden?«

»Dann schieße ich!« Werner hatte tatsächlich eine Pfeffergaspistole! Damals ein Novum. Ich war entzückt. Damit sah die Welt sofort friedlicher aus. Mit seiner Faustfeuerwaffe und meinem Eispickel waren wir längst nicht mehr jedem ausgeliefert. Wir konnten uns wehren, ihn aufspießen und pfeffern wie ein Steak.

Es dämmert und wir schleichen über die Trümmer hinweg irgendwo in einen der Gänge. Wir sind mucksmäuschenstill und pirschen uns langsam voran. Nur das Geröll unter uns kann sich nicht beherrschen und macht einen

Höllenlärm. Noch brauchen wir die Taschenlampe nicht. Durch mehrere Bombenlöcher in der Parterredecke fällt ausreichend Licht.

Und dann die Entdeckung! In einer Nische unter einer Kellertreppe ein Lager. Werners Lichtstrahl hat es sichtbar gemacht. »Hier lebt jemand!«

Das ist uns sofort klar. Daran gibt es keinen Zweifel. Kartons mit etwas Garderobe, eine zerschlissene Decke, ein schwerer Mantel, einige Pappen als Matratze. Während ich den Karton durchwühle, sichert mich Werner mit der Pistole gegen unerwartete Überraschungen.

»Das ist bestimmt ein Diebeslager!«, argwöhnt er. Und der Dieb könnte ja jeden Moment auftauchen.

Dann ein Brief. Ein Brief an einen Pfarrer der St.-Antoniuskirche. Geschrieben mit Bleistift von einer Frau, die offenbar am Ende ist. Sie hat ihre gesamte Familie verloren und lebt aus Mülleimern. Zu ihm, so schreibt sie, habe sie Vertrauen. Sie würde gern eine Arbeit in der Gemeinde annehmen. Für Kost und Logis.

Wir warten noch lange. Aber niemand lässt sich blicken. Wir müssen nach Hause. Seit ich meiner Mutter mit vier Jahren entlaufen war, habe ich mich an die Einhaltung genauer Abmachungen gewöhnt. Vielleicht ist die Frau inzwischen schon verhungert. Oder erfroren und verwest ein paar Meter weiter in den Trümmern vor sich hin. Ihr Brief an den Pfarrer ist ohne Datum.

»Lass uns morgen früh gleich wieder hingehen. Die wohnt da ganz bestimmt. Das Lager wirkt frisch und aufgeräumt.«

Am nächsten Morgen um halb neun schleichen wir mit dem ersten Tageslicht zurück in die unterirdischen Gewölbe. Wir sind aufgeregt. Unsere Herzen sind lauter als unsere Schritte. »Jetzt!«, stoße ich Werner an. Wir springen um die Ecke und blenden ins Lager. Nichts! Da steht noch der Karton, da liegen der Mantel und die Decke. Wir sind enttäuscht. Da haben wir die ganze Nacht kaum geschlafen, und nun ist alles umsonst. Noch einmal lassen wir die Lichtkegel hin- und herblitzen. Von der Gewölbedecke glitzert das Eis. Auch das Bodenwasser ist gefroren. Man merkt es erst bei genauerem Hingucken, weil er mit den Matratzenpappen ausgelegt ist. »Aber die muss zwischendurch hier gewesen sein«, kombiniere ich. »Der Mantel lag gestern anders, und dort steht eine runtergebrannte Kerze. Die hat da gestern nicht gestanden.«

Auf einmal bewegt sich der Mantel! Ein völlig zerzaustes Gesicht schaut heraus und ist geblendet von unserem Licht. Angstweite Augen. »Bitte tun Sie mir nichts!«, fleht eine dünne Stimme. Das erste Mal, dass ich gesiezt werde. »Ich habe nichts getan. Ich bin eine alte Frau, die kein Zuhause mehr hat.«

Werner beruhigt sie. »Das wissen wir. Wir haben gestern Ihren Brief gefunden und möchten Ihnen helfen.«

Während Werner bei ihr bleibt, rase ich auf dem Fahrrad nach Hause. Meine Eltern schlafen noch. Es ist Sonntag. Ungestört kann ich in der Küche wirken. Ich koche einen Liter Dr.-Oetker-Pudding mit einem Riesenstich Butter drin, schmiere Brote, koche Eier und Kaffee, packe einen warmen Pulli ein und dicke Socken. Dann rase ich zurück. Die Aktion hat keine Stunde gedauert.

»Sie kann noch nicht aufstehen. Sie ist völlig durchgefroren.« Werner sitzt neben ihr. Er massiert ihr tatsächlich die steifen Füße, damit er ihr die Strümpfe überziehen kann. Ich füttere sie mit den warmen Leckereien. Ganz langsam kommt Leben in die Frau.

Wir bringen sie zur Antoniuskirche, erklären dem Pfarrer den Fall, zeigen ihm den Brief. Er nimmt sie auf.

Ins Berufsleben

Gebeugt erst zeigt der Bogen seine Kraft.
Franz Grillparzer

»Dann *versuch's* doch wenigstens mal. Und wenn es dir wirklich nicht gefällt, sehen wir weiter.«

1951. Mein Vater will mich zum Banker machen. Schon sein Vater war Banker und auch dessen Vater. Und meine Mutter. Unsere Vorfahren waren allesamt Banker. Wenn man sie so reden hört, waren die Altvorderen sogar schon Banker, als es noch gar keine Banken gab.

Gerade gestern ist er wieder befördert worden. Wir Kinder erfahren es beim Nachmittagskuchen. Kuchen, obwohl es kein Wochenende ist! Geburtstag hat auch keiner. Dann gibt es einen besonderen Anlass. »Vati ist befördert worden!«

Sein neuer Titel klingt gewaltig. Vor allem lang. Wir müssen ihn auswendig lernen. »Das ist nur, falls Ihr in der Schule gefragt werdet«, untertreibt Mutter. Ihr wäre am liebsten, wenn wir ihn in alle Welt hinausposaunen: »Stellvertretender Westfälisch- und Lippischer Sparkassen- und Giro-Oberverbandsreferent«. »Wichtig ist das *Ober*!«, betont sie noch einmal. Längst habe ich den ersten Bissen des warmen Kuchens im Mund. Meinetwegen könnte mein älterer Herr jeden Tag befördert werden.

Ich habe die Mittlere Reife und will raus ins Berufsleben. Dieses Abgangszeugnis bekomme ich nur aus Großzügigkeit, nachdem ich den Lehrern verspreche, auch wirklich von der Penne abzugehen. Sonst müssten sie mich sitzen lassen.

»Du wirst dich noch einmal nach der Schule zurück sehnen. So gut hast du es nie wieder«, prophezeit der Klassenlehrer. Das kann ich mir keinesfalls vorstellen. Ich lasse ihn reden. Zum einen Ohr rein, zum andern wieder raus. Frustrierender als die Schule kann ich mir nichts ausmalen. Der Mann hat doch keine Ahnung, wie vielseitig und spannend das Leben sein kann. Er muss weltfremd sein. Selbst Banker ist um vieles besser als Schüler. Dessen bin ich mir sicher. Immerhin wirken meine Bankereltern zufrieden und glücklich. Manche Lehrer nicht. Gestern beim Kuchen und der Verkündung des neuen Titels habe ich das wieder gespürt.

Also Probezeit bei der Kreissparkasse Münster in der Königstraße (heute nicht mehr existent). Vaters Beziehungen machen es möglich. Rüdiger, 15, wird durchgestylt: Hemd, Jacke, Krawatte, geputzte Schuhe. Wie Münsterscher Karneval. Ich fühle mich unbehaglich und betrete die ehrbaren Räume. Meine Schritte hallen von den Wänden wieder. Mein Herzschlag ebenfalls. Doppelhall. Hier soll ich nun die Zukunft verbringen, schießt es mir durch den Kopf. Ich kriege Gänsehaut. Aber ich werde freundlich begrüßt und bekomme einen Tisch mit Stuhl in einem Nebenraum zugewiesen. Auf dem Tisch ein Karton voller Belege. »Die musst du hinter die Karteikarten mit entsprechender Nummer einsortieren.«

Aufregend. Ich sortiere und sortiere. Kaum gähnen die Leere des Kartons und ich um die Wette, da bringt mein Vorgesetzter, seines Ranges Lehrling im zweiten Ausbildungsjahr, schon einen neuen Karton. »Davon steht der halbe Keller voll«, verkündet er perspektivenreich mit kollegialem Lächeln. Wahrscheinlich will er mir die Angst nehmen, je arbeitslos werden zu können. Welch eine beruhigende Aussicht!

Nach einer Woche solch aufreibender verantwortungsvoller Tätigkeit bekomme ich Kopfschmerzen. »Der Junge hat Migräne«, folgert Mutter. Für mich ein vorher nie erlebtes Gefühl. Nie zuvor hat mein Körper mich mit derartigen Missstimmungen behelligt. Daran ändert auch das Lob meines Abteilungsleiters nichts. Ich habe nämlich einen Beleg gefunden, der von vielen Kollegen vergeblich gesucht wurde, und habe ihn an der Nummer erkannt. »Du hast ein grandioses Zahlengedächtnis!«, erfahre ich. »Die ideale Voraussetzung für einen richtigen Banker.«

Anerkennend, wenn auch nur flüchtig, klopft er mir auf die Schulter. Sein elegantes Jackett knistert teuer. Aber das Kompliment deprimiert mich. Wird das etwa mein Leben sein? Werden wiedergefundene Papierschnipsel Erfolg und Karriere ausmachen? Es kommt mir so unproduktiv vor. Um wie viel glücklicher habe ich mich gefühlt, als ich meinem Vater das Fahrrad zusammengebastelt habe. Gar kein Vergleich. Bestimmt sollte dieses Lob wie eine Beförderung klingen. Für mich allenfalls wie eine Beförderung zum Schafott. Daran ändert auch das Lächeln der hübschen Sekretärin nichts. Denn kaum ist ihr Chef fort, da gratuliert auch sie zu dem gefundenen Zettelchen. Auch sie gewährt mir die Gunst, ihren Arm auf meinen zu legen. Im Gegensatz zu dem des Abteilungsleiters knistert er nicht. Er ist unbekleidet und duftet gut. Fast vergesse ich meine Berufsmigräne.

Vater versucht es mit einem Gespräch unter Männern. »In jedem Beruf gibt es Nachteile und Vorteile. Bei der Sparkasse hast du den Vorteil guter Aufstiegschancen und den einer gesicherten hohen Pension.«

Heimlich schlage ich im Lexikon nach. *Pension* ist entweder eine private Herberge oder die Altersversorgung. Wahrscheinlich ist das Letztere gemeint. Ich bin 15 und denke an alles Mögliche. An den Arm der Sekretärin, an mein Fahrrad. Aber keinesfalls ans Alter und eine Pension.

»Ich habe für heute Abend zwei Karten für die Oper. Lass uns mal in die Oper gehen. Du brauchst Abwechslung.« Meine Eltern sind Opernfans. Samstags und sonntags lauschen sie stundenlang den Sängern und Sängerinnen aus aller Welt, die vor lauter Liebeskummer zu keiner klaren Aussage kommen, sondern in endlosen Wiederholungen banalste Sätze von sich hinschluchzen. Irgendwie bin ich schon damals der Pragmatiker. Wenn man einmal sagt »Ich liebe dich«, ist das eine ausreichend klare Aussage. Da muss man nicht zehnmal dasselbe daherjammern und auch noch alles zerhacken in »ich lie-lie-lie-lie-liebe dich«.

Ich will meinen Dad nicht enttäuschen und gehe mit. Es kommt wie befürchtet. Bis zur Pause halte ich tapfer durch. Mein frisch gestärktes weißes Hemd hält mich senkrecht im Sitz. Aber nach der Pause fallen mir die Augen zu. Ich schlafe ein, schrecke hoch, schlafe erneut ein.

Gewaltiger Applaus weckt mich. Die Tortur ist beendet. Ich klatsche mit. Nicht als Dank an das Ensemble, sondern aus Freude über das Ende. Gleich kann ich ins Bett. Vater wertet meinen Blackout ganz anders. »Du hast den Gesang ja richtig genossen. Ich habe dich beobachtet, wie du ihm mit geschlossenen Augen, ganz in dich versunken, gelauscht hast.« Na bitte.

Hatten die Erwachsenen *doch* Recht, als sie sagten, ich würde mich nach der Schule zurücksehnen? Das darf auf keinen Fall wahr werden! Ich kann nicht Banker werden. Den Erfolg gönne ich den Propheten nicht. Ich klage meiner Mutter mein Leid. Sie rührt gerade die Marmorkranz-Masse für den Wochenendkuchen an. Ein Kollegenehepaar meines älteren Herrn wird zu Besuch erwartet. Die nächste Beförderung soll gewürdigt werden.

Ich helfe ihr, fette die Form, mehliere sie, fülle die Masse ein, schlecke die Schüssel leer. Nebenbei erledige ich den Abwasch. Ich helfe meiner Mutter gern.

»Möchtest du vielleicht Bäcker werden?«, fragt sie unvermittelt. Ich verstehe zunächst Banker. Aber nein, sie meint Bäcker.

Ich überlege gar nicht lange. »Das wäre toll!« Hauptsache weg von der Kreissparkasse.

Mein Vater schluckt die bittere Pille wie einen verbrannten Kuchen. »Auf jeden Fall ist das krisensicher. Bäcker sind noch nie verhungert und haben immer eine warme Bude.«

Überzeugende Argumente, denn bisher war unser Leben eher von Sorge um Essen und Wärme geprägt. Nachkriegszeit, Haus und Gut verloren, Zukunftssorgen.

»Handwerk hat goldenen Boden«, weiß Vater. Er muss es wissen, denn er hat Einblick in die Konten anderer Handwerker. »Es hat aber nur Zweck, wenn du selbstständig wirst.«

Und das wird mein erklärtes Ziel. Ich beginne die Lehre bei Bäckermeister Theo Pohlmeyer in Münster. Und von Anfang an wird gespart. Zwar bekomme ich nur eine Mark pro Woche, aber die brauche ich kaum, weil ich eine Sieben-Tage = 80-Stunden-Woche habe. Nur den Samstagnachmittag habe ich frei. Sonntag um sieben Uhr heißt es dann wieder frische Torten machen. Nach Feierabend falle ich todmüde ins Bett, und um vier Uhr beginnt der neue Tag. Aber ich habe auch Kost und Logis und stehe auf eigenen Beinen. Ich kann meine Eltern entlasten. Nicht nur, weil ein Bett in ihrer engen Wohnung frei wird und ein Esser weniger satt zu bekommen ist, sondern weil Chef Theo Pohlmeyer mir gestattet, ihnen immer wieder Kuchenpakete mitzunehmen und manchen Zentner Briketts. Ich bin stolz, meine Familie zu versorgen.

Ich mag meine Kollegen, sie mögen mich. Ich scheue keine Arbeit, ich *sehe* die Arbeit. Von überall lacht sie mir entgegen. Ich muss nicht immer fragen, was denn nun zu tun sei. Das war ein Rat meines Vaters. »Arbeit musst du sehen.« Ein anderer war: »Du musst vielseitig werden, darfst dich nie abhängig machen von nur einem Beruf, einer einzigen Fähigkeit.« Er hat mich viel gelehrt. Sei es, zu meinem Wort zu stehen, sei es Zuverlässigkeit oder soziales Verhalten.

Ich arbeite gerne. Die Vielfalt der Produkte, die lockere Stimmung unter den Kollegen – das Gegenteil der Bank-Atmosphäre. Dort habe ich gekündigt und bei der Gelegenheit gleich mein eigenes Konto eröffnet und auf Anraten Vaters einen Sparvertrag abgeschlossen. »Das gibt *mehr* Zinsen und die Bank erfährt rechtzeitig, dass du beständig sparen kannst. Das macht dich kreditwürdig, wenn du eines Tages selbstständig werden wirst. Außerdem setzt es dich unter Druck, sparen zu *müssen.*«

Ich genieße das Gefühl, diesmal *vor* und nicht *hinter* dem Schalter zu stehen. Kein einziger Panik-Pickel wagt sich auf meine Haut. Die Migräne ist zum Fremdwort geworden. Meine Exkollegen grinsen. Ich auch. Jeder aus Mitleid, aber jeder aus einem anderen Grund.

Fasziniert beobachte ich alle neuen Eintragungen auf meinem Sparbuch. Damit das Kapital schneller wächst, erschließe ich mir Nebenverdienste. Pro geworbenen Brötchenkunden kriege ich eine Mark, wenn er sich mindestens einen Monat lang von mir morgens die Brötchentüte vor die Tür legen lässt.

Mein Hauptnebenerwerb aber ist der Verkauf von Ratten. Jawohl. Sie sind im Nachkriegsmünster zur Plage geworden. Die Stadt zahlt pro Rattenschwanz eine Mark. Ich habe ein Luftgewehr, und ich habe drei Fallen. Jäger- und Bäckermeister Pohlmeyer lehrt mich, die Fallen nie von Hand zu berühren, sondern Handschuhe anzuziehen. »Ratten sind so schlau wie Menschen. Sie riechen auch, wenn je eine tote in der Falle war. Dann musst du die Falle abwaschen und einreiben mit dem Kopf eines geräucherten Fisches. Das übertönt jeden anderen Duft.«

Die Fallen bescheren mir fast jede Nacht drei Tiere. Davon kaufe ich neue Fallen. Ich stelle sie nie zweimal am selben Ort auf.

Zum Schießen komme ich allerdings nur sonntags und nur, wenn es morgens vor meinem Dienst bereits hell ist. Also im Sommer. Dann lauere ich gut getarnt bereits um vier Uhr neben dem benachbarten Trümmergrundstück. Dort leben ganze Heerscharen dieser Nager. Um sie in mein Schussfeld zu locken, verstreue ich Kuchenreste. Das lieben sie. Wenn ich eine erlegt habe, geschieht es, dass sofort andere zur Stelle sind und den toten Artgenossen ins Versteck ziehen wollen. Das wird ihnen zum Verhängnis. Dann erledige ich die Nächste. Danach sind sie dann gewarnt. Weitere kann ich nun erst wieder am folgenden Sonntag schießen. Aber so wächst mein Konto im gleichen Tempo wie sich Münsters Rattenbestand verringert.

In der Berufsschule widerfährt mir das Wunder, dass ich, der Ex-Pennäler, Notendurchschnitt vier, plötzlich der Beste bin. Als Bäckerlehrling bin ich unterfordert. Ich avanciere zu Lehrer Bernhard Blomes Vorzeige-Lehrling. Manchmal weiß ich mehr als er. Oder aber die anderen wissen auch mehr, aber sie zeigen es nicht. Denn die meisten schlafen während des Unterrichts. Das kommt mir zugute. Das Frühaufstehen fordert seinen Tribut. Ständig muss Blome seine Schüler wecken. Ich hänge ein Schild vor die Klassentür: »Schlafsaal! Nicht stören«. 30 Minuten später kommt der Schulleiter herein. Im Gesicht ein süffisantes Lächeln, in der Hand meinen Zettel. Er sagt kein Wort. Weder *guten Tag* noch *bitte schön*. Er überreicht Blome den Zettel und geht. Blome wird knallrot. »Wer war das?«

Ich melde mich. Im selben Moment kriege ich eine Ohrfeige. Das war damals noch üblich. Erst 1953 wurde die Prügelstrafe an Schulen per Gesetz abgeschafft. Stolz schneide ich den Artikel aus den Münsterschen Nachrichten und legte ihn ihm auf das Pult.

»Wer war das?«

»Ich.«

»Hol dir den Zettel bitte wieder ab!«

Ich, gehorsamer Schüler, komme der Aufforderung nach. Wumms! – kriege ich schon wieder eine gescheuert. So ist Blome.

Meine Unterforderung, die sich mit Langeweile paart, will ich ändern, als wir eine Hefefabrik besichtigen. Wir – das sind Lehrer Werner Blome und die Bäckerlehrlinge von Münster. Das Schöne an einem solchen Ausflug: Man kommt raus aus der Schule, hinein ins pralle Leben, wird toll bewirtet vom Hefefabrikanten. Der Nachteil: ein obligatorischer Aufsatz über die Fabrikbesichtigung.

Statt des Aufsatzes mache ich eine große schematische Darstellung der Hefegewinnung. Von der Anlieferung der Grundsubstanz Melasse bis zum fertig gepackten Hefepaket, das die Fabrik verlässt. Ich will Blome überraschen, denn eigentlich mag ich ihn. Er ist menschlich.

Zeichnen ist meine Stärke. Ich finde mein Werk gelungen. Mit einem Aufsatz wäre ich *unter*fordert.

»Wo hast du das abgezeichnet?«, will Werner Blome wissen. Er grinst hämisch. Ihm kann keiner was vormachen.

»Aus meinem Kopf. Aus dem Gedächtnis. Wir waren doch vor Ort.«

Er entfaltet das DIN-A-1-Blatt und präsentiert es der Klasse. Keiner glaubt mir. Blomes Grinsen ist ihnen Beweis, dass ich lüge.

»Das werden wir bald wissen. Ich werde es dem Fabrikanten schicken. Der wird ja alle verfügbare Literatur kennen und mir sagen, wo du das abgezeichnet hast.« Er kommt sich vor wie ein Detektiv, mordsschlau und straft mich bereits jetzt mit Verachtung.

Eine Woche später präsentiert er der Klasse ein Päckchen. Es ist bereits geöffnet. Er fingert einen Brief hervor.

»Ich habe mich bei Rüdiger zu entschuldigen«, beginnt er. »Der Direktor der Fabrik schreibt, dass die Zeichnung wirklich Rüdigers eigenes Werk sein muss. Er kennt nichts Vergleichbares aus der Fachliteratur.«

Aller Blicke drehen sich zu mir. Blome hat mich also falsch eingeschätzt. Ich bin im Recht und mächtig stolz. Aber ich hatte es ja gewusst.

Er liest vor. »Noch nie hat jemand den Werdegang der Hefe so gut beobachtet und dargestellt. Die Zeichnung ist ein kleines Meisterwerk. Wir möchten Herrn Nehberg dafür mit dem beiliegenden Scheck unser Kompliment ausdrücken und ihn um die Erlaubnis bitten, seine Arbeit als Plakat für Berufsschulen aufzuarbeiten und in unserer Hauszeitschrift veröffentlichen zu dürfen.«

Der Scheck lautet auf die Wahnsinnssumme von 100 Mark, »in Worten einhundert Deutsche Mark«. Ich kann es kaum fassen. Beigefügt ist ein Lexikon mit Allgemeinwissen von A bis Z. Nicht nur ich mache einen Freudensprung, sondern vor allem mein Konto. Die Selbstständigkeit rückt näher. Und das bereits im ersten Lehrjahr. Jede Mark sind fünf Ziegelsteine zur eigenen Backstube.

Blome hat das dicke Buch ausgepackt und allen gezeigt. Er mag sich gar nicht davon trennen. Aber ich schenke es ihm nicht. Da kann er es noch so lange streicheln und entzückt bestaunen. Ich muss es ihm mit sanfter Gewalt entringen.

Mein Chef gratuliert, meine Eltern sind glücklich. »Der Junge wird seinen Weg machen«, ist sich Vater sicher und schlägt vor, ob ich nicht ein ganz neues Gebäck erfinden könnte. Oder ein Eis. Denn Speiseeis ist der neuste Schrei. »Was hältst du von Rosinen-Eis?«, inspiriert er mich.

Ich bin gleich fasziniert von der Idee und mache mich an die Arbeit. Nichts leichter als das. Ich schmeiße ein paar Rosinen ins Vanilleeis und lasse sie in der Gefriertrommel rotieren. Dann rase ich mit dem Fahrrad nach Hause, bevor alles schmelzen kann. Meine Eltern probieren, wiegen kritisch die Köpfe. Der Hammer scheint es nicht zu sein. Das merke ich nun selbst. Die Rosinen liegen wie Steinchen im Eis. Erst viel später wird mir klar, dass man die getrockneten Weintrauben vorher in Rum tränken muss. Dann quellen sie auf und gefrieren nicht mehr zu harten Steinen. *Mövenpick* hat es viele Jahre später richtig gemacht.

Viel später, längst Reisender in Sachen Abenteuer, halte ich an der Uni Münster einen Dia-Vortrag über den Blauen Nil.

Blome ist inzwischen Rentner und mein Ehrengast. In der ersten Reihe. Ich habe ihn gebeten, drei, vier Takte aus meiner Berufsschulzeit zum Besten zu geben. Es macht sich immer gut, wenn man dem Publikum einen regionalen Bezug bietet. Alle Menschen sind Patrioten. Nur ich nicht. Ich bin Kosmopolit.

Der Auftritt wird zu Blomes großer Stunde. Er erinnert sich an mehr Geschichten als ich selbst. Wahrscheinlich sogar mehr, als überhaupt vorgefallen sind. Ich muss bei dem Mann einen bleibenden Eindruck hinterlassen haben. Als Überraschung übergibt er mir das kleine Schild »Schlafsaal!« Das Publikum grölt. Blome kommt in Höchstform. Er ist nicht mehr zu stoppen. Ich unterbreche ihn. Ich will mit dem Vortrag anfangen. »Einen Moment noch!« Er will seinen eigenen Vortrag halten. Noch nie hatte er so viele Zuhörer. Fehlt nur, dass er hinterher Anspruch aufs halbe Honorar erhebt. Und dann sprudelt er weitere Kamellen aus sich heraus. Irgendwann muss ich ihn mit auf den Rücken gedrehtem Arm auf seinen Platz zurückbringen.

Lehrlingsfreuden

Um 3:45 Uhr ist die Nacht vorbei. Der Wecker schrillt. Raus aus den Federn, eine Schnelldusche und runter in die Backstube. Alles geht im Eiltempo. Um halb sechs müssen die ersten Brötchen raus sein, um sechs das gesamte Frühstücksprogramm. Dann beginnt meine Brötchentour. Ich habe 34 Kunden. Sie liegen auf einer festgelegten Route, die ich mit dem damals typischen Geschäftsrad abstrample. Hinten hat es ein normales 28er-Rad, vorn ein kleines. Darüber thront der Brötchenkorb. Bei Regen ist er mit einem Gummituch abgedeckt. »Die Kunden wollen knackige Brötchen und keine Brotsuppe«, hat mir Theo Pohlmeyer eingeschärft. Also passe ich auf wie eine Henne, die ihre Küken unter dem Gefieder gegen Regen und Falken sichert.

Längst weiß ich in- und auswendig, welche Sonderwünsche die Kunden haben. Die hat mir mein Oberstift hinterlassen. Brinkmann kriegt sechs helle runde Brötchen. Drögemöller vier dunkle lange, bei Mintrup muss ich spätestens um sieben Uhr vorgefahren sein. Alles klappt gut. Nur bei Frau Wolff habe ich Probleme. Allmonatlich, wenn sie, meist eine Woche zu spät, ihre paar Mark Brötchengeld bei Frau Pohlmeyer bezahlt, hat sie irgendwelche Klagen über mich: »Er war zu spät, er war zu früh, er hat lange Brötchen geliefert und nicht die runden, er hat dunkle geliefert und nicht die hellen.«

Dann werde ich jedes Mal in den Laden zitiert und

muss mich entschuldigen. Aber leider lassen sich die Sonderwünsche der Kunden nicht immer erfüllen. So minutiös arbeiten die Kollegen halt nicht. Und ich muss um Punkt sechs vom Hof und mitnehmen, egal was fertig ist. Dieses Gesetz hat Vorrang vor Sonderwünschen. Da ist *lang* oder *rund* nicht so wichtig wie »*Hauptsache überhaupt etwas zum Frühstück*«. Die anderen Kunden können mit dem Kompromiss leben. Frau Wolff nicht. Sie hat nicht den Schimmer einer Ahnung, unter welchem Druck ein Pohlmeyer-Lehrling steht. Sie will mich piesacken. Ihre Ansprüche mehren sich. Ich darf nicht mehr vor 6:55 Uhr kommen. »Da schlafen wir noch, und er ist immer so laut.« Und ich darf nicht nach 7:10 Uhr kommen.

»Dann muss mein Mann schon aus dem Haus zum Dienst.«

Ich frage mich, wann sich das Ferkel in dieser kurzen Zeitspanne von 15 Minuten überhaupt wäscht, und ob es sich die Zähne putzt und wie er dann noch seine Brötchen verschlingen will. Geselle Hermann Hülsbömer bringt es auf den Punkt. »Die Alte braucht mal ’nen echten Mann.« Was auch immer das heißen soll. Ich weiß es noch nicht so genau.

Frau Wolffs Extravaganzen eskalieren. »Der Junge hat mir schon wieder zweimal die Zeitung nicht mit raufgebracht, und Donnerstag hat er den Mülleimer nicht runtergetragen.« Das alles gehört nämlich auch noch zu meinen Pflichten.

Aber dass ich laut bin, liegt nicht an mir, sondern an der Tür. Es ist ihr Schließmechanismus, der den Knall bewirkt und nicht ich. Und das mit den Zeitungen liegt an der Zeitungsfrau. Sie ist einfach nicht immer so pünktlich wie der Pohlmeyer-Lehrling. Das betone ich jedes Mal aufs Neue. Frau Wolff ficht das nicht an. Sie hört nicht einmal zu. »Der Kleine!«, ist ihr stereotyper Kommentar, und Frau Pohlmeyer lächelt. Sie nennt das »Der Kunde ist König«, ich nenne es Schikane, Arschkriecherei und Feigheit und lächle nicht.

Aber irgendwann reicht’s mir. Ich beschließe, Frau Wolff die Fensterscheiben zu zertrümmern. Zusammen mit Dieter Faulendorf, meinem Unterstift. Er ist sofort begeistert. Jeder von uns hat zwei halbe Ziegelsteine auf dem Fahrrad. Es ist 22 Uhr und dunkel. Wir sind extra noch einmal aufgestanden, denn normalerweise pflegen wir dann längst tief zu schlafen.

Frau Wolffs Haus ist ein Eckhaus. Die Nebenstraße liegt wie ausgestorben da. Auf der Hauptstraße fahren Autos, die uns mit ihrem Lärm »Deckung« geben. Niemand ist

zu sehen. Anhalten, die Steine greifen und mit voller Wucht und Wut in die großen Fenster der ersten Etage schleudern – das ist ein Akt von drei Sekunden. Dann rasen wir ohne Licht nach Hause, ab ins Bett. Nun rast nur noch das Herz.

Offensichtlich ist das in Frau Wolffs Leben das einzige spannende Ereignis gewesen. Zum ersten Mal kommt sie am Monatsende *pünktlich*, um ihre Brötchen zu bezahlen und hält meine Chefin eine Stunde lang auf, um ihr des Langen und des Langweiligen von dem »schlimmen Überfall« zu erzählen. »Dabei sind sogar meine Glasvitrine und der Kronleuchter zu Bruch gegangen.«

Ich jubiliere und muss aufpassen, dass sie meine Schadenfreude nicht wahrnimmt.

»Ich kann mir das nur so erklären, dass es Feinde meines Mannes waren oder ein verschmähter Liebhaber unserer Untermieterin. Wissen Sie, die hat es nämlich mit den Männern.«

»Klar«, meint Geselle Hermann Hülsbömer, »jede Frau hat es mit den Männern. Nur Frau Wolff nicht. Wer geht da schon ran?« Er muss es wissen. Ich nicht.

Dass sie selbst den Anlass zu der Attacke gegeben haben könnte, kommt ihr nicht in den Sinn. Und so fällt auf mich auch nicht der Schimmer eines Verdachts. »Aber die Polizei ist eingeschaltet.«

Während ich sonst beim Anblick dieser Frau immer das Weite suche, kann ich es diesmal gar nicht lange genug in ihrer Nähe aushalten. So glücklich macht mich ihr Bericht. Ich bin stolz auf mich. Dieter Faulendorf und ich drücken einander die Hände. Der Beginn meiner »kriminellen« Laufbahn.

Doch dann muss ich zurück in die Backstube, Mehlsäcke aus der Mehlkammer in die Backstube tragen. Für morgen. Die Dinger sind mordsschwer. Sie wiegen 100 Kilo. Ich selbst wiege 63 Kilo. Eine falsche Bewegung und ihr Übergewicht kracht mich in die Ecke, zu Boden. Zwar *muss* ich sie nicht tragen, aber mein Ehrgeiz ist größer als ihr Gewicht. Ich will es den Gesellen zeigen. Und das tue ich schon seit Wochen. Vor allem, nachdem ich den Trick erfahren habe, wie man sie beherrscht. Man geht in die Hocke, umarmt einen auf dem Boden stehenden Sack mit beiden Armen, verkrallt die zehn Finger ineinander, versucht nun hochzukommen und wuppt ihn auf einen anderen Sack. Dann stellt man sich mit dem Rücken gegen den Sack, greift ihn mit je einer Hand über die Schulter hinweg, beugt sich sachte nach vorn. Bis er mit seinem ganzen Gewicht auf dem Rücken liegt. Dann trägt man ihn in die Backstube.

Dort das gleiche Prozedere in umgekehrter Reihenfolge: Absetzen auf einem der Tische und Umarmung von vorn. Dann langsam zu Boden lassen.

Die Säcke sind aus enggewebter Jute. Papiersäcke sind noch unbekannt und kleinere Gewichtseinheiten unüblich. Durch jede Pore verlieren sie Mehl. Man sieht hinterher aus wie ein eingepuderter Schneemann. Wenn man sich nicht augenblicklich duscht, vermischt sich das Mehl sofort mit dem Schweiß zu einem Teig. Man mutiert zu einem wandelnden Würstchen im Schlafrock.

War der Körperteig noch abzuwaschen, so wird ein anderer Schaden unreparabel: mein Knochenbau bricht zusammen. Ich bekomme Senk-, Knick- und Spreizfüße und später Krampfadern. Auf einmal bin ich morgens bereits nach einer Stunde Arbeit hoffnungslos müde. Ich schlafe beim Glasieren der Hefeteilchen ein, stürze in die Kuchen, verbrenne mich an den heißen Backblechen.

Keiner weiß zunächst, woran das liegt. Bis ein Arzt den Schaden erkennt. Ich kriege meine ersten Einlagen. Sofort geht es mir besser. »Du musst dreimal täglich Fußgymnastik betreiben, um Füße und Beine zu stärken.« Also laufe ich um Münsters 4200 Meter lange Promenade. Da flanieren schließlich auch andere Wesen …

Vorbestraft

»Kann ich deine Gaspistole mal sehen?« Ich habe keine Bedenken und reiche sie meinem Freund Hartmut. Heute Nachmittag bin ich von einer Radtour, Marke *Eigenbau Schrott*, aus Holland zurückgekommen. Dort schlief ich allein im Freien. Aber eben nicht ganz allein, sondern mit der Gaspistole. Allein kam ich mir so wehrlos vor.

Kaum hat Hartmut die Waffe in der Hand, da schießt er das ganze Magazin leer. Zwar in die Luft, aber wie ein Besessener. Genau wie die Sorte Mensch, deretwegen ich manchmal bewaffnet reise.

»Spinnst du?«, geifere ich ihn an. »Ich habe sie noch nie gebraucht und du ballerst gleich das ganze Magazin leer.« Ich reiße sie ihm aus der Hand. Zum Glück stehen wir in einer menschenleeren Nebengasse der Salzstraße in Münster. Vieles liegt vom Krieg her noch in Trümmern.

Doch da kommen aus der belebteren Hauptstraße zwei Männer auf uns zugestürmt. »Seid ihr verrückt, hier mit Gas zu schießen?«

Sie sehen die Waffe in meiner Hand und schon kriege ich einen schmerzhaften Kinnhaken. Ich will mich wehren, will schießen, aber das Magazin ist leer. Hartmut, diese Schießbudenfigur.

»Fass mich nicht noch einmal an. Ich habe nicht geschossen.« Hartmut könnte das richtig stellen. Aber er schweigt.

»Auch noch lügen!« Wumms kriege ich einen Parallelkinnhaken. Ich liege am Boden. »Und jetzt gehen wir zur Polizei.«

Das belebt mich wieder. Ich komme hoch. Spätestens dort muss Hartmut zugeben, dass er es war, der geschossen hat, und der Schläger muss einsehen, dass er mir Unrecht getan hat. Ich bebe vor Zorn. Aber die beiden sind Mitte 20, wirken kräftig. Ich bin 16 und eher zart gebaut. Der eine reibt sich die Augen. Er hat etwas von dem Gas abbekommen. Aber er mischt sich nicht ein. Es ist der andere, der da den wilden Mann macht.

Wir überqueren den Prinzipalmarkt, gehen zur Wache an der Königstraße. Auf dem Wege dorthin, in der Rothenburg, ebenfalls in Trümmer gelegt, verhält der Schläger.

»Weißt du was? Es ist mir viel zu blöd, mit dir zur Polizei zu gehen. Das erledige ich hier.« Packt mich am Kragen, hebt meine 63 Kilo mühelos hoch und trägt mich gegenüber ins Trümmergrundstück. Ich zappele.

»Lass mich los!« Der Typ lacht. Weder sein Begleiter noch Hartmut greifen ein. Ich erkenne meine einzige Chance. Sie ist jetzt, solange er mich mit beiden Händen hält und trägt. Ich umklammere die Pistole und schlage sie ihm ins Gesicht. Im selben Augenblick lässt er los und hält seinen Kiefer. Der blutet in Strömen. Das Blut ergießt sich auf den Trenchcoat. Der Kerl ist zu keinem Wort fähig.

Und genau in diesem Moment biegt ein Polizist um die Ecke. Er sieht das Blut, wir eilen zur Wache. Ein Krankenwagen bringt mein Opfer ins Krankenhaus. Wir anderen hinterlassen die Personalien. Sein Kumpel ist ehrlich. »Dummjungenstreich«, meint er. Er hätte uns laufen lassen, obwohl er es ist, der leichten Schaden durch den Pfeffer genommen hat. Und Hartmut gibt zu, dass er es war, der geschossen hat. Ich habe ein reines Gewissen. Notwehr.

Es kommt zum Prozess. »48 Jahre lang habe ich nie mit Gerichten zu tun gehabt. Du bist erst 16 und stehst bereits das erste Mal vor Gericht.« Mein Banker-Vater ist erschüttert. Aber er hält zu mir. »Das war ganz klar Notwehr«, meint auch er.

Der Richter sieht das anders. »Unangemessene Reaktion«, nennt er meine Attacke. Denn das Opfer, ein Friseur, hat einen Kieferbruch, zwei Zähne verloren, muss sich eine Prothese machen und die Lippe nähen lassen, den Mantel reinigen und trägt eine bleibende Narbe davon. Ganz zu schweigen von seinem Lohnausfall.

Der Richter verliest die Bilanz. Ich bin ein wenig stolz, weil ich mich zum ersten Mal gegen einen überlegenen Gegner gewehrt habe. Aber natürlich sage ich nichts. Das Urteil: Erstattung der OP-Kosten, der Mantelreinigung und 100 Mark ans Rote Kreuz. Dafür verzichtet das Opfer auf weitere Ansprüche. Der Richter zu mir: »Das gilt nicht als Vorstrafe.« Ich atme auf. Mein Vater noch mehr.

Mein Vater begleicht die Schuld. Es ist mir peinlich, weil meine Eltern jede Mark sparen, um unsere verlorene Existenz neu aufzubauen.

»Innerhalb eines Jahres zahle ich dir das zurück«, verspreche ich. Ich kaufe mir ein paar Rattenfallen dazu und kann mein Wort einlösen. Welch ein Glück, dass Ratten sich so lebhaft vermehren. Meine Zahlungsverpflichtung, der Drang nach Selbstständigkeit und der Vermehrungsdrang der Nager bringen mich auf eine geniale Idee: In einem entfernt gelegenen Trümmergrundstück lege ich mir heimlich eine Rattenzucht an. Mein Konto wächst.

Ab in die Welt!

Wo alle gleich denken,
denkt keiner sehr viel.
Walter Lippman

Mein Fahrrad ist längst gepackt. Seit vier Wochen steht es startklar im Treppenhaus. Kein Teil zu viel, kein Teil zu wenig. Alles muss genau stimmen, denn jedes unnötige Kilo kostet Kraft. Und mit ihr muss ich haushalten, wenn ich pünktlich zurück sein will. Es geht nach Marokko. Theo Pohlmeyer hat mir vereinbarungsgemäß unbezahlten Urlaub gegeben. Insgesamt habe ich zwei Monate Zeit. Ich bin 17.

Meine übliche 80-Stunden-Woche endet samstags um 14:00 Uhr. Um 14:01 Uhr (in Worten: vierzehn Uhr und eine Minute) schwinge ich mich in den Sattel und fahre los. Jede Minute ist kostbar. Weg von den Torten, hin zu den Torturen. Ich liebe das. Über Paris soll es via Madrid nach Marrakesch am Rande der Sahara gehen. Hauptgrund: Ich will Schlangenbeschwörung lernen. Für Latein hätte ich solche Mühen nicht in Kauf genommen.

Meine Eltern glauben, dass Frankreich mein Ziel ist. Sie sind Franzosen-Fans, und als ich ihnen von meiner Vorfreude auf Paris erzähle, sind sie glücklich. Dabei habe ich nicht einmal geschwindelt. Ich will wirklich nach Paris. Aber nicht wegen der Frauen oder des Eiffelturms, sondern nur, um Jean-Paul zu treffen, einen Brieffreund. Dem übergebe ich zehn Postkarten mit immer anders lautenden Grüßen aus Paris. Jede Woche steckt er eine davon in den Briefkasten.

Dann geht es wirklich los. Ich fühle mich frei und

glücklich. Ich habe keine Gangschaltung und keinen Komfort. Aber das Rad ist rostfrei, gut geölt, hat einen Kilometerzähler und zwei muntere Wimpel: einen deutschen und einen französischen. Sie wirken wie Zauberkräfte. Die Menschen grüßen mich und lachen. Auch die Spanier, auch die Marokkaner, denn gleich hinter jeder Grenze ziehe ich die neue Landesflagge hoch. Ich treffe nirgends jemanden, der mir – was nach dem Kriege nicht verwundert hätte – feindselig gegenüber getreten wäre. Die Wimpel, die körperliche Leistung und mein Interesse am jeweiligen Land lassen Urteile und Vorurteile schwinden und bewirken Bewunderung.

Bald wird das Fahren zur Gewohnheit. Arme und Muskeln stellen sich auf die Anforderungen ein. 150 Kilometer pro Tag sind die Norm. Manchmal auch 200. Gegen das Wundsitzen habe ich den Hintern mit Hirschtalg geschützt. Nur der Gegenwind und die Sonne machen mir zu schaffen. Statt die Arme gegen die Strahlung zu schützen, krempele ich die Ärmel auf und habe bald schlimmsten Sonnenbrand. Erste Er-Fahrungen.

Nachts schlafe ich im Freien, denn ich muss mit jeder Mark rechnen. Mein Konto habe ich nicht angegriffen. Das Fahrrad binde ich mit zwei Stricken an meine Beine und kaschiere die Seile mit Gras. Damit mich niemand lagern sieht, fahre ich bis in die Dunkelheit. Gegen Überfälle habe ich eine Taschenlampe, einen Dolch, eine Gaspistole, meinen Optimismus und den Schutzengel. Was will ich mehr? Ich bewundere die Sternenpracht, genieße das Zikadenkonzert, lebe von Brot, Tomaten und Wasser. Manchmal mache ich mir eine Limonade, wenn mich die spanischen Obstbauern mit Zitronen überhäufen. Bis ich ein Loch in der Zunge habe. Dann steige ich wieder um auf Tomaten. Aber auch das nur, bis ich roten Stuhlgang habe.

Eines Nachts versteckt sich ein Insekt in meinem Ohr. Es scheint darin zu rotieren. Ich werde wahnsinnig und versuche, es mit einem Stöckchen herauszuziehen. Es gelingt nicht. Auch das Licht der Taschenlampe lockt es nicht etwa an. Das Tier lacht und rumort weiter. Der Quälgeist gehört demnach nicht zu den Motten, die ins Licht streben, sondern zu den Olmen, die die Dunkelheit bevorzugen. Ich lege den Kopf auf die Seite und gieße Wasser ins Ohr. Mein Peiniger ist eine Amphibie oder ein Lurch. 15 Minuten Tauchen im gefluteten Ohr ist für ihn kein Problem. Denn als ich das Wasser aus dem Kopf laufen lasse, fährt es mit seiner Wühlarbeit fort. Ich kann nicht schlafen und bin unkonzentriert. Meine ganze Aufmerksamkeit wird von dem Lurch beansprucht.

Ich komme an einer spanischen Kaserne vorbei. »Darf ich eintreten?« Die Wache salutiert und lacht. »Selbstverständlich.«

Ich erkläre mein Problem mit einem Anfangsvokabular an Spanisch, dem Lexikon und den Händen. Man bringt mich zum Militärarzt. Der schaut ins Ohr und holt eine hakenbewehrte Granne hervor. »Sie hat quer im Gehörgang gesessen und beim leisesten Wind vibriert. Ihr Kopf wirkte dann wie ein Resonanzkörper.«

Erleichtert fahre ich weiter, nachdem ich in der Offiziersmesse Tortillas bis zum Anschlag tanken darf.

Marrakesch übertrifft alle meine Erwartungen. Orientalische Atmosphäre, Kamele, die Färber, Stadtmauern, Muezzins, Palmen und Sand – ich komme mir vor wie in Tausendundeiner Nacht. Das umso mehr, als mich ein Schlangenbeschwörer in seine Arbeit einweiht. Ich bin erregt und enttäuscht zugleich. Dass Schlangen nicht hören können und der Tanz der Kobras einzig auf ihrem Verteidigungsgehabe basiert, ist mir nicht neu. Aber dass die gezeigten Tiere weder Zähne noch Giftdrüsen haben und

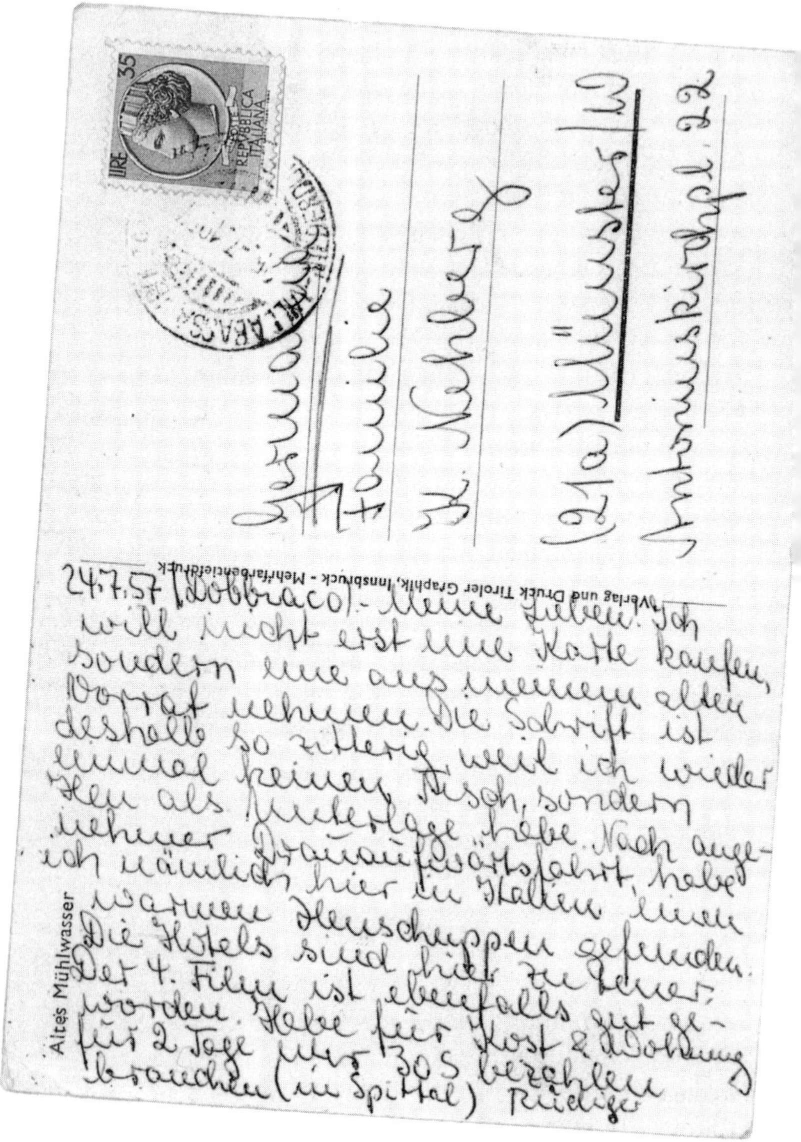
LIRE 35
POSTE REPUBBLICA ITALIANA
Familie
(21a) Münster/W.
Antoniuskirchpl. 22
Verlag und Druck Tiroler Graphik, Innsbruck - Mehrfarbendruck
24.7.57 (Dobbiaco) - Meine Lieben! Ich
will nicht erst eine Karte kaufen,
sondern eine aus meinem alten
Vorrat nehmen. Die Schrift ist
deshalb so zitterig, weil ich wieder
einmal keinen Tisch, sondern
Heu als Unterlage habe. Nach ange-
nehmer Drauaufwärtsfahrt habe
ich nämlich hier in Italien einen
warmen Heuschuppen gefunden.
Die Hotels sind hier zu teuer.
Der 4. Film ist ebenfalls gut ge-
worden. Habe für Kost & Wohnung
für 2 Tage nur 30 S bezahlen
brauchen (in Spittal) Rüdiger
Altes Mühlwasser

man ihnen außerdem den Mund zugenäht hat, macht eine solche Art der Vorführung für mich reizlos. Das ist also kein Können, nur Bluff und skrupellose Tierquälerei.

»Schlangen kommen lange ohne Nahrung aus. Wenn sie schlapp werden, schlage ich sie tot und fange mir neue.« Der Schlangenbeschwörer ein widerlicher Unmensch.

Sollte ich mir einst selbst mit Kobras einen Nebenverdienst erschließen, sollen es gesunde, wehrhafte Tiere sein, Schlangen im Vollbesitz ihrer Verteidigungswaffen. Nur dann hätte die Vorführung für mich einen Reiz.

Ich verweile zwei Tage in Marrakesch, die längste Pause während der gesamten Reise. So kurz der Besuch auch war, ich weiß es: Reisen auf eigene Faust wird ab jetzt mein Leben werden. Die 80-Stunden-Woche bei Pohlmeyer sehe ich nur noch als unvermeidbare Unterbrechung meiner Urlaube. Meine Zukunft wird sich nicht mehr nach erstem und zweitem Lehrjahr berechnen, sondern nach Auswertung der letzten und Planung der nächsten Reise.

Meine Eltern mögen es gar nicht glauben, was ich ihnen von Marokko erzähle. »Dann hat also dieser Jean-Paul uns jede Woche deine Karten geschickt und nicht du selbst?« Jean-Paul hat die Frankreich-Liebe meiner Eltern schwer erschüttert. Dass *ich* der Hauptschuldige bin, übersehen sie vor lauter Freude über meine Geschichten.

Gesellenjahre

1953 mache ich meine Gesellenprüfung, lerne in Gelsenkirchen noch gleich das Konditorenhandwerk und lege schließlich 1960 in Hamburg die Meisterprüfung ab. Im Gegensatz zu meiner Gymnasium-Zeit alles mit besten Noten und allen möglichen Preisen. Für mich wie *summa cum laude*, das einzige Mal, wo sich meine Lateinkenntnisse als nützlich erwiesen, dieses Prädikat des Lobes zu verstehen.

Der Beruf macht mir Spaß, weil er vielseitig ist und man seiner Fantasie freien Lauf lassen kann. Ich spezialisiere mich auf Karikaturen aus Marzipan. Von der menschlichen Zeugung über die Geburt, Verkehrsunfälle, Fußballsiege, Hobbys und Portraits modelliere ich alles, was im menschlichen Leben vorkommt. Karikaturen sind eine echte Marktlücke. Man schenkt sie Menschen, die schon alles besitzen, vor allem auch noch Sinn für Humor.

Ich gehe auf die berufliche Wanderschaft, lerne Saison- und Großbetriebe, Edelkonditoreien und kleine Klitschen kennen. Eduard Wille auf der Nordseeinsel Borkum, damals 70, gebührt die Ehre, zum Spitzenreiter der Klitschen meines Lebens zu avancieren. Er betreibt das Deich-Café »Wilhelmshöhe«, einen Ein-Mann-Betrieb. Ihm verdanke ich die wertvolle Erfahrung, niemals und unter keinen Umständen beruflich so zu verkommen.

Ich hatte eine Woche zuvor wegen chronischer Seekrankheit als Schiffskonditor auf der *New York* abgemustert und einen Saisonbetrieb am Meer gesucht. Eduard Wille machte mir das einzige Angebot. So stehe ich mit einem Karton Gepäck vor seiner Tür.

»Mein Name ist Rüdiger Nehberg, ich bin der neue Konditor.«

»Ihr Name interessiert mich nicht. Ich nenne Sie einfach *Herr Konditor*«, begrüßen er und seine Alkoholfahne mich. »Hier ist noch nie jemand zwei Sommer lang geblieben. Da lohnt es sich für mich nicht, die Namen der Leute zu lernen.«

Ich beziehe ein bescheidenes, ritzenartiges Zimmerchen und entleere den Karton in den trostlosen Schrank, dessen Hauptaufgabe es ist, die von den Wänden fallenden Tapeten zu halten.

Ich sitze auf der Bettkante und überlege, ob ich nicht besser sofort wieder abhauen sollte. Da kommt Ede herein, ohne anzuklopfen. »Eigentlich würde mein Sohn jetzt meinen Betrieb führen. Aber der ist im Krieg gefallen. Unser einziger Sohn.«

Ich zeige Betroffenheit. Schließlich ist der Krieg zehn Jahre passé. Das Leben geht weiter.

»Mein Sohn, der wäre heute bestimmt was ganz Großes. Das hat ihm jemand an der Universität prophezeit. So'n ganz Hoher. Wie heißen noch mal die ganz Hohen an der Universität?«

»Professoren?«

»Nein, viel viel höher.«

»Dekan?«

»Nein, auch nicht.«

»Präses? Präsident?«

»Nein, auch nicht. Ist ja auch egal. Ich komme noch drauf. Dann erzähle ich die Geschichte weiter.« Er trollt sich. Seine Fahne im Schlepp. Wie ein treuer Hund.

Ich vergesse die Geschichte. Denn ein neues Problem hält mich gefangen. Ich soll »eine halbe Apfeltorte« backen. Keine zwei, keine eine, sondern eine halbe. »Mehr zu machen hat noch keinen Zweck. Wir haben Mai, und die Touristen kommen erst im Juli. Und Ende August hört die Saison bereits wieder auf.«

»Wo sind die Äpfel?«

»Die müssen Sie kaufen. Bei der Edeka.«

»Wie viele Kisten soll ich denn ordern?«

»Wieso Kisten? Sie holen sechs Stück.«

»Aber das reicht doch nicht.«

»Herr Konditor! Sie sind wie Ihre Vorgänger. Deshalb lohnt es sich für mich ja auch nicht, mir deren Namen zu merken. *Mit* Äpfeln kann jeder Dumme eine Apfeltorte machen. Die Kunst besteht darin, *ohne* Äpfel eine gute Apfeltorte zu backen. Mein oberstes Motto lautet: In der Beschränktheit zeigt sich der wahre Meister. Die sollten Sie sich unbedingt auch zu Ihrer Lebensdevise machen.«

Etwas anderes bleibt mir nicht übrig. Improvisation wird meine Haupttätigkeit. Es gibt kein Mehl, außer bei der Edeka, nur ein halbes Tütchen Backpulver aus dem letzten Jahr, ein Messer ohne Griff, einen Griff ohne Messer, eine verkleisterte 15-Watt-Deckenbeleuchtung, eine Anschlagmaschine, die weniger schafft als ich mit der Hand und vieles Nutzlose mehr. Jeder Beduine ist besser ausgerüstet. Ich flicke das Messer, rede mit Engelszungen auf die Maschine ein, kriege den Ofen nicht an, schäle den ersten der sechs Äpfel, da fahre ich heftig zusammen. Unmittelbar hinter mir ein tierischer Schrei.

»Koryphäe! Koryphäe!«

Ich fühle mich geehrt. Wahrscheinlich meint Ede das reparierte Messer. Aber nein.

»Koryphäe – so hieß das hohe Tier an der Universität!«

Ede ist sichtlich beglückt ob seines Erinnerungsvermögens. »Der hat gesagt, dass mein Sohn einmal ganz groß rauskommen wird. Aber nun ist er im Krieg gefallen.« Inzwischen hat er mir das längst zehnmal gesagt.

So geht es Tag für Tag. Ede ist Kabarettist der besonderen, der unentdeckten Art. Er trinkt mit jedem Gast denselben Alkohol, den der sich bestellt. Mehrfach kommt der Rettungswagen und erleichtert ihm das Delirium.

Ich muss eine tote Möwe beerdigen. Streng nach christlichem Ritus. Ede rammt ein Holzkreuz in den Dünensand, betet das Vaterunser. »Meinen Sohn hat keiner beerdigt.«

Einmal pro Woche muss ich seinen uralten Hanomag-PKW aufpumpen. Mit einer Fahrradpumpe. Das dauert. Aber ich habe Zeit. Gäste haben wir keine. Außer den Säufern.

»Der Wagen war schon auf dem Mont Blanc. Da hinten klebt die Plakette. Und damit er nicht einrostet, muss er einmal im Monat bewegt werden.«

Dann fährt Ede seinen Oldtimer stolz die 50 Meter hinter seinem Haus hin und her, stellt ihn zurück in den Schuppen. Das ist alles. Bis zur nächsten Woche. »Auf die Straße darf ich nicht. Man hat mir den Führerschein abgenommen.« Ja, der Suff.

Dann wieder ein Tobsuchtsanfall. »Alle glauben, der alte Ede ist doof. Aber ich merke sehr wohl, was hier abläuft. Sie sind hinter meiner Frau her!« Berta, seine viel bessere Hälfte, ist 74. Ich bin mit ihr aus Versehen in der Enge der Backstube zusammengestoßen. Meine Mehlhand auf ihrem Rücken genügt Ede als Beweis. Dabei ist sie selbst längst jenseits irdischer Gelüste. Geschweige denn, dass sie an mir jungem Hüpfer auch nur einen Gedanken in dieser Richtung vergeudet hätte.

Als er eines Nachts im Suff die Köchin mit einem Einbrecher verwechselt und mit der Gaspistole fast blind schießt, verschwinde ich aufs Festland. Mein Mitleid mit dem alten Mann hat Grenzen.

Hatte ich in Münster und Gelsenkirchen meine Gesellenprüfungen im Bäcker- und Konditoren-Handwerk bestanden, dann legte ich bei Ede meine Meisterprüfung ab. In Geduld.

Orientalische Gastfreundschaft

1960. Meine Konditoren-Meisterprüfung ist bestanden. Ich will mir zur Belohnung eine große Reise gönnen. Zusammen mit zwei Kollegen und Freunden per Autostop ums Mittelmeer. Davon wird mich keiner abbringen. Womöglich ist es meine letzte Reise.

»Wenn du erst einmal selbstständig bist, ist das Reisen vorbei. Kein Chef kann sich einen solchen Luxus erlauben.« Diese Standard-Meinung höre ich von allen, denen ich meine Reisepläne erzähle. Ich bezweifle es zwar. Aber Selbstständigkeit ist Neuland für mich. Vielleicht haben die Älteren diesmal Recht.

Zusammen mit Freund Gerd bin ich in Istanbul. Hans, der Dritte im Bunde, ist von einem anderen Wagen als Anhalter mitgenommen worden. Wir werden ihn nach einigen Tagen an einer fest verabredeten Stelle wieder treffen.

Die Gastfreundschaft der Türken überwältigt mich. Zahnarzt Dr. Ahmed Öger spricht uns auf der Straße an. Er erlaubt nicht, dass wir in einem Hotel übernachten.

»Sie sind mein Gast!« Kurzerhand räumt er sein Wartezimmer aus. Wir schlafen auf dem Teppich. Die Patienten müssen im Treppenhaus warten. Denn weitere Personen haben im Warteraum keinen Platz. Er misst 150 mal 250 Zentimeter. Als sie hören, weshalb das so ist, lachen sie und wünschen uns einen schönen Aufenthalt.

Den Hammel, den er uns serviert, zerlegt er mit Zahnbestecken. Für die nächsten Patienten werden sie einfach abgewaschen. Unter fließendem Wasser.

Abends bummeln wir durch die Straßen. Es sind die Moscheen, es sind die frisch getoasteten Käsebrote, die Thunfischsteaks vom Holzfeuer am Bosporus – Istanbul gefällt uns.

Gegen Mitternacht leeren sich die Straßen. Wir wollen nach Hause, auf den Zahnarztteppich.

»Was ist denn da noch los?« In der Nebenstraße hat Gerd eine Menschenansammlung ausgemacht.

»Entweder ein Unfall, ein Verbrechen oder ein Puff«, rate ich weltkundig.

Es ist ein Puff. Eine ganze Armee von Männern drängelt auf den Straßen und den Gehwegen und arbeitet sich vor in Richtung einer einzigen schweren Haustür mit vergittertem Fenster. Wer nicht schon vorher zur Seite gedrängt wird, erhascht allenfalls einen Augen-Blick ins Innere des Hauses. Dann wird er unbarmherzig weiter geschubst und muss Platz machen für den Nächsten.

»Da muss ja wohl der Bär los sein in dem Haus. Eine Pufffabrik«, folgern wir und keilen uns in den Menschenstrom ein.

»Wollt ihr Frauen?« Jemand hat uns als Deutsche ausgemacht und will helfen. »Macht mal Platz! Hier sind zwei Deutsche. Kadınlar görmek istiyor. Die wollen die Frauen sehen«, schreit er in die Menge. Seine Stimme übertrifft sogar die Fischer-Chöre.

Auf einmal geschieht das Unglaubliche, das physikalisch gar nicht Mögliche. Es öffnet sich ein schmaler Gang zwischen all den liebeshungrigen Leibern beziehungsweise leibeshungrigen Liebern. Unser Dolmetscher schiebt sich voran wie ein Nashorn durch ein Dornendickicht und zerrt uns hinterher. Bis vors Guckloch in der Tür.

Was wir sehen, sind vier Stuhlreihen vor vier Wänden.

Darauf sitzen Männer und Frauen in bunter Folge. Frauen, die auf einen Freier warten, Freier, die sich noch nicht entschieden haben. Die meisten der Frauen sind korpulent. Sie entsprechen dem orientalischen Schönheitsideal. Weniger dem meinen.

Wir können die Szene jedoch nur sehr matt ausmachen, denn das Guckloch scheint eine Mattscheibe zu sein. Bis der Dolmetscher dagegen spuckt und mit seinem Hemdsärmel darüberwischt. Nun ist sie klar. Relativ jedenfalls. Der Milchglas-Effekt rührte von den Rückständen der vielen plattgedrückten Nasen und Münder.

Unser Bodyguard klopft an. Eine Faust so energisch wie seine Stimme. Die Tür öffnet sich. Er zieht uns hinein. Plötzlich sind wir drin, müssen irgendwo Platz nehmen. Die Menge draußen grölt etwas. Der Führer lacht. »Sie wünschen euch viel Spaß.«

Uns wird ganz anders zumute. Gucken möchten wir schon, eigentlich auch mit einer der Frauen aufs Zimmer gehen. Aber wir haben kaum Geld. Schließlich muss es noch ums ganze Mittelmeer reichen.

Die Frauen schauen nur kurz auf. Sie wirken müde und abgearbeitet. Wir mustern sie zurückhaltend, aber wie Ware, wie Hühner auf einer Sitzstange.

Hin und wieder sind sich ein Mann und eine Frau handelseinig. An einer Kasse neben der Tür deutet der Mann dann auf einen der verschiedenen Preise auf der Preistafel, entrichtet seinen Obolus, und beide gehen auf einer Holztreppe nach oben. Die Treppe mündet in eine Balustrade, die wiederum rund um unseren Kontaktraum führt. Die beiden verschwinden in einem der Zimmer. Es sind viele schmale Zimmer, und es herrscht ein Kommen und Gehen. Meist kommen die Männer als Erste heraus. Sie wirken wie kleine Sünder, ertappt bei etwas, das tabu ist. Beim Hinaufgehen sahen sie noch ganz anders aus, irgendwie mutig und entschlossen. Jetzt schleichen sie in geduckter Haltung hinaus auf die Straße. Kurz danach kommt dann auch die Frau, zündet sich eine Zigarette an und wartet auf den nächsten Freier.

Die, die soeben als Letzte heruntergekommen ist, zwinkert uns zu. »Sie ist mir zu umfangreich«, flüstere ich Gerd zu und will ich mich aus der Affäre ziehen. Gerd nickt.

Verstohlen blicken wir zur Preisliste hinter der dicken Puffmutter an der Tür. Fünf Zeilen kann ich ausmachen. Was die Worte bedeuten, bleibt mir verborgen. Es ist Türkisch. Nur die Preise kann ich entziffern. Und die sind sehr unterschiedlich. Sie schwanken zwischen fünf und 40 Lira. Fünf Lira, denke ich, das könnten wir uns eigentlich sogar leisten. Vor allem, weil uns die beiden letzten Nächte beim Zahnarzt nichts gekostet haben. Dabei sind wir eher neugier- als triebgesteuert.

Da kommt eine Frau die Treppe herunter. Sie ist schlank und wirkt lebendiger als die schlafenden Damen im Halbschlaf um uns herum. Sie nimmt neben uns Platz. »Na, habt ihr Lust?«, fragt ihr Blick. »Ja, ich habe Lust«, antwortet der meine. Plötzlich sogar sehr ungestüm. Ich zahle die Mindestgebühr. Wir stolpern nach oben. Von draußen nehme ich ein Anschwellen des Lärmpegels wahr. Irgendein Scheibengucker hat gepetzt. »Alman yukarı çıkıyor, der Deutsche geht nach oben!«

Das Zimmer ist einfach. Kein Möbel zu viel. Aber auch keins zu wenig: ein Bett, ein Stuhl, eine Schüssel mit Wasser, ein angelaufener Spiegel, ein schmuddeliges Handtuch, eine zerrissene Gardine, ein abgelutschter Orientläufer. Na gut – eine Suite habe ich nicht erwartet.

Ihre Geste sagt »Nun zieh dich schon aus!«. Dieser Service ist im Preis also nicht enthalten. Hätte ich mir ja denken können. Man kann halt nicht alles haben. Während ich meine Garderobe auf den Sperrmüll-Stuhl lege, hat sie es sich schon auf dem Bett bequem gemacht. Das heißt, sie hat den Rock hochgeschoben und die Beine zum Y gegrätscht. Beim heiteren Berufe-Raten würde ich sofort wissen, welches Berufsbild sie darstellt. Sie saugt ein letztes Mal an der Zigarette, pumpt sich mit Nikotin voll. Ich muss an einen undichten Fahrradschlauch denken, den man hastig aufpumpt, um wieder ein paar Meter fahren zu können, bis er erneut zu schlapp ist. Sie sagt etwas. Dem Tonfall nach heißt das »Na los!« Also mache ich los.

Ich will mir aber Zeit lassen. Wer weiß, ob wir auf dieser langen Mittelmeerumrundung jemals eine andere Frau zu fühlen bekommen. Tourismus – und damit Touristinnen – gibt es zu jener Zeit nicht.

Die Frau unter mir gibt sich betont apathisch, gelangweilt. Sie dreht den Kopf zur Seite, verströmt ein Gemisch aus Zigarettenrauch und Parfüm. Ich habe das Gefühl, es mit einem lebenden Aschenbecher zu tun zu haben. Ihre Apathie erleichtert es mir, Zeit zu schinden. Gerd wird staunen, wie lange ich bei ihr bleibe.

Plötzlich wälzt sie sich zur Seite. Gefällt ihr die Position nicht? Nein, das kann es nicht sein. Sie steht auf, streift den Rock wieder züchtig über die Knie, richtet ihre Frisur mit zwei Handgriffen vor dem vergilbten Spiegel, erklärt etwas in Türkisch und verlässt das Zimmer. Die Tür bleibt halb offen.

Gewiss will sie nur kurz zur Toilette, vermute ich und warte geduldig. Nach zehn Minuten kommen mir Zweifel an meiner Theorie und ich spähe durch den Türspalt. Fast trifft mich der Schlag. Das sitzt sie bereits wieder unten und baggert im Freier-Teich.

Gerd spricht gerade mit ihr. Das heißt, er gestikuliert mit ihr, und sie weist mit abfälliger Mimik nach oben. Unsere Blicke treffen sich.

Ich bin stinksauer, entleere vor Wut ihr Billig-Parfum in den Spülstein. Sie soll an mir nichts verdient haben. Ich kleide mich an und gehe runter. Mein Dolmetscher will wissen, was los war. »Sie hat mich abgeworfen wie ein Gaul seinen Reiter. Ich war noch gar nicht am Ziel.«

Er übersetzt es laut. Zum ersten Mal kann ich sämtlichen Frauen ein Lachen entlocken. Den Dicken in Moll, der Dünnen in Dur. Nur die Puffmutter an der Kasse gibt sich ungerührt. Geld zurück gibt es nicht. Wütend verlasse ich das Etablissement. Draußen laute Fragen. »Ne olmuştu? Was war los?«

Unser Mann erklärt den Vorfall. Ich entdecke einen Polizisten. Er lässt sich den Vorgang darlegen, lacht dienstlich und klopft energisch an der Tür. Sofort fliegt sie auf. Wir treten ein.

»Da sitzt sie!«, sage ich.

Große Worte hin und her. Zunächst lautstark, dann leiser werdend. Die Frauen scheinen in keinster Weise ein schlechtes Gewissen zu haben, fühlen sich im Recht. Dann die Rechtsprechung des Polizisten.

»Du hast ja nur einen Zehn-Minuten-Quicky gekauft. Da geht es nicht nach ›Fertig-werden‹, sondern nach Zeit. Deine Zeit war um. Tut mir Leid, dass ich dir nicht helfen kann.«

Wir treten hinaus auf die Straße. Der Dolmetscher erklärt die Entwicklung. Er muss ein guter Redner sein. Es ist mucksmäuschenstill. Als er endet, hebt ein lautes Schreien an. »Domuzlar! Ihr Schweine!«, übersetzt es der Dolmetscher. Und mir ist klar, dass es ein sehr schlimmes Schimpfwort sein muss. Denn Schwein ist unter Muslimen tabu, und demnach ist »Ihr Schweine!« eine nicht zu überbietende Ruchlosigkeit. Ich bin mit ihnen konform.

Jemand meldet sich lautstark zu Wort. Die Menge grölt

lauthals, zollt ihm Applaus. Der Dolmetscher übersetzt. Bestimmt wollen sie die Bude stürmen. Doch ich irre.

Scheine werden eingesammelt. Jeder rückt einen raus. »Alles für dich!«

Ich bin reich wie ein Sultan. Bedingung: Ich muss das Geld sofort in »Naturalien« umsetzen. Wir kehren zurück ins Haus. Ich kann das Angebot »de Luxe« wählen, ganz unten auf der Liste. Das mit dem höchsten Preis.

»Zwei Frauen werden dich bis morgen früh massieren und dir alles bieten, was du möchtest.«

Orientalische Gastfreundschaft. Ich liebe sie.

Die Reise geht weiter. Es ist unendlich einsam in der Wüste und viele Gestalten, denen wir begegnen, sind zweifelhaft. In Ost-Jerusalem, damals jordanisch, kaufen wir einen Revolver. Ein schweres Monsterteil. Mit der Waffe fühlen wir uns sicherer. Denn wir schlafen viel draußen. Am Golf von Aqaba am Roten Meer ist Schluss mit dem Trampen. Das Ende der Welt scheint erreicht. Ein Vierländereck verfeindeter Staaten. Gegenüber von Aqaba (Jordanien), damals ein winziges Dorf, liegt Israel. Südwestlich, schräg gegenüber winkt Ägypten vom Sinai zu uns herüber und südlich, an unserem Ufer, beginnt Saudi-Arabien. Man kann alles mit bloßem Auge sehen. Wir wollen nach Ägypten.

»Nein, es gibt nur zwei Möglichkeiten, von hier fortzukommen, und das ist mit dem Schiff oder zurück über die Hauptstadt Amman.« Der Polizeichef von Aqaba sieht keinen anderen Ausweg.

»Können Sie uns nicht mit Ihrem Motorboot bis zu einem Fischerboot der Ägypter auf dem Meer bringen und uns dort umsteigen lassen?«

Nein, das kann er nicht. Die republikanischen Ägypter sind Feinde des Königreichs Jordanien, Israel sowieso und

Saudi-Arabien nutzt uns nichts. Hinter dem Zoll beginnt die Sandwüste.

Wir fragen die Kapitäne der internationalen Schiffe im Hafen von Aqaba. »Nein«, sagen sie alle unisono. »Dann werden wir als Passagierschiff gewertet und müssen im Suezkanal viel höhere Gebühren zahlen.« Niemand hat Erbarmen. Zumindest tut es ihnen Leid. Aber das hilft uns auch nicht weiter. Und als *blinde Passagiere* will uns niemand aufnehmen.

»Auf jeden Fall fahren wir nicht zurück. Wir müssen rüber. Bis *Bir Taba* auf Sinai sind es nur schlappe 15 Kilometer. Gäbe es hier keine Haie, könnten wir die Strecke schwimmen.«

Hans, Gerd und ich sind uns einig. »Wir klauen ein Boot und rudern nächste Nacht hinüber.«

Unser Lager befindet sich unmittelbar am Strand unter herrlichen Dattelpalmen. Vor uns schaukeln die Ruderboote der Fischer. Aus alten Brettern sind schnell Ruder gebastelt. Um zwei Uhr nachts geht es los. Da schlafen auch die LKW-Fahrer neben uns am Strand. Leise schwimme ich hinaus aufs Meer, löse ein Boot von der Boje, schiebe es an den Strand. Wir laden ein und paddeln los.*

Kaum 100 Meter auf dem Meer, springt irgendwo ein Motor an. Unsere Gänsehaut signalisiert: Das gilt uns!

Wir paddeln schneller. Gegen den Motor haben wir keine Chance. Wir werden gefangen genommen. Der schlimme Verdacht: »Ihr wolltet rüber nach Israel.«

Man glaubt uns schließlich die Überfahrt nach Ägypten, weil der Polizeioffizier bestätigt, dass wir ihn darum gebeten hatten. Dass wir illegal eine Waffe haben, spielt überhaupt keine Rolle. Mit ihr werden wir ab jetzt bewacht.

Wir werden eingelocht. Es kommt zum Prozess. »Den Tatbestand der unbefugten Benutzung kennt man in Jordanien nicht. Was Sie getan haben, ist Diebstahl und dafür gibt es pauschal ein Jahr Gefängnis.«

So ganz kann das nicht stimmen. Da sitzt ein Beduine, der einen Esel geklaut hat. Er muss ein halbes Jahr brummen. Ein anderer hat auch einen Esel geklaut. Er muss ein Jahr lang in den Knast. »Gehörte sein Esel einem Scheikh?«, erkundigen wir uns. »Nein, er hat eine Stute geklaut, der andere nur einen Hengst. Und von den Fohlen, die die Stute jedes Jahr wirft, kann die Familie leben.«

* S. auch »Mit dem Baum über den Atlantik«.

Es gelingt uns, die Deutsche Botschaft zu informieren. Die gibt uns Beistand. Der Richter lässt Gnade vor Recht walten. Nach 42 Tagen sind wir raus. Orientalische Gastfreundschaft.

Aber die 42 Tage sind uns allen dreien sehr lehrreich. Nie wieder wollen wir irgendwo einsitzen und kostbare Lebenszeit vergeuden. Dafür ist das Leben zu kurz. Gut, dass die Lehre nur knappe anderthalb Monate dauerte.

Am traurigsten ist Abu Mohamed, der Gefängnischef. »Wollt ihr nicht wenigsten noch meine privaten Gäste bleiben?« Wir müssen ihn enttäuschen

»Unser Urlaub ist vorüber. Wir kriegen Ärger mit unserem Chef. Aber ich komme bestimmt irgendwann wieder«, tröste ich ihn. In diesem Moment glaube ich es aber selbst nicht, dass ich Wort halten werde. Doch schon drei Jahre später stehe ich auf seiner Matte. Mit meiner Frau Maggy. Unsere Hochzeitsreise führt uns durch alle meine fünf jordanischen Gefängnisse. Exklusiv-Reise. Davon im nächsten Kapitel mehr.

Im Leben meines Vaters wird die Nachricht, dass ich inhaftiert bin, zu einem historischen Tag. »Dem hacken die Muslime wegen Diebstahls die Hand ab«, warnen seine Kollegen. Auf der Stelle lässt sich mein Banker-Vater einen freien Tag geben. Den ersten und einzigen in seinem Leben. Er fährt nach Bad Godesberg zum jordanischen Botschafter und hält um meine Hand an. Der Diplomat beruhigt ihn. »Diese Strafe ist bei uns seit kurzer Zeit abgeschafft.«

Nach der Haftentlassung trampen wir zurück über Amman nach Damaskus. Syrien und Ägypten bilden eine Staatengemeinschaft. Von dort gibt es preiswerte Flüge nach Kairo. Dann geht es weiter. Immer am Mittelmeer lang. Wir sind abgemagert und hungrig.

In Libyen türmen sich manchen Ortes verrottende Panzer aus dem Rommel-Feldzug gegen die Engländer. Wir finden eine Handgranate, wollen damit von einem Felsen aus Fische fangen. Das Wasser ist voll davon und die Wüste um uns herum menschenleer. Gerade will ich die Granate zünden, da schreit Gerd. »Da ist ein Militärzelt!«

Artig gehen wir hin und liefern den Fund ab. Die Soldaten sind begeistert. Nicht wegen der Granate, sondern wegen der Abwechslung – Besucher aus Almaanya. Wir kriegen Tee, soviel wir möchten. Vor allem möchten wir Zucker und Dosenmilch. Unsere ausgemergelten Körper gieren nach Nährstoffen.

Eines Morgens eine Kobra. Sie kreuzt unseren Weg und richtet sich erregt auf. Ich fange sie ein und stecke sie ins Kochgeschirr. Damit sie nicht erstickt, schlage ich zwei Löcher in den Deckel. In Karthago bei Tunis kann ich mir unerwartet Geld mit Schlangenbeschwörung verdienen.

»Ich habe neulich eine Kobra gesehen«, prahlt da jemand in einer deutschen Touristengruppe. »Hab ich natürlich sofort totgeschlagen.«

»Warum denn das? Haben Sie keine Ahnung von Schlangen? Oder haben Sie Angst? Oder wollen Sie sich mit einer Heldentat brüsten, die gar keine ist? Ich habe eine im Gepäck.« Ich bin sauer auf den Typen.

Ungläubiges Staunen. »Zeigen!«, ruft jemand. Die Gruppe, die sich in Roms Trümmern von Karthago zerstreut hatte, strömt wieder zusammen.

»Nur gegen Bares. Feiglingen zeige ich doch nicht kostenlos meine wertvolle Schlange.«

Die Menschen beäugen mein Häufchen Hab und Gut. »Wo soll denn da 'ne Schlange sein?«

Ich beschränke mich aufs Lächeln und rühre mich nicht.

»Der will sich nur wichtig machen«, folgert der Schlangenmörder und wendet sich ab.

»Wir können ja wetten«, locke ich ihn zurück.

Dazu sind sofort einige bereit. Der eine bietet eine Mark, der Mörder fünf. Ich komme auf die stolze Summe von 20 Mark und öffne das Kochgeschirr. Mit einem Stöckchen dirigiere ich das Tier. Es richtet sich erregt auf, zischt. Die Leute stehen fasziniert herum, machen Fotos, spenden zusätzliches Trinkgeld.

Das haben wir bitter nötig. Die gesamte Reisekasse ist aufgebraucht. Wir müssen das Hotel bezahlen, brauchen etwas zu essen, müssen dringend zurück nach Europa. Der weite Weg über Gibraltar scheidet aus. Die Zeit drängt. Mein Chef Paul L'Arronge, Hamburgs prominentester Konditor, wartet. Ohne mich geht er pleite.

Was jetzt noch fehlt, ist das Geld für die Überfahrt mit dem Schiff von Tunis nach Marseille. Zwar finde ich einige andere zahlungswillige Touristen, aber irgendwie widerstrebt es mir, mich bettelnd mit der Schlange zu produzieren. Andere Ideen müssen her.

Die Banque Lyonnaise-Tunisienne – oder wie immer sie hieß – nimmt meine einfache Kamera als Pfand und leiht mir tatsächlich 50 Mark dafür! Ich bin stolz auf meinen Einfallsreichtum. Dabei entspringt die Idee eher der Not. Sie macht bekanntlich erfinderisch, so wie Schaden klug macht. Später löst die Deutsche Botschaft das Gerät wieder aus. Der Minikredit und das Kobrageld reichen auf 50 Cent genau für die Überfahrt nach Marseille. Für die 50 Cent kaufen wir eine Dose Ölsardinen. Leider werde ich sofort seekrank und spucke die wertvollen Fische gleich wieder aus.

Die Erfahrungen während der Mittelmeerreise werden zum wertvollen Fundament für das weitere Leben. Kaum kann ich meinen nächsten unbezahlten Urlaub abwarten.

Maggy

Sie ist die Freundin der Freundin meines Freundes Gerd Siebenhüner. Irgendwann nimmt er mich mit zu ihr, als er am Wochenende mit seiner brüchigen Isetta, einem besseren überdachten Motorrad, zu ihr von Hamburg nach Rinteln fährt. Mein Job ist es, im Heck seines Gefährts eine sich ständig lockernde Schraube zu fixieren. Bei der Ankunft ist mein Arm von den Vibrationen wie gelähmt. Kaum habe ich noch Augen für seine Inge. Und dass er mir ihre beste Freundin vorstellt, kriege ich auch erst mit, als die mir den Arm massiert. So lerne ich Maggy kennen. Sie gefällt mir auf Anhieb, sie besucht mich in Hamburg. Ich stelle sie meinen Eltern in Münster vor. Mein Vater warnt mich. »Das ist ein Juwel. Die musst du heiraten, bevor sie dir ein anderer wegschnappt.«

Als Mensch schneller Entschlüsse befolge ich den Rat. Schwiegermutter in spe Caroline ist begeistert. »Ein Handwerker als Schwiegersohn, das hat eine solide Basis.« Schwager Willi entringt sich ein »Endlich!«. Endlich kümmert sich ein anderer um seine Schwester, endlich muss er sie nicht jedes Wochenende irgendwohin chauffieren und anschließend wieder abholen. Man wohnt auf dem Lande. Da geziemt es sich nicht, mit wechselnden Kerlen über Nacht außer Haus zu bleiben.

Doch vor der Hochzeit gilt es, ein Problem zu lösen. »Du bist nicht in der Kirche. Was machen wir denn da? Hier auf dem Dorf würde das niemand verstehen.« Caro-

line hat Recht. Mit 17 bin ich ausgetreten. Grund: die Kluft der Religionen zwischen Anspruch und Wirklichkeit.

Ich biete ihr einen Deal an. »Auch wenn es mich viel Überwindung kostet: Für dich trete ich wieder ein. Werte es als mein Gegengeschenk für deine Tochter. Aber ich sage es dir gleich: Anschließend werde ich sofort wieder austreten. Und du darfst mich nie wieder im Leben um einen Gefallen bitten, der mit Kirche zu tun hat.« Da habe ich meine Prinzipien.

Caroline drückt mich mütterlich an ihren Busen,

schenkt mir Tränen der Freude, verspricht alles. Unter den Tränen entdecke ich auch solche der Hoffnung. Sie ist sich sicher, dass ich den erneuten Austritt nicht wahr mache.

Ich gehe zum Standesamt Hamburg-Barmbek, um den Wiedereintritt zu regeln. In einer Woche ist die Hochzeit. »Dafür sind wir nicht zuständig«, erklärt mir eine verständnisvolle Sachbearbeiterin, »wir machen nur die Austritte.« Ich müsse zu meinem zuständigen Pfarrer gehen.

Weder kenne ich einen solchen Pfarrer, noch weiß ich, wo dessen für mich zuständige Kirche liegen könnte. Sie verrät es mir. Ich begebe mich hin. Vor mir im Warteraum ein junges Paar.

Eine Tür öffnet sich, ein freundlicher, standesgemäß schwarz gekleideter Herr schaut herein und fragt: »Wer ist der Nächste?«

Ich denke noch, ganz in Bibeldeutsch, ›Sind wir nicht *alle* unsere Nächsten?‹ – da steht das junge Paar bereits auf, begrüßt den Pfarrer. Es ist also noch nächster als andere Nächste.

»Was kann ich für Sie tun?«

»Wir möchten heiraten und wollen in die Kirche eintreten.« Der Lover wedelt mit seinem Personalausweis in der Luft herum.

Ich bin plötzlich hellwach, will gerade sagen »Ich auch«, dann wäre es für ihn ein Abwasch, aber da schockt er mich mit seiner Antwort.

»Ihren Ausweis stecken Sie mal wieder weg. So einfach geht das nicht. Da müssen Sie erst in den Konfirmationsunterricht gehen. Das dauert viele Wochen. Kommen Sie mal rein.«

Mehr kriege ich nicht mit. Da sind sie bereits im Sprechzimmer verschwunden. Konfirmationsunterricht! Das hätte mir noch gefehlt. Fieberhaft überlege ich einen

Trick. Meine Fantasiemaschinerie kommt auf Hochtouren. Weder werde ich einen solchen Unterricht auf mich nehmen, noch werden wir die Hochzeit verschieben. Ich will mit Maggy nach Jordanien und ihr meine Gefängnisse zeigen. Eine Hochzeitsreise der besonderen Art. Abu Mohamed, der Knast-Direktor, wird staunen.

Nach 15 Minuten kommt ein niedergeschlagenes Pärchen heraus, vergisst sogar, sich zu verabschieden. Der Pfarrer bittet mich mit einer Geste in seinen Raum. »Diese jungen Leute heutzutage meinen, nur weil sie heiraten, könnten sie mal eben in die Kirche eintreten. So, als würden sie sich zwischen Eis und Obstsalat für das Hochzeitsmenu entscheiden. So geht das ja nun wirklich nicht.«

Meine Schläfen pochen. Jetzt entscheidet es sich, ob ich mein Caroline gegebenes Wort einlösen kann oder nicht. Ich verharre in der Tür. »Eigentlich hat sich mein Besuch bei Ihnen soeben erübrigt. Denn ich wollte ebenfalls in die Kirche eintreten. Aber nun habe ich ja gehört, dass man zunächst zum Konfirmationsunterricht gehen muss. Diese Zeit habe ich leider nicht. Nächste Woche fliege ich für zwei Jahre beruflich nach Jerusalem.«

»In die Heilige Stadt?« Der Pfarrer ist plötzlich ganz Ohr.

»Ja. Ich trete dort meine neue Stelle in einem Speditionsunternehmen an. Wir betreiben Handel zwischen Saudi-Arabien, Jordanien und Deutschland.«

Und nun berichte ich einem hellwachen Geistlichen von meinen »Gewissenskonflikten«. Ich sei mit 17 aus der evangelischen Kirche ausgetreten, weil ich die Geschichten um Christus als »Gottes Sohn« nicht glauben konnte. »Vor allem hat mich die Kluft zwischen kirchlicher Lehre und Leistung desillusioniert. Eine solche Institution wollte ich nicht mittragen.«

»So, und diesen Standpunkt haben Sie geändert?«

»Ja. Ich habe im Laufe meiner Reisen viele andere Religionen kennen und vergleichen gelernt. Und dabei wurde mir klar, dass die evangelische Lehre meiner Überzeugung noch immer am nächsten kommt. Aber wenn ich gefragt wurde, welcher Religion ich denn angehöre, musste ich wahrheitsgemäß antworten ›Keiner‹. Und das wollte ich ändern. Ich möchte mich zu meiner Überzeugung bekennen.«

So rede ich noch eine ganze Weile, berichte von Begegnungen mit Andersgläubigen und meinen Erfahrungen.

Der Pfarrer bleibt sprachlos. Ich blicke nachdenklich zu Boden. »Na gut«, sage ich zum Boden, »es war so eine Idee. Ich dachte, Kirchen-*Ein*tritt sei so einfach wie Kirchen-*Aus*tritt. Aber dann muss ich leider darauf verzichten. Ich sagte es ja schon, in wenigen Tagen geht es los.«

Der Pfarrer hält mich am Arm zurück. »Wissen Sie, was Sie mir da erzählt haben, ist viel mehr, als ich Ihnen in meinem Konfirmationsunterricht vermitteln kann. Wer macht sich schon so viele Gedanken um seinen Glauben! Wenn Sie es wünschen, kann ich Sie sofort aufnehmen. Und wenn Sie mir eine kleine Freude machen wollen, möchte ich fragen, ob Sie das, was Sie mir da eben erzählt haben, niederschreiben könnten. Es genügt eine Seite.«

Jetzt bin ich sprachlos.

»Mein Gott! Jerusalem!«, höre ich ihn mit sich sprechen. »In Kürze werde ich pensioniert. Und dann werde ich auch nach Jerusalem gehen. Ich habe die Reise schon fest gebucht. Ich erfülle mir einen Lebenstraum.«

So erzähle ich ihm von Jerusalem, von Bethlehem, vom Toten Meer und der Gastfreundschaft. Wie auf einem arabischen Suuk tausche ich eine halbe Stunde Erzählungen gegen viele Wochen des Konfirmationsunterrichts. Ich werde aufgenommen in die evangelische Kirchengemeinde zu Hamburg-Barmbek. 1963.

Dem wohlmeinenden Pfarrer gegenüber habe ich ein schlechtes Gewissen. Ich tröste mich damit, dass die Kirche als Institution im Laufe ihrer Geschichte nicht annähernd so zimperlich war oder von schlechten Gewissen geplagt wurde.

Eine Woche später heiraten Maggy und ich in Steinbergen bei Rinteln. Am Montag darauf stehe ich schon wieder auf der Matte meines Standesamtes.

Die freundliche Beamtin von vor zwei Wochen schaut neugierig auf. »Na, haben Sie noch Fragen? Haben Sie mit Ihrem Pfarrer gesprochen?«

»Ja. Es hat geklappt. Aber nun möchte ich wieder austreten.«

Ich genieße die sprachlose Bürokratin. Die Kirchensteuer kann sie mir nicht so schnell entlassen. Drei Monate muss ich zahlen.

Die Hochzeitsreise geht tatsächlich nach Jordanien. Ich will Maggy meine fünf Gefängnisse zeigen, in denen ich Kurzgastspiele gab.* Maggy findet das spannend, entwickelt Liebe zur Wüste, mag die Beduinen. Direktor Abu Mohamed in El Kerak ist ganz gerührt. Er gibt eine große Party für seinen Ex-Häftling Rudi.

* »Mit dem Baum über den Atlantik. ›The Tree‹ und andere Abenteuer«.

Selbstständig

Nichts geschieht ohne Risiko.
Aber ohne Risiko geschieht auch nichts.
NN

Im Herbst 1965 ist es dann soweit. Maggy und ich wagen den Schritt in die Selbstständigkeit. Mit zwei Mitarbeitern eröffnen wir unsere kleine Konditorei am Friedrich-Ebert-Damm in Hamburg-Wandsbek. Es ist zwar nicht die Top-City-Lage, die ich mir immer erträumt habe. Aber der kleine Betrieb ist mein Eigentum. Ich bin kein Mieter, ich bin unabhängig. Jede Mark, die ich abzahle, erhöht meinen Besitzstand.

Der Laden läuft gut an. Während die Nachbarbetriebe anderer Branchen unseres Einkaufzentrums nach und nach aufgeben, kann ich mich vergrößern. Nach zehn Jahren habe ich eine solide mittelständische Konditorei-Bäckerei, drei Ladengeschäfte (zwei davon in Top-Lage) und 50 Mitarbeiter. Das reicht mir. Ich stoppe die Expansion. Sonst leiden meine Reisen.

Um mich von den Mitbewerbern abzusetzen, versuche ich, unvergleichbar und damit konkurrenzlos zu werden. Ich denke mir besondere Werbestrategien aus. Mein Leitspruch ist einfach und überzeugend. Er prangt auf dem Lieferwagen und an den Schaufenstern: »Es gibt Schlechtere!« Das ist einprägsames Understatement. Die Leute lachen. Lachen, Kreativität und Understatement werden zu meiner Überlebensstrategie.

Oder – als Gag für ein paar Wochen – mitten im Laden ein von der Decke hängender Hinweis: »Hier befinden Sie sich genau über dem Mittelpunkt der Erde!« Auf dem Boden eine eindrucksvolle Messingplatte mit Fadenkreuz und Angabe der Koordinaten. Interessant, die Reaktionen der Kunden zu erleben. »Stimmt das wirklich?«, fragen die einen. »Der ist doch überall. Egal, wo man sich befindet«, wissen die anderen.

Nur ein altes Mütterchen steht ehrfürchtig neben dem Kreuz. »Der Nehberg, der hat aber auch immer ein Glück! Genau da kann er einen Laden mieten.«

Schmunzeln können die Kunden auch über meine Spezialität, Marzipankarikaturen zu jedem Anlass. Und die ungewöhnlichen Schaufensterdekorationen. Darunter auch solche zu politischen Themen oder mit regionalen Bezügen wie Umweltschutz, Greenpeace, Hamburg. Oder Gorbatschow in Lebensgröße aus Marzipan. Ich verleihe meinem Idol Gorbi den Friedensnobelpreis bereits ein Jahr, bevor es die Schweden tun. Vielleicht habe ich sie erst auf die Idee gebracht. Ich sagte es ja schon: Es gibt Schlechtere.

Und es sind Aktionen. Zum Beispiel die in Zusammenarbeit mit der Zahnärztekammer und der Verbraucherzentrale. »Nicht Zucker macht die Zähne krank, sondern mangelnde Pflege. Ein sauberer Zahn wird nicht krank.« Ich verschenke 6000 Qualitätszahnbürsten und wundere mich, wie billig man sie kaufen kann, wenn man solche Mengen ordert. Die Aktion beschert mir eine extrem hohe Medienresonanz. Ich muss nicht inserieren, ich erhalte die Werbung redaktionell, kostenlos und glaubwürdig. Die Kunden stürmen die Läden, als hätten sie Angst, ohne die Bürsten ihre Zähne zu verlieren. Ich erkenne die Kraft unorthodoxer Ideen und der Medien als unübertreffliche Werbung.

Natürlich gibt es auch Rückschläge. Zeitungen berichten von meinen ersten Survival-Trainings. »Das Schwein frisst Würmer!«, heißt es plötzlich, und der Umsatz stagniert.

Ich hole zum Gegenschlag aus. Ich setze riesige Glasscheiben vor die Backstube, verwandle sie in ein allseits einsehbares Aquarium. Die Kunden sollen sehen, dass Survival und Konditorei zwei verschiedene Welten sind. Die des nackten Überlebens und die der absoluten Hygiene. Meine Backstube ist bis unter die Decke gekachelt. Zur Not kann ich sie als Operationssaal vermieten. Dazu verkünde ich: »Ein Konditor, der jeden ertappten Mehlwurm persönlich vernascht, muss die sauberste Backstube haben. Überzeugen Sie sich selbst.« Ich avanciere zum umweltfreundlichsten Insektenvertilgungsmittel, mache Insekten gesellschaftsfähig.

Ich lade Kinder und Eltern zum Probebacken ein. Sie lernen Kekse herzustellen, modellieren sich eine Eisenbahn aus Marzipan, basteln Hexenhäuser. Das beeindruckt. Hat man die Kinder auf seiner Seite, hat man die

Eltern gleich gratis dazu. Eine Faustregel, die weltweit Gültigkeit besitzt.

Wir schreiben Wettbewerbe aus. »Wir suchen Ihr bestes Kuchenrezept!« oder »Was gefällt Ihnen bei uns überhaupt nicht?«, locken mit Sonderangeboten, wagen Neues. Zum Beispiel Bananenkuchen. Ein amerikanischer Entwicklungshelfer in Äthiopien hatte seinen Topfkuchen Wolfgang Brög, Andreas Scholtz und mir angeboten. Nach sieben einsamen Wochen auf dem Omo-Fluss war das die absolute Delikatesse, der Höhepunkt schlechthin. Kein einziger Krümel hat diesen Festschmaus überlebt.

»Den führe ich in meiner Konditorei ein«, lobte ich dem Ami. Bereitwillig gab er mir das Rezept. Meine Mitarbeiter sind skeptisch. »Na, haste schon wieder was mitgebracht?« Rudi Gutzki, mein Betriebsleiter. Allein dieser Tonfall! Bloß nie etwas Neues ausprobieren. Personal, denke ich.

Wir machen 500 Stück dieser exotischen Delikatesse. Um sie schlagartig einzuführen, verkaufen wir sie als Wochenend-Sonderangebot. Mittags sind sie weg. Hätte ich doch bloß gleich 1000 gemacht! »Aber hallo«, rufe ich laut durch die Backstube, »wer hätte das gedacht?«

Keiner natürlich. Sie staunen nur still vor sich hin. Auch Rudi. Der Alte, denken sie, immer was Neues!

Am nächsten Wochenende liegen wieder 200 Bananenkuchen auf der Theke. Diesmal zum Normalpreis. Deshalb nur 200. Mittags schaue ich verstohlen auf die Theke. Da liegen sie noch alle. Kein einziger fehlt. So, als hätten wir ein Verkaufsverbot verhängt. »Das wird noch«, tröstet mich Ilse Kaun, Top-Filialleiterin. »Der Tag ist ja noch nicht rum.«

Aber irgendwann ist er rum. Und da liegen sie tatsächlich immer noch alle. Oder fast alle. Unberührt wie die Unschuldslämmer. »Dabei habe ich sie jedes Mal wärms-

tens empfohlen. Aber alle, die ihn kannten, winkten lächelnd ab. Nur sieben Kunden, die ihn noch nicht probiert hatten, haben einen mitgenommen.«

Der Alte, denken die Mitarbeiter mal wieder und grinsen. Auch Rudi. »Er und seine exotischen Reiserezepte.

Irgendwann kommt der glatt und mutet seinen Kunden Bananensuppe mit Totenasche zu. À la Yanomami.« Ihnen habe ich ein eigenes Kapitel gewidmet.

Dekadente Wohlstandsbürger, erwidere ich in Gedanken. Wohl nie richtig Hunger gehabt. Ihnen habe ich *kein* eigenes Kapitel gewidmet.

Die Hamburger Konditoren-Kollegen drehen mir das Ehrenamt des Lehrlingswarts an. »Das macht null Arbeit«, beschwindeln sie mich.

Schon am ersten Tag soll ich der Beschwerde einer Mutter nachgehen. Ihr Sohn lernt in einer Konditorei in Hamburg-Altona. Wenn er etwas falsch gemacht hat, muss er 30 Minuten lang auf einer Holzlatte knien und seinen Chef um Verzeihung bitten.

»Die Gesellen pinkeln sogar in den Spülstein, in dem schmutziges Geschirr liegt«, berichtet er. Ich alarmiere die Gewerbeaufsicht und mache unangemeldet eine Razzia. Der Betrieb entpuppt sich als Saustall. Das Zimmer des Lehrlings liegt neben den Bahngeleisen der S-Bahn. Es hat eine mit Tesafilm reparierte löchrige Scheibe und schimmelige Wände, ist noch nie gereinigt worden.

Als der Behördenmensch im Gärraum Insektizid versprüht, kommen die Kakerlaken zu Tausenden aus den Ritzen gelaufen und sterben. Mehr als einen Eimer voller Kadaver fegen wir zusammen.

Die Tür zum Kühlraum geht nur noch mit Gewalt auf. Der Fußboden wurde seit der Gründung vor 20 Jahren nicht mehr gewischt. Wenn jemand etwas verschüttete, wurden einfach Pappen darüber gelegt. Die verklebten dann miteinander wie Plakate an Litfaßsäulen und bildeten einen reinigungsresistenten Bodenbelag. Nur noch mit dem Presslufthammer konnte man ihm beikommen.

Der Betrieb wird geschlossen, dem Inhaber die Befugnis der Lehrausbildung entzogen. Das spricht sich unter den Lehrlingen rum. Ich genieße Glaubwürdigkeit, gründe ein Lehrlingsparlament. Die Jugendlichen sollen eine Möglichkeit haben, ihre Beschwerden vor der Innungsversammlung vorzutragen. Das beschert der Konditoren-Innung positive Schlagzeilen, Nachwuchs und mir allerdings auch die Feindschaft einiger erzkonservativer Handwerker.

Ich entwickle ein Gespür dafür, die Kraft der Medien für meine Ziele zu nutzen.

Aber die Arbeit als Lehrlingswart mehrt sich. Das geht zu Lasten meiner Reisen. Ich will den Job auf elegante Weise loswerden und sehe eine Chance, als ich von einem Trip nach Afrika zurückkehre. »Ich habe mir eine Bilharziose aufgesackt«, sage ich in einem Interview und untermaure die Aussage mit entsprechender Leidensmine. Wer im medizinischen Lexikon nachschlägt, erfährt, dass Bilharziose (damals) nur schwer heilbar ist. Alle haben Verständnis, dass ich den Job an Freund Gerd Siebenhüner übergebe. Er macht in meinem Sinne weiter, denn er war ohnehin mein Stellvertreter.

In der Freude, dieser Belastung entronnen zu sein, vergesse ich immer wieder, weiterhin den Kranken raushängen zu lassen, wenn ich Kollegen begegne. Erst ihre besorgte Frage »Wie geht es dir denn?« und das dazugehörige Dackelblick-Gesicht helfen mir auf die Sprünge. Dann rede ich schnell von ersten Fortschritten und noch lang anhaltender Kur.

Ich komme dahinter, dass der amtierende Obermeister in betrügerische Affären verwickelt ist. 13 an der Zahl. Ich sammle Beweise, präsentiere sie dem Innungsvorstand. Der reagiert zurückhaltend, der Obermeister rastet aus, zeigt mich an. Er fordert ein Millionen-Schadensersatz wegen seines Image-Verlustes. Ich bin enttäuscht von meinen Kollegen. Sie zögern. Sie wollen noch einen Beweis und noch einen. Dabei hätte jeder einzelne ausgereicht, das schwarze Schaf zum Rücktritt zu zwingen. Kollegiale Heuchelei. Da singen sie vor jeder Versammlung »Gott segne das ehrbare Handwerk« und decken Unehrbarkeit.

Es kommt zum Prozess, und der Obermeister verliert.

Nicht in einem einzigen Punkt wird ihm Recht gegeben. So wird er schließlich doch abgewählt und verliert auch seine 30 (!) Ehrenämter. Irgendwann ist sein Betrieb pleite. Er taucht unter.

Jahr für Jahr ziehe ich nun meine Reisen durch. Sie werden der Ausgleich zum Berufsalltag, der mich zu einseitig fordert. Manchmal bin ich viele Monate fort. Nie brauche ich mir dann auch nur eine einzige Sorge wegen des Ladens zu machen. Ich habe Mitarbeiter, um die mich jeder Kollege beneidet. Damit kein Angestellter auf den Gedanken kommt, er finanziere meine zeitaufwändigen Reisen, lege ich die Bilanzen offen, beteilige die sieben Führungskräfte am Gewinn. Jeder weiß, dass sich meine Exkursionen selbst tragen. Über Illustrierten-Berichte, Vorträge und erste Bücher. So entsteht kein Neid. Regelmäßige Betriebsbesprechungen bauen keimenden Frust ab. Weihnachten feiern wir auf Mitarbeiter-Wunsch gemeinsam, zum Beispiel im Transvestiten-Lokal »Pulverfass«.

Wenn ich am Ende der Welt bin und von frischen Frühstücksbrötchen träume, vertritt mich Maggy. Sie ist die Seele des Geschäftes.

Rudi Gutzki ist nicht nur Betriebsleiter, sondern auch mein Freund. Er leitet die Firma wie seine eigene. Er hat mein Hundertprozent-Vertrauen. Bis heute. Sein Hobby ist die Malerei. Autodidakt. Nach Feierabend malt er Wahnsinnsbilder in Öl. Zum Beispiel das »Spiegelei auf der Wäscheleine«.

»Auf so'n Scheiß muss man erst einmal kommen«, lobe ich ihn aus tiefem Herzen, obwohl der Pragmatiker in mir revoltiert. Ich hätte gemalt, wie das Ei im Magen von den süßen Bakterien verarbeitet wird oder wie es knusprig in der Pfanne brutzelt.

Jeder möchte Rudi seine Kreationen abkaufen. Er rückt sie nicht raus. Die Bilder sind seine Kinder, und sein

»Fleisch und Blut« ist nicht verhandelbar. Selbst, als seine Wohnung längst damit voll hängt wie Schinken im Rauchfang, hockt er auf ihnen wie eine Glucke auf den Eiern. »Nach meinem Tod. Aber jetzt noch nicht«, bescheidet er allen Interessenten. Bevor er sie schließlich übereinander hängen muss, werden einfach ältere aussortiert und auf dem Speicher gelagert. Bestimmt träumt er davon, posthum unsterblich zu werden. Und das alles mit so'm blöden Spiegelei.

Margrit Ludwig managt das Büro. Sie besitzt das Chefsekretärinnen-Talent des Zehn-Finger-Blind-Tippens, gleichzeitig nebenbei zu telefonieren und Akten zu ordnen. Hätte sie vier Arme, würde sie damit Papierkörbe entleeren, Streicheleinheiten verteilen, Schreibtische aufklaren. Und zwei andere Kollegen wären glatt überflüssig.

Ilse Kaun managt am Bahnhof Wandsbek-Gartenstadt die umsatzstärkste Filiale mit der Perfektion einer Top-Managerin. Ihre fantasiereiche Art, die Ware zu präsentieren, die Fenster pausenlos neu zu gestalten, die Gäste im Stehcafé zu unterhalten, Mitarbeiter zu führen und Dienstpläne Wochen im Voraus aufzustellen, nötigen mir Bewunderung, Sympathie und Zuneigung ab.

Unvergessen auch Egon Ladiges. Wir suchen eine Putzfrau für die Backstube. Es meldet sich ein Mann: Egon Ladiges.

»Wir haben nach einer Frau inseriert«, will ich ihn abwimmeln.

»Denken Sie, dass ich das nicht kann?«

Was soll man darauf antworten? Schließlich will ich ja nicht als Feminist dastehen. »Warum eigentlich nicht, wenn Sie mich schon so fragen? Ich habe mir darüber nie Gedanken gemacht. Wir hatten nur immer Frauen.«

»Ich bin Hausmeister in einer Schule. Dort muss ich nicht nur 38 Stunden pro Woche arbeiten, sondern viel schwierigere Dinge bewältigen als diesen lockeren Abwasch. Aber mit 38 Stunden bin ich unterfordert. Die bewältige ich notfalls in anderthalb Tagen. Ich bin in der Schule nicht ausgelastet. Ich will 80 Stunden tätig sein. Nicht aus Geldgründen. Ich liebe die Arbeit. Und die schweren Kessel Ihrer Backstube kann ich bestimmt besser stemmen als irgendeine noch so gute Frau.«

Ich habe den Frau-Mann-Wechsel noch nicht ganz verdaut. Da schiebt er eine weitere Überraschung hinterher.

»Probieren Sie's einfach mit mir. Egal, wie viele Jahre ich bei Ihnen bleibe: Sie können mich täglich fristlos entlassen, egal aus welchem Grund, während ich Ihnen eine dreimonatige Treue garantiere, bevor ich, aus welchen Gründen auch immer, aufhören muss.«

Wer kann bei einem solchen Angebot nein sagen? Ich nicht. Egon ist engagiert und entpuppt sich als arbeitnehmerisches Wunder. Ein Original der Sonderklasse. Egon macht Gewerkschaften überflüssig. Selbst 80 Stunden scheinen ihm noch zu wenig zu sein. Manchmal macht er die 100 voll. Und das nicht etwa im Normaltrott, sondern im Dauerlauf. Egon arbeitet für drei. Er braucht keinen Schlaf, keine Pause. Nur Kaffee. Egon macht sich unbezahlbar. Schon nach zwei Tagen erhöhen wir zum *ersten* Mal unaufgefordert und aus lauter Scham seinen Lohn.

Auch heute, wo mir der Betrieb längst nicht mehr gehört, ist Egon immer noch am Wühlen.

Danke, Egon!

Es sind solche und andere Mitarbeiter, die die Stellung halten, wenn ich fort bin. Ihnen allen schulde ich ewigen Dank. Ohne sie wäre ich Pleite gegangen oder in der Backstube eingestaubt.

1991 entschließe ich mich, alles zu verkaufen. Dafür gibt es zwei Gründe. Die Reisen werden übermächtiger. Sie dominieren mein Leben und ich lasse es gerne zu. Gleichzeitig wächst der Konkurrenzdruck in nie gekannter Weise. Neben meiner Filiale am Wandsbeker Markt haben nach und nach 14 Mitbewerber eröffnet. Das alte Einkaufzentrum am Friedrich-Ebert-Damm ist durch zugewanderte Supermärkte in der Umgebung längst zu einer toten, verwesenden Hose geworden. Das Bäcker-Konditor-Berufsbild hat sich vollkommen geändert. Handwerk wird immer mehr zum Industriewerk, zur Fließbandarbeit. Gebäcke werden mit wissenschaftlicher Präzision, verarbeitungssicheren »Designer«-Rohstoffen und weitgehend vollautomatisch hergestellt. Handarbeit ist out. Wer heute in Deutschland noch Bäcker oder Konditor werden will, vergeudet seine Zeit. Und sein Geld. Zinsenträchtig angelegt, arbeitet es rentabler als im täglichen Kampf und Krampf um Cents und gegen Altbackenes. Einen lohnenden Betrieb aufzubauen, was zu meinen Zeiten noch mit 100 000 Mark zu beginnen war, erfordert heute längst Millionen.

Ich stehe also vor der Wahl, mich entschieden mehr dem Betrieb zu widmen oder rückläufige Bilanzen verkraften zu müssen. Da kommt mir das Kaufinteresse eines Mitarbeiters sehr gelegen. Über Nacht sind wir uns handelseinig. Vor allem, als er mir garantiert, dass er sämtliche langjährig für mich tätig gewesenen Mitarbeiter übernimmt.

Rückblickend muss ich sagen, dass es spontan der einzig richtige Entschluss für mich war. Ab jetzt bin ich ganz frei für mein Abenteuer-Leben.

Kirsten

Rückblende, 1966:

Wir haben uns selbstständig gemacht, haben massenhaft Arbeit und dennoch viele Ängste. Wird alles nach Plan verlaufen? Schließlich mache ich solche Erfahrungen zum ersten Mal. Unsere gesamten Ersparnisse sind investiert. Eltern und Schwiegereltern haben sich mit etwas Eigengeld an der Existenzgründung beteiligt. Auch zwei meiner Lieferanten. Da wird Maggy schwanger. Tochter Kirsten meldet sich zu Wort. Kam ich damals als Halbfrühchen einen *Monat* zu früh, so drängelt sie sich bereits zwei *Jahre* zu früh auf die Welt. Superfrühchen. Damit muss man leben. Wegen des Gründungsstresses kommt sie irgendwie zu kurz. Während Maggy im Laden dringend gebraucht wird, machen Mitarbeiterinnen und Nachbarn den Babysitter. Wir haben ein schlechtes Gewissen. Ich tröste mich mit Argumenten wie: »Waisenkinder haben gar keine Eltern.« Oder: »In der Dritten Welt *haben* sie Eltern und verhungern dennoch.« Verhungern muss Kirsten nicht.

Maggy tröstet das nicht. Klar. Sie ist die Mutter. Gegen sie und ihre Überfürsorge bin ich ein schlechter Vater. Jedenfalls glaube ich das. Ich versuche es gutzumachen. Ich erzähle Kirsten jeden Abend eine Gute-Nacht-Geschichte. Davon habe ich ein reichliches Repertoire. Aber irgendwann ist es erschöpft. Schließlich hat ein Jahr 365 Abende. Das sind ebenso viele Geschichten. Nach tausendundeinem Abend muss ich mir jede weitere Story aus den Fingern

saugen. »Vati, noch eine Geschichte bitte!«, bettelt sie. Und wehe, ich erzähle eine doppelt! »Vati, die kenne ich schon.« Kirsten erinnert sich selbst dann, wenn ich sie ihr das letzte Mal vor einem Jahr erzählt habe. Kinder haben Elefantengehirne. Und dann ist sie es, die mir meine eigene Story haargenau wiederholt.

Notgedrungen erfinde ich Tiergeschichten, schmücke aus, was ich in den Zeitungen gelesen habe. Sollte ich doch noch mit der Konditorei Pleite gehen, werde ich staatlich geprüfter Erzähler.

»Ich möchte Kirsten taufen lassen!« Maggy liebt Überraschungen.

»Wozu soll das denn gut sein? Das kann Kirsten immer noch selbst entscheiden, wenn sie älter ist.«

Der gesellschaftliche Druck ist stärker. Vor allem der meiner Schwiegermutter auf ihre Tochter. Ich muss mir Sprüche anhören wie: »Falls dem Kind etwas zustößt, kommt es nicht in den Himmel.« Ich bin enttäuscht von so einer Begründung und schalte auf stur.

»Meinetwegen tauft sie. Aber mich seht ihr bei der Zeremonie nicht in der Kirche. Und ich werde jede Gelegenheit nutzen, ihr später meinen Standpunkt von Gott und der Welt darzulegen.« Das habe ich wahr gemacht. Mit 14 ist Kirsten ausgetreten. Meine Argumente waren die besseren.

»Sie ist deine Tochter!«, mahnt Caroline.

»Ich bin dir *einmal* entgegengekommen. Damals, als

ich wegen der Hochzeit mit deiner Tochter und mit Rücksicht auf euren Dorffrieden für eine Woche in die Kirche eingetreten bin. Damals habe ich dir gesagt, dass du in kirchlicher Hinsicht nie wieder etwas von mir erwarten darfst. Das gilt auch für die Taufe. Also tauft sie allein. Ich finde Taufe eine Vergewaltigung junger Menschen. Und ein Gott, der ungetaufte unschuldige Kinder nicht bei sich aufnähme, wäre für mich ein armseliger Gott. Ende der Durchsage.«

Ich koche vor Zorn. Ehekrise. Schwager Willi weigert sich, den Paten zu spielen. »Wenn nicht mal der Vater zur Taufe mitgeht, lehne ich das Ehrenamt ab.« Auch nicht gerade christlich.

Notgedrungen müssen die beiden Frauen sich zwei wildfremde Paten vom Pfarrer bestellen lassen. In einer leeren Kirche wird die Taufe vollzogen. In Carolines Leben »der allertraurigste Tag«. In meinem ein stolzer Tag.

Unvergessen der Unfall in der Backstube: Ich bin Sklave der allmorgendlichen Hektik. Ein Blech glühend heißer Apfelkuchen wird aus dem Ofen geholt. Zum schnelleren Auskühlen stelle ich es neben meinen Arbeitstisch auf den gefliesten Fußboden. Da stürzt Kirsten in die Backstube. Vati besuchen, Süßes schlecken. Im Überschwang ihrer vier Lebensjahre will sie mir einen guten Morgen wünschen. Sie stapft mitten in das Blech mit dem Apfelkuchen, rutscht darin aus und landet mit dem Po in der 150 Grad heißen Masse. Die leichte Sommerkleidung bietet keinen Schutz.

Ihren Schrei und den Stich in meiner Brust werde ich nie vergessen. Sie an den Armen greifen, in den Spülstein schleudern, das kalte Wasser aufdrehen sind die Reaktionen zweier Sekunden. Dennoch bildet sich augenblicklich eine Wasserblase von ungefähr einem Liter Inhalt. Staunend schaut Kirsten an sich herab.

»Vati, du darfst nie wieder Apfelkuchen auf die Erde stellen.«

Mit zwölf wird Kirsten zum ABBA-Fan. Ich finde die Musik auch gut. Das nutzt sie geschickt aus. »Lass uns im Urlaub mit dem Fahrrad zu den ABBA nach Schweden fahren. Die wohnen auf Lidingö. Das ist eine kleine Insel bei Stockholm.«

»Okay. Aber nur, wenn ich nicht mit rein muss.« Versprochen. Wir radeln los. Natürlich schlafen wir im Freien. Es wird eine schöne Tour. Vater und Tochter. Selten war ich ihr näher. Skandinavien fasziniert uns. Die Wälder, die klaren Bäche, auf dem Flussgrund Krebse, in den Wäldern Blaubeeren und Elche.

Schließlich sind wir am Ziel. Die Insel ist größer als gedacht. Wo genau die ABBA wohnen, weiß Kirsten nicht. Das hat die Bravo nicht verraten. Wir fragen im Plattengeschäft. Die halten dicht, haben ein Abkommen mit der Gruppe. »Sie sind nicht die Einzigen. Da kommen ganze Völkerwanderungen junger Teenager.« Dabei wollte ich mich niemals Massentrends anschließen. Nun bin ich ein Teil dieser Lemming-Pilgerhorden geworden.

Die Leute auf der Straße können uns nicht weiterhelfen. Vielleicht lügen sie nur. Lidingö ist eine Großstadt neben der Großstadt. Von wegen »kleine Insel«.

Gleichaltrige Teenager, die es bestimmt wüssten, sehen wir keine. Es ist Vormittag. Sie sind in der Schule. Wäre doch gelacht, wenn wir die Adresse nicht ohne sie herausfänden!

»Weißt du was? Du fährst jetzt mit deinem Fahrrad da vorne zu den Taxen am Bahnhof. Ich verstecke mich derweil hier in der Wiese. Du stellst dein Fahrrad an die Mauer, schließt es ab, streichelst noch einmal die schwedische Flagge. Schlepp dein Gepäck zur Taxe. Wühl in deinen Taschen und zaubere aus jeder Tasche ein paar Münzen. Lass den Taxifahrer das genau sehen. Dann zeigst du ihm das Geld und fragst, ob er dich zu den ABBA bringen kann. Als Taxifahrer muss er das tun.«

Kirsten fährt zum Bahnhof. Ich kann alles genau beobachten. Sie hält sich genau an das Drehbuch. Genial, wie sie das »wenige« Kleingeld zusammenkratzt. Sie sollte Schauspielerin werden. Sie spricht mit dem Fahrer, zeigt auf ihr Fahrrad. Ja, sie ist alles geradelt, erklärt sie ihm nun. Von Hamburg nach Stockholm.

Es dauert einen kleinen Moment. Da sehe ich, wie eine Hand aus der Taxe kommt, die ihre umfasst und sie schließt. Der Fahrer fuchtelt in der Gegend herum, zeigt ihr etwas. Sein Arm weist in meine Richtung. Ich ducke mich. Dann macht sie einen Freudensprung, umarmt den Taxifahrer, springt auf ihr Rad und saust los. Auf Umwegen kommt sie zu mir in die Blütenwiese.

»Der sprach toll deutsch. Mein Geld könnte ich sparen«, ruft sie mir aufgeregt zu. »Die wohnen gar nicht weit von hier! Du kannst hier auf mich warten.« Und schon rast sie los. Ich genieße die duftende Wiese.

Ich warte eine Stunde, ich warte zwei Stunden. Kirsten bleibt verschwunden. Hat sie den Weg verfehlt? Okay, sie kann Englisch. Viele Schweden sprechen Deutsch. Sie muss sich nur zum Bahnhof durchfragen. Dann müsste sie mich finden. Ich warte weiter.

Nach fünf Stunden kommt sie wieder. Völlig aufgeregt und glücklich. »Stell dir vor: Benny hat mir seine gesamte Sammlung Goldener Schallplatten gezeigt, hat mir ein paar Takte auf seinem Klavier vorgespielt. Agnetha hat mir einen Kakao gemacht, und ich durfte mit ihrer Tochter Linda im Garten spielen und alles fotografieren. Die Linda hat meine ganzen Weingummis aufgefuttert.«

Nach dieser kleinen Gesellenprüfung finde ich, das Kind ist reif für eine erste Survival-Tour. Mitten in Madrid will ich sie aussetzen. Sie soll versuchen, allein nach Hamburg zurückzufinden. Mit verschiedenen Verkleidungen will ich sie beobachten und ihr Schutz geben. Das scheitert an Maggys Veto. Alle Verwandten, Nachbarn, Freunde und Mitarbeiter teilen ihre Meinung. Tenor: »Jetzt bist du wohl völlig durchgeknallt.« Ich beuge mich den Zwängen der Ehegemeinschaft. »Schade, immer die besten Ideen werden blockiert. Dann warte ich eben noch ein Jahr.«

Meine Neigung zum Reisen auf eigene Faust abseits der Routen kann Kirsten nicht teilen. Sie findet sie zwar toll, beneidenswert, aber sie begnügt sich damit, anschließend die Geschichten anzuhören.

Dennoch lernt sie Madrid kennen. Mit 17 als Au-pair. Danach auch London. Dann steht ihr Ziel fest: Sie wird Schauspielerin. Sie nimmt Gesangsunterricht, schließt sich Casting-Agenturen an, knüpft Beziehungen. Ihre Zielstrebigkeit wird ihr Markenzeichen. Wenn die Gagen nicht reichen, jobbt sie sich durch die Handelsbranche.

Sie ist immer beschäftigt. Ich auch. Wenn es die Zeit erlaubt, treffen wir uns im Steakhaus zum Gedankenaustausch, gehen ins Kino und zerpflücken den Film. Mehr oder wenig fachkundig .

Einmal vertont sie uralte Briefe, die ich meiner Familie vor Millionen Jahren schickte, und schenkt mir diese zu Weihnachten.

Zusammen mit ihrem Freund Joosten Mindrup und kleinem Ensemble verwandelt sie mein Domizil in Rausdorf für ein halbes Jahr in ein Theater. 60 Personen haben Platz. Das Stück hat Joosten selbst geschrieben. »Zucker und Salz«, eine Persiflage auf TV-Shows. Witzig, geistreich. Und immer ausverkauft. Rausdorf mausert sich zu einem Mini-Kulturzentrum. Ich spüre die Sehnsucht meiner ländlichen Nachbarn nach Kultur, Begegnung, Abschalten und möchte daraus eine Dauereinrichtung machen. Die Behörden ziehen mit. Aber das Ensemble nicht. Es macht planmäßig nach einem halben Jahr Schluss. Die Teilnehmer zerstreuen sich in alle Winde. Der eine ergattert eine Filmrolle, der andere geht ans Theater, der Nächste profiliert sich als Sprecher, der Übernächste als Schreiber. Kirsten geht mit Freddy Quinn auf eine Musical-Tournee durch die Republik. Allen gemein ist das Hoffen auf die karriereentscheidende Rolle.

Sie scheint für Kirsten gekommen, als sie die Hauptrolle im Film »Hasenjagd« bekommt. Ein Drama aus der Nazizeit. Russischen Kriegsgefangenen in Österreich gelingt die Flucht aus einem Lager. Es ist Winter, und sie haben kaum Garderobe. Der bloßgestellte Kommandant gibt die Geflohenen der Bevölkerung zum Abschuss frei, zur »Hasenjagd«.

Kirsten spielt eine österreichische Bauerntochter, die einen der geflohenen Russen versteckt. Der Film erhält eine ehrenvolle Auszeichnung. Interne Querelen zwischen Regisseur und Verleih lassen ihn jedoch unbeachtet in der Versenkung verschwinden. Unbeachtet damit auch Kirstens Hoffnung.

Aber schließlich begegnet ihr mit dem Franzosen Phil die große Liebe. Im Herbst 2004 wandern sie nach Neukaledonien aus. Wo auch immer das liegt.

Der Schlangentick

Jeder Mensch hat einen Tick. Die Leser dieses Buches ausgenommen. Aus Umsatzgründen. Mein Tick ist der mit den Schlangen. Schon als Kind haben mich diese Tiere fasziniert. Ihre Eleganz, Sauberkeit, Genügsamkeit, ihre Fähigkeiten zu schwimmen, zu tauchen, zu klettern, auf Vorrat zu essen und Wochen lang zu fasten, sich durch schmalste Ritzen in die Freiheit zu zwängen.

Es war mein Vater, der mich darauf aufmerksam machte. Wir waren Augenzeugen geworden, wie ein erwachsener Mann eine Ringelnatter erschlagen, gehäutet und sich mit der Tat gebrüstet hatte. Bis heute erinnere ich mich an diesen Moment. Er löste in mir den Beschützerinstinkt aus. Seitdem liebe ich Schlangen. Ich kenne sie alle. Die kleinen, die großen, die langsamen und die blitzschnellen, die harmlosen und die giftigen. Dreimal wurde ich von einer giftigen gebissen, einmal habe ich mich freiwillig von einem Python probewürgen lassen*, mehrfach haben sie mich überlistet und sind entwichen. Mit viel Glück und der Hilfe meines Schutzengels konnten Unglücke vermieden werden, die mich glatt ins Gefängnis gebracht hätten.

Irgendwann habe ich aus Sicherheitsgründen meinen Nachbarn zuliebe die Giftschlangen abgeschafft, und als meine Freizeit immer weniger wurde, auch die ungiftigen.

* »Echt verrückt! Erlebte Geschichten«.

Heute leben in meinem eigenen Naturschutzgebiet nur noch Ringelnattern.

Von den Anfängen bis heute liegen viele Geschichten. Die des Horrors, die des Vertrautwerdens mit einem verfemten Tier. Manche fanden Eingang in meine Bücher oder wurden zur Zeitungsmeldung (s. S. 111). Zwei andere seien hier erzählt.

»Rüdiger, mir ist eine Puffotter ausgerissen!« Der Notruf eines Bekannten mit dem gleichen Hobby hatte mich aufgeschreckt. Jagdfieber und Ehrgeiz sind geweckt. Ich hin. Ich entdecke ihn im Garten. »So eine Scheiße!«, ist alles, was er mir zur Begrüßung sagt. Seine Puffis sind ausgewachsen, lang und dick wie Männer-Unterarme. Zähne wie Injektionsnadeln, lang, spitz, treffsicher. Ein Treffer bedeutet den sicheren Tod. Zumal in Deutschland, wo niemand Gegengift zur Hand hat. Auch Phillipp hat kein Serum. »Das ist das Nächste, was ich beschaffen werde«, entnehme ich seinem konfusen Gebrabbel. Aus Schaden wird man klug.

»Weißt du, ich wollte ihnen etwas Sonne gönnen und habe sie auf die Terrasse gestellt. Fünf ausgewachsene Puffottern. Als ich sie vorhin reinholen will, sehe ich, dass der drahtbespannte Deckel an einer Seite angehoben ist. Und nun fehlt eine.«

Im Garten pflegen normalerweise seine kleinen Kinder zu spielen. Ab sofort besteht Spielverbot. »Martina ist völlig aus dem Häuschen. Sie war ja sowieso immer gegen die Reptilien.«

Phillipp und seine Martina! Ein Drama in Fortsetzungen. Fast hätte die Ehe nie stattgefunden. »Ich oder die Schlangen«, hatte sie nach der Verlobung gedroht. Da saß sie noch am längeren Hebel. Denn Martina ist bildschön und begehrt. Dann wurde sie schwanger. Phillipp sah es als Veto des Schlangengottes. Schlagartig entfiel Martina jedes Druckmittel. »Du kriegst das Kind, ich kriege die Schlangen«, war Phillipps Kommentar. Welch glückliche Familie! Martina, Phillipp, inzwischen *drei* Kinder *und* die fünf Schlangen. Pardon, vier.

»Kein Problem, die schnappen wir«, tröste ich ihn. Schließlich ist sie erst vier Stunden vermisst. Da kann sie nicht allzu weit sein. Ich kenne Puffottern, habe selbst welche gehabt. Sie sind keine Wanderer, die große Strecken zurücklegen. Sie sind plump in der Form, langsam in der Fortbewegung, nur schnell im Biss. Und wirksam im Biss.

Wir durchsuchen den Garten. Jeden Quadratzentimeter. Systematisch, wie bei einer Hausdurchsuchung. Wir schauen in Löcher, unter Steine, schielen in Nachbars Garten. Vorsichtshalber haben wir uns Handtücher unter die Schuhe gebunden. Nicht gegen den Biss, sondern um Bodenerschütterungen zu minimieren. Schlangen hören nicht. Aber sie spüren jede Erschütterung.

»Ich werde des Lebens nicht mehr froh.« Phillipp hat sich in eine defekte Schallplatte verwandelt. Den Spruch höre ich jetzt zum zehnten Mal. »Ich schwöre dir: Heute noch schaffe ich die Puffottern ab. Weißt du jemanden, bei dem sie eine gute Pflege bekämen?«

So komme ich an vier wunderschöne Puffottern. Und dafür helfe ich ihm auch doppelt so gerne beim Suchen.

Und Zeit spielt keine Rolle. Auf einmal mag mich sogar Martina. Bisher galt ich bei ihr als *persona non grata*, als unerwünschte Person.

Die Schlange hat sich versteckt. Darin sind die Tiere Meister. Der Erdboden hat sie verschluckt. Wir finden sie nicht. Ich bin traurig. Denn längst sehe ich auch dieses Tier als das Meine. Wenn wir sie finden, kriege ich *fünf* Puffottern und nicht nur vier.

Auch am nächsten Tag gibt es von der Puffotter keine Spur. Sobald die Sonne scheint, schaut Phillipp nach, ob sie da liegt und sich sonnt. Aber sie hat kein Verlangen nach Wärme und UV-Strahlen.

Wir bauen sechs Fallen: Rahmen aus Dachlatten, die mit Maschendraht bespannt sind. Die Maschenweite beträgt drei Zentimeter. Mit einem der vier Tiere, jetzt den Meinen, haben wir erprobt, dass die Öffnungen für sie groß genug sind, um hindurchzukriechen.

In die Fallen geben wir je eine leckere lebende ausgewachsene Ratte. Fast läuft mir selbst das Wasser im Munde zusammen. Jede Ratte kriegt eine Kuschelecke mit viel Holzwolle, Papier und Baumwollwatte. Unsere Hoffnung: die Schlange isst die Ratte und kann dann wegen ihrer Leibesfülle nicht mehr heraus.

Als nach vier Wochen immer noch kein Erfolg zu verbuchen ist, schläft die Sache ein. Wenigstens die Ratten gehören nun mir. Aber ich bin zu satt, um sie zu essen und lasse sie frei.

»Bestimmt ist die Puffi längst über alle Berge«, hofft Phillipp.

»Bald wird es Winter. Spätestens dann erfriert sie«, tröste ich ihn.

Dann, in der sechsten Woche, ein Anruf! Phillipp – so richtig mit zwei ll und zwei pp. »Ich hab sie!!!«

»Soll ich sie gleich abholen?«

»Nein, die nutzt dir nichts mehr. Sie ist tot. Ich habe eben für die Meerschweinchen Gras mit der Heckenschere geschnitten. Auf einmal kringelte sich links und rechts je ein halber Puffotter-Körper. Mitten im hohen Gras habe ich sie durchgeschnitten, ohne sie gesehen zu haben.«

Brasilien, Regenwald, fern jeder Siedlung. Ich fange einen jungen Buschmeister. 40 Zentimeter lang. Eine wunderschöne Viper. Aber giftig wie die Puffottern. Sie liegt auf einem gefallenen Baum und sonnt sich.

Wolfgang Brög, der alte Weggefährte und Dokumentarfilmer, ist begeistert. »Die ist ja wunderschön. Die müssen

Hamburger Abendblatt

Dienstag, 7. August 1962 - Nr. 182

Hamburger Rundblick

*

Mit abgebundenen Händen lief ein junger Mann in ein Rissener Waldlokal. Er war zweimal von einer Kreuzotter gebissen worden. Ein Gast, Herr Ramcke aus Wedel, fuhr ihn sofort zum Krankenhaus Rissen.

*

wir in allen Lebenslagen filmen. Solche Bilder kann ich in sämtlichen Urwaldfilmen verwenden.«

Und das tun wir. Sie kriecht in fünf Zentimetern Abstand vor der Kamera her. Von links nach rechts. Von rechts nach links. Sie kriecht über Steine, durch Moos, durch Farne, vorbei an einer Orchidee, die wir eigens für sie vom Baum geholt und vor sie hingepflanzt haben. Ich dirigiere sie mit einem Stöckchen und Wolfgang dreht. Sie schwimmt durch flaches Wasser, taucht, klettert. Sie ist ein Filmstar.

Irgendwann ist sie müde. »Die hängt wie ein nasser Bindfaden. Das sieht jeder Fachmann«, kläre ich Wolfgang auf. »Lass uns morgen weiter drehen.«

Und gerade, weil sie so müde wirkt und schon hundertmal in den kleinen Dirigentenstock gebissen hat, bin ich überzeugt, dass sie kein Gift mehr hat. Längst hat sie alles verspritzt. Die Drüsen müssen leer sein.

Statt mit dem Stöckchen, greife ich sie aus Bequemlichkeit und Leichtsinn oder aus reinem Juckreiz nach *action* mit den Fingern am Schwanz und gebe sie in einen Beutel. Zack – hat sie mich gebissen!

Keinerlei Reaktion meines Körpers. Ich habe Recht. Die Schlange ist ausgelaugt.

Einige Zeit später sitze ich im Kerzenlicht und schreibe mein Tagebuch. »Hat mich da wieder irgendein Insekt gestochen? Habe ich mir die Stelle aufgekratzt?«, denke ich. Denn eine leichte Blutspur zieht sich über das Papier. Ich schaue nach und entdecke, dass es genau die beiden Bissstellen sind, die da einen Urwald-Cocktail aus Blut und Lymphe von sich geben.

Demnach hat die Schlange doch noch etwas Gift besessen. Erst jetzt ist es mit dem Blut in Verbindung gekommen und beginnt zu wirken. Ich merke, wie der Finger zusehends anschwillt. Schließlich ist er dick. Oder hochschwanger. Ich kann ihn nicht mehr knicken. Es lympht weiter.

Beunruhigt bin ich nicht. Es ist nicht mein erster Biss. Die Reaktion trat so langsam ein, dass mich das Gift nicht umbringen wird. Im Gegenteil. Die geringe Dosis gibt dem Körper Gelegenheit, Gegengift zu produzieren und das Gift zu neutralisieren.

»Vielleicht macht es mich immun gegen Buschmeister!«, freue ich mich und sehe mich bereits bei einem öffentlichen Auftritt, wo ich mich von einer Buschmeisterin beißen lasse und sie unbeeindruckt auslache. Ist das nun Galgenhumor oder bin ich bereits geistig verwirrt? Solche Gedanken schwirren mir durch den Kopf. Sie übertönen das Mückengesumme.

Ein Gegengift haben wir nicht. Das nächste Krankenhaus ist 700 Kilometer entfernt. Selbst wenn wir es erreichten – es wird kein Serum haben. Sera sind Mangelware in Brasilien.

Ich will schlafen, aber mein Herz schlägt laut und hörbar. Unbewusst bin ich also doch aufgeregt. Schließlich wecke ich Wolfgang. »Hast du irgendwo die Schlaftabletten griffbereit?«

»Wofür denn das? Seit wann kannst du nicht schlafen?«

»Mein Finger ist ganz dick. Die hatte doch noch Gift.«

Wolfgang kramt zwei Schlaftabletten hervor. Interessiert betrachtet er den Finger im Licht der Taschenlampe. »Was willst du denn nun machen?«

»Wenn es schlimmer wird, werde ich den Finger morgen abhacken. Wenn es so bleibt, verkraftet der Körper das von selbst.«

Da ist Wolfgang hellwach. »Dann warte aber auf jeden Fall, bis es hell ist. Das will ich filmen.« Wahre Freundschaft.

Wie wahr sie ist, zeigt sich am anderen Morgen. »Es ist nicht schlimmer geworden. Der Finger bleibt dran.«

Wolfgang schluckt seine Enttäuschung gekonnt weg, packt die Kamera zurück in die Tasche. »Aber wir müssen ihn schonen. Dann koche ich heute die Hafersuppe.«

Survival

Du hast keine Chance. Nutze sie!
NN

Bestimmt wäre das Reisen für mich bis in die Gegenwart immer nur ein Hobby neben dem eigentlichen Beruf geblieben. Wären da nicht in den 60er Jahren zufällig die wahnsinnigen Überlebenstricks, das Thema *Survival*, in mein Leben gedrungen. In den USA längst ein fester Begriff, war es in Europa noch völlig unbekannt. Survival wird zu meiner Lebenswende schlechthin.

Ich spüre sofort, dass Survival immer genau das gewesen ist, was ich unbewusst auf den Reisen vermisst hatte. Das Unbekannte, welches mich zwang, im Bannkreis der Zivilisation zu reisen, fixiert auf Straßen. Gierig sauge ich neues Wissen in mich auf. Nun rücken die Einsamkeiten dieser Erde näher. Survival ermöglicht mir, autark zu werden, Wüsten, Urwald und Meere zu durchqueren. Oft allein und ohne jede Ausrüstung. Als Minimalist. Die Überlebenstricks aktivieren in mir alte, verloren gegangene Instinkte und Fertigkeiten, die unsere Vorfahren noch besessen haben, die heute noch für jeden Ureinwohner eine Selbstverständlichkeit sind, und die jedem frei lebenden Tier ins Nest gelegt werden. Erst jetzt wird mir bewusst, dass ich noch keinen Wolf und keinen Hasen mit Rucksack, Zelt, Fertigmenü oder Revolver gesehen habe. Erst jetzt denke ich darüber nach, warum sie dennoch überleben.

Irgendwann habe ich die Fachliteratur aus den USA intus. Das neue Wissen erhöht mein Selbstvertrauen. Es beweist mir, dass ich ein noch relativ intaktes Lebewesen bin, das auch ohne den Luxus der Konsumwelt klar kommt.

Beim Studium der Survival-Literatur wird mir auch klar, wie sehr sich viele der Bücher ähneln. Oft wirken sie auf mich steril, ähnlich nüchternen Darlegungen von Sportlehrern. Vor allem wie Werke von Plagiatoren. Ich vermisse Berichte von Praktikern: mit lebensnahen Beispielen, mit eigenen Erfahrungen, mit einer Prise Humor und mit weniger Verbissenheit.

Das will ich ändern. Meine Neugier ist geweckt. Das Grundwissen ist vorhanden. Jetzt kann ich es ausbauen. Im Selbstversuch. Da ist mein Marsch durch Deutschland von Hamburg nach Oberstdorf. Fast 1000 Kilometer ohne Nahrung, ohne Ausrüstung. Bekleidet nur mit einem Overall, Turnschuhen und einer Pudelmütze. Sie ist mein Haarersatz. Ohne Haare verliert man die meiste Körperwärme über den Kopf. Wie heißes Wasser im Topf ohne Deckel.

Ich schlafe im Wald, weil dort kein Tau fällt. Ich mache mir ein steinernes Handbeil, fertige mir damit einen Grabstock, scharre mir Schlafmulden, polstere sie mit Humus und schlafe wie der Hase in der Sasse.

Minimalist, wie gesagt. Ich war nie ein Typ, dem das sportliche Outfit und Luxustrainingsgerät wichtig war. Man braucht kein Markenrennrad zu 5000 Euro, um sich fit zu machen, man braucht keine Designerklamotten. Es genügt eine alte Gurke von Byciclette mit einem einzigen Gang zu 50 Euro und ein Thirdhand-Overall der Bundeswehr. »Without fit statt with Outfit«, ein Spruch von mir.

Als Horst Schüler über den Marsch im Hamburger Abendblatt berichtet, wird aus meinem Spaziergang eine Sensation. Das ZDF taucht auf, begleitet mich Tag und Nacht, dreht eine Reportage. 27 % der Deutschen schauen sich den Film an. Der »Würmerfresser« ist auf einmal landbekannt. Das Thema Survival auch. Für mich eine neue Erfahrung, denn ich hatte ja längst andere interessante Reisen gemacht. Sie hatten nicht annähernd so viel Interesse geweckt. Da waren die Fahrten zum Blauen Nil, zum Omo-Fluss und die Durchquerung der Danakil-Wüste. Aber das lag für viele Zuschauer in unerreichbarer Ferne. Das war Exotik, fern der eigenen vier Wände. Der Marsch durch die Heimat hingegen, greifbar und vor der Haustür. Dazu noch ohne Zelt und Nahrung, das kann jeder nachempfinden, da kann man mitleiden, wenn man sieht, wie ich von der Körpersubstanz zehre, abmagere. Pro Tag verliere ich ein Pfund. Eine Fastenkur par excellence. Als ich Oberstdorf erreiche, bin ich um 25 Pfund leichter, im Schnelltrockenverfahren zu einer Mumie geschrumpft. Ich bin 46 und sehe aus wie 246. Ötzi pur*.

Der Deutschlandmarsch wird mein Durchbruch. Jeder will plötzlich wissen »Was hast du als Nächstes vor?« Das spornt an. Mir erschließt sich die Welt und die Macht des Fernsehens. Es wird zu meiner wichtigsten Waffe, nachdem ich Augenzeuge des Bürgerkrieges im Regenwald werde. Bücher und Vorträge runden die Öffentlichkeitsarbeit ab.

Den Deutschlandmarsch stelle ich öffentlich als ein Survival-Experiment dar. Was auch stimmt. Aber es ist viel mehr. In Wirklichkeit ist es mein Generaltraining für den ersten Marsch zu den Yanomami. Das verrate ich nicht. Sonst erfährt Brasilien davon und ich werde abgefangen. Ich will in Deutschland feststellen, wie lange ich ohne Hilfsmittel funktioniere. Das Wissen soll mich er-

* Dem Deutschlandmarsch ist in »Yanonámi – Überleben im Urwald« ein langes Kapitel gewidmet.

mutigen, mich mit einer Minimalausrüstung tagelang und allein zu den Indianern in Nordbrasilien durchzuschlagen. Vorbei am über-ausgerüsteten Militär. Quer durch den Urwald und außerhalb aller Routen, auf denen ich mit Soldaten, Bundespolizei und so genanntem Indianer-»Schutz«dienst kollidieren könnte. Ich weiß von brasilianischen Menschenrechtlern, dass es dann Probleme gibt. Fremde sind unerwünscht. Ein Völkermord soll geheim bleiben.

Ich trainiere. Je nach Bock und Laune. Nie mit Verbissenheit. Immer mir und meinen Kräften angemessen. Ich trainiere Vielfalt, Zehnkampf, Hundertkampf. Am liebsten gehe ich joggen. Regelmäßig ziehe ich meine Kreise im Wald vor der Haustür. Mal sechs, mal zwölf, mal 18 Kilometer. Wenn ich wenig Freizeit habe, mit einem Rucksack voller Sand. Das spart Zeit und schlaucht genauso. Nie war es mein Ehrgeiz, Rekorde anzustreben. Ich habe nie verstanden, dass Menschen sich und ihren Körper über Jahrzehnte mit dem Ziel schinden, olympische Höhen zu erklimmen, Welteinmaligkeit auf Kosten frühen Körperverschleißes zu erreichen, wenn letzten Endes eine hundertstel Sekunde über Sein und Nichtsein, über Triumph und Niederlage entscheiden kann. Sport als Kriegsersatz. Qualaufwand ohne sinnvolles Verhältnis zum Erfolg. Deshalb gab ich meinem Drang nach Profil mit Einmaligem, Unvergleichbarem und Fantasievollem den Vorzug.

Selbstversuche. Dazu zählt auch mein verbissener Kampf gegen Schwindelgefühle im Allgemeinen und die Seekrankheit im sehr Besonderen. Freunde hängen mich an einem langen Seil und an den Fußgelenken kopfüber an einem Baum im Wald auf. Sie schwingen mich hin, sie pendeln mich her, drehen mich um die eigenen Achse. Ihr Ziel ist klar: Ich soll kotzen. Mein Ziel steht dagegen: Ich will ihnen den Spaß verderben.

Dann eine unerwartete Zwischeneinlage.

»Da kommt jemand! Den schocken wir.« Ohne mich weiter zu fragen, stoppen sie mein Pendeln und verstecken sich. Still hänge ich am Ast überm Weg, mit dem Kopf nach unten. Aus den fast geschlossenen Augen beobachte ich das nahende Opfer.

Plötzlich hat es mich erspäht, bleibt wie angewurzelt stehen. Ich bin gespannt, wie sich der Mann verhalten wird.

Sehr schnell hat das Opfer seine Starre überwunden. Es späht wortlos nach links, nach rechts, nach hinten. Es sucht Hilfe. Natürlich ist niemand zu sehen. Meine Freunde bleiben verschwunden.

Der Mann tritt auf mich zu, berührt mich. Bestimmt wird Mann nun schreien, mich abschneiden und den Rettungswagen alarmieren. Ich bin gespannt.

Aber nichts von alledem. Er tastet mich ab. Will er meine Körperwärme und den Todeszeitpunkt erfühlen?

Nichts von alledem! Er tastet meine Hosentaschen ab, öffnet die Gesäßtasche! Er findet die Geldbörse, fingert sie heraus.

Ach so, klar doch! Er will meinen Namen erfahren, um entsprechend Meldung machen zu können.

Aber weit gefehlt! Meine Naivität wird mir irgendwann noch einmal zum Verhängnis. In zwei, drei Griffen hat er das Geld herausgefummelt, steckt die Börse zurück und – verschwindet!!!

»Gib mein Geld her!« Ich schreie wie am Spieß! Meine Freunde erwidern den Schrei. Und jetzt endlich schreit auch er. Aber vor Riesenschreck. Die Scheine flattern zu Boden, und wir sehen nur noch eine Staubwolke von ihm.

Zu solchen Versuchen gehört auch jener, erfolgreichen Tieren die Beute streitig zu machen. Zum Beispiel der Ringelnatter. Sie selbst scheidet als Nahrung aus, denn sie steht unter Naturschutz. Aber sie hat einen Fisch gegessen. Deutlich zeichnet er sich in ihrem Bauch ab. Als sie ihn mir nicht freiwillig aushändigt, massiere ich ihn mir heraus. Das kann man mit Schlangen mühelos machen. Aber zu meinem Schrecken kommt gar kein Fisch zum Vorschein, sondern ein Frosch. Und der steht auch unter Naturschutz. Da die Schlange ihn ein zweites Mal verschmäht, esse *ich* ihn. Man soll ja Lebensmittel nicht umkommen lassen.

Diese Episode wird in einem ZDF-Film gezeigt. Die Folge ist unter anderem dieser Leserbrief. Von einem Zwölfjährigen.

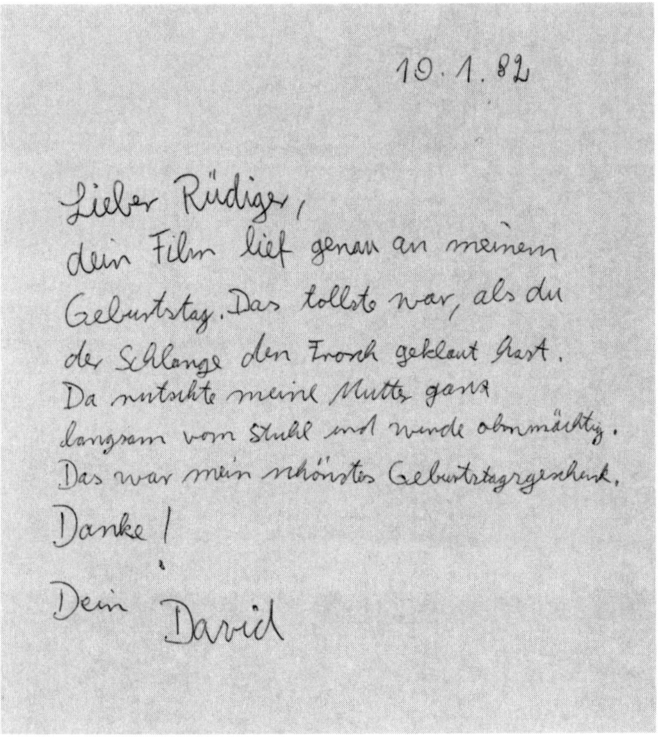

19.1.82

Lieber Rüdiger,
dein Film lief genau an meinem Geburtstag. Das tollste war, als du der Schlange den Frosch geklaut hast. Da rutschte meine Mutter ganz langsam vom Stuhl und wurde ohnmächtig. Das war mein schönstes Geburtstagsgeschenk.
Danke!
Dein David

Ein anderer Selbstversuch ist jener bizarre gegen die Ansteckung durch Tripper. Zu hochdeutsch: Gonorrhö. Warum habe ich mir schon wieder einen eingefangen und Wolfgang nicht? Ist es reines Glück? Ist er tripperresistent? Hat er ein Kondom benutzt? Aids ist zu jener Zeit noch unbekannt, die Risiken sind überschau- und heilbar, Schutzmittel eher eine Frage der persönlichen Einstellung denn der Sicherheit.

»Ich streue mir hinterher immer antibiotischen Puder auf den Penis«, lautet sein Patentrezept.

»Erzähl mir doch keinen Schrott.« Ich will es nicht glauben.

Wir wetten um eine Liebesnacht. »Wer verliert, muss bezahlen.«

Eine Frau mit entsprechender Krankheit ist schnell gefunden. Andere Länder, andere Häufigkeiten. Wolfgang pudert sich ein. Ich nicht. Wolfgang bleibt gesund. Ich nicht. Wolfgang hat den Beischlaf umsonst. Ich nicht.

So hart kann das Leben sein. Aber auch so lehrreich. Jener Tripper ist mein letzter. Dank Wolfgang, dank Puder!

Survival, die große Vielfalt. Ich lerne, Übungsstätten zu improvisieren. Bergsteigen trainiere ich in den Pausen in der Backstube. Die Wände werden zur Steilwand, die Decke zum waagerechten Überhang. Selbst die Mitarbeiter munkeln etwas wie: »Spinner. Verrückt. Durchgeknallt. Wozu soll das gut sein?« Damals hatte ich noch bessere Ohren. An mir prallt das ab. Ich weiß, wofür es gut ist. Um fortzukommen von der Teigmaschine. Das verrate ich nicht. Sonst wollen sie alle fort, und ich stehe irgendwann allein da.

Ich erweitere das Thema Survival um Steinzeit-Praktiken, *Sea* Survival, *Arctic* Survival, um *Medizin*-Survival und *Jugend*-Survival, um nur einige zu nennen. Survival ist unerschöpflich. Nie werde ich sagen können, dass ich ausgelernt hätte. Selbst dann nicht, wenn diesen Memoiren im Alter von 100 Jahren ein zweiter Band folgen sollte (Gott bewahre den Leser!). Ich konsultiere Fachleute und perfektioniere die Materie. Ob Angler, Arzt, Kampfschwimmer, Archäologe, Eskimo, Massai, Terrorist, Indianer, Polizist, Straßenkind, Verbrecher oder Beduine. Jeder beschert mir Neuigkeiten.

Beispielsweise das Training bei der Bundeswehr.* Es beginnt bei den Marinefliegern in Nordholz. Sie lehren mich unter vielem anderen das richtige Verhalten beim Absturz eines Flugzeuges ins Meer. Für mich, den Wasserscheuen, ein Horroreinstieg in die Trickkiste des *Sea Survival*. Denn inzwischen ist Survival auch für die Bundeswehr zum festen Begriff geworden.

Vier Männer nehmen im Cockpit Platz, gurten sich an. Dann wird das Gerät maschinell ins Wasser getaucht. Linksherum gedreht, rechtsherum. Man hängt über Kopf. Das Wasser dröhnt durch die Bullaugen ins Innere. Man hat Orientierungsprobleme. Erst, wenn der gesamte Innenraum mit Wasser geflutet ist, darf man sich ausklinken und wieder auftauchen.

Glücklich aufatmend hänge ich am Beckenrand und beobachte die anderen. Der Vierte taucht nicht wieder auf. Die Rettungsschwimmer greifen dennoch nicht ein. Demnach geht es dem Mann gut. Mir wird bereits vom Zuschauen schlecht. Ich kriege Beklemmungen, atme vor Aufregung für den Eingeschlossenen zwanzigmal mit.

Dann endlich taucht er aus seinem Bullauge auf, schwimmt in aller Seelenruhe unter Wasser drei Runden um das Cockpit. Als er nach dreieinhalb Minuten an die Oberfläche kommt, hat er noch immer keine Atemnot! Waaahnsinn! Ich sage zu den anderen: »Was ist denn das für ein Typ?«

Sie schauen unter seinen Helm und dann winken sie lachend ab. »Hätten wir uns ja eigentlich denken können! Das ist der Willi Probst, ein Kampfschwimmer. Die sind alle so.«

Ich höre, das sei eine Eliteeinheit der Bundeswehr mit einem wahren Horrortraining, wo man aus Menschen

* »Im Tretboot über den Atlantik«.

Delfine macht. Und das war schon immer mein Traum. Also melde ich mich sofort bei den Kampfschwimmern.

Ich komme in ihr Gebäude. Als Erstes springt mir ihr Leitspruch entgegen: »Lerne leiden, ohne zu klagen!«

Witzig, die Jungs, denke ich noch, aber irgendwie schwant mir, dass es ernst gemeint ist. Man führt mich vorbei an der Gedenktafel für die, die es nicht überlebt haben. Friede ihrer Seele! Ich denke an diskreten Rückzug. Da sehe ich, dass die Tafel derer, die es überlebt haben, ein wenig größer ist. Das macht mir Mut. Ich komme in die Schwimmhalle. Und sofort verlässt mich der Mut schon wieder. Jemand fesselt mir die Arme auf dem Rücken. Ein anderer bindet die Füße zusammen. Und im selben Moment werde ich im hohen Bogen in das fünf Meter tiefe Chlor-Wasser geworfen.

Jetzt mache ich alles falsch, was man in solcher Paniksituation falsch machen kann. Ich strample um mein

Leben, schlucke Wasser. So ist Ertrinken. Am Blauen Nil habe ich damit Bekanntschaft gemacht, wo ich in einen Sog geriet, der mir die Hose auszog. Da packen mich schon vier starke Arme, zerren mich an die Oberfläche, bringen mich wieder zu Verstand.

Jetzt erst erklären sie mir, wie man es richtig macht. Dass sie das nicht vorher tun, nennen sie »Beobachtung der Psyche«. Das hätten sie sich sparen könne, denke ich. Als ob Rüdiger eine Psyche hätte!

»Du musst abwarten, bis du fast von allein hochkommst. Du bringst dich in die Rückenlage und jetzt bewegst du deine Unterschenkel auf und ab. So gelangst du ans Ufer.«

Als sie mir das erklären, wird die Horrorszene zur Schulschwimmübung. Einmal schaffe ich es fünfmal hintereinander. Ich bin begeistert und nehme die Nummer in meine Trainings mit auf.

So und ähnlich verlaufen auch die anderen Exerzitien. Die Kampfschwimmer schaffen es, meine Ängste vorm Wasser zu relativieren, in vernünftige Bahnen zu lenken. Sie zeigen mir, dass selbst scheinbar Unmögliches machbar ist, dass Wasser Balken hat, dass Menschen durch Kiemen atmen können, dass der Mensch nicht vom Affen, sondern von den Amphibien abstammt. Zwar würde ich niemals eine ihrer Prüfungen bestehen (deswegen versuche ich es gar nicht erst und entschuldige das mit dem Altersunterschied), aber sie steigern mein Selbstvertrauen ins Uferlose. Optimistisch starte ich zur Reise »Mit dem Tretboot über den Atlantik«.

Um nicht völlig ordenlos nach Hause zu kommen, kaufe ich mir eine Schirmmütze mit ihrem Logo und verleihe mir meine Auszeichnung selbst. Ich modifiziere ihren Wahlspruch und nähe ihn mir als meine Lebensmaxime auf den Overall: »Lerne *klagen*, ohne zu *leiden*.«

Ich ahne in dem Moment nicht, dass das Schicksal ausgerechnet mich auserkoren hat, diese Lebensdevise zur Maxime von ganz Deutschland zu machen! Aber so ist es: 80 (in Worten: achtzig!) Millionen Menschen sind meinem Leitspruch gefolgt! Alles braucht halt seine Zeit.

Oder nehmen wir die Disziplin Steinzeit-Survival. Steinaxt, Feuer mit Funken, Feuer mit Reibung. Grabstock.

Oder den Wildschweinfang mit der Hand. Gelernt in Afrika. Da buddeln sich die Menschen nachmittags am Rande der Wasserlöcher ein, atmen durch ein Schilfrohr und warten geduldig, bis die Tiere zu Hunderten zur Tränke drängeln. Sobald es schwer wird auf dem Kopf, greifen sie zu. Wie ein Tellereisen. Mit etwas Glück haben sie eine Gazelle. Mit etwas Pech einen Elefanten. Den kann man wieder laufen lassen. Aber man *muss* nicht, falls der Hunger größer ist als der Verstand.

Ich hatte zweimal Pech und ein Wildschwein an den Vorderläufen gegriffen. Es beißt, ich lasse los. Ich grüble und verbessere den Trick. Das darf mir nie, nie wieder passieren. Dann habe ich die Lösung. Ich fange nicht mehr selbst. Ab jetzt lasse ich fangen! Die geniale Idee.

Eine weitere Verbesserung: Wir tauchen nicht mehr ganz unter, sondern schauen mit dem Kopf heraus. Er wird getarnt. Man *wird* nicht mehr gesehen, kann aber selbst noch ganz gut spähen.

Antje Burg will mir als erste Frau ein Wildschwein fangen. Sie ist sportlich und mutig, 25 Jahre jung. »Ich brauche mal wieder einen Adrenalinschub!« Den kann sie haben. Die starke Bache lässt sie weisungsgemäß laufen. »Unterschätz die Mutter nicht. Mit ihrer Kraft reißt sie dir mühelos die Arme aus dem Rumpf.« Antje lauert auf die Kleinen. Da kommen sie in Griffnähe. Antje schnappt zu, erwischt einen Überläufer an den Vorderbeinen. Das Tier ist erschrocken, setzt zurück, reißt die Frau mit Leichtig-

keit aus dem Sog der Grube. Dann beißt es zu. Antje lässt los. Nun steht sie mit blutendem Handgelenk da. »Rüdiger! Das war in meinem ganzen Leben das Allerobergeilste!« Dabei tropft ihr das Adrenalin aus den Ohren und das Blut aus den Adern. Aber sie ist glücklich. Ich auch. Denn Antje hat meinen Wissensschatz um eine Erfahrung bereichert: Es ist einfach, eine Frau restlos zufrieden zu stellen. Sofort spiele ich mit dem Gedanken, Notprogramme für unerfüllte Frauen anzubieten. Vielseitigkeit macht unangreifbar.

Verlage ermutigen mich, die Dinge niederzuschreiben. Die Bücher laufen gut. Ich werde unabhängig von der Konditorei, kann mir von den Tantiemen ein Traumgrundstück in Schleswig-Holsteins Wäldern kaufen und ein Refugium in der Einsamkeit Rausdorfs bauen. Jahrzehntelang gebe ich dort Überlebenstrainings. Sie werden nicht nur zu einem weiteren Nebenverdienst, ich erfahre dabei auch, welche Ängste der einzelne Teilnehmer hat, dass Frauen die stärkere Psyche haben, wie gierig Jugendliche das Thema aufsaugen, welche Sehnsüchte und wie viel Erlebnishunger im Menschen stecken. Aus vielen kann ich Stuntmen und Stuntwomen machen.

Die Teilnehmer erfahren, dass Survival nicht gebunden ist an Geschlecht oder Alter. Jeder muss das nutzen, was die Natur ihm mitgegeben hat, und es optimieren. Jeder lernt, dass man *Glück und Erfolg nur hat, wenn Vorbereitung auf Chance trifft*, wie eine Volksweisheit lautet.

»Die Kunst zu überleben« wird mein erster Bestseller. Es folgen andere. Heute ist Survival längst ein fester Begriff, eine Branche. Kletterwände gibt es in allen Dimensionen und Schwierigkeitsgraden. Jeder Pups-Nagel wird als »Survival Tool« angeboten, weil man dann mehr Geld erlösen kann. Es gibt Survival-Schulen und Survival-Rallyes. Survival als Manie, als Trend. Und ich, der Setter.

Über eins darf alles Survival aber nicht hinwegtäuschen: Nichts wird dadurch hundertprozentig kalkulierbar. Das Restrisiko lauert aller Orten. Oder aber es ist kein Abenteuer. Für mich macht gerade diese Unwägbarkeit den Hauptreiz aus. Sie erhebt die Urlaubsreise erst zum Abenteuer. Alles Zugeplante, Vollkasko-Versicherte und Überausgerüstete ist für mich reizlos.

Mein Freund Arved Fuchs formulierte den Begriff Abenteuer einmal ähnlich: »Man kann ein Vorhaben noch so gut kalkulieren. Ein Restrisiko bleibt immer. Risiko zum Nulltarif gibt es nicht. Sonst ist es kein wirkliches Abenteuer. Wer zu solchem Risiko nicht bereit ist, der soll lieber zu Hause bleiben.«

Auch Reinhold Messner denkt so. »Über den Sinn und Unsinn des Abenteuers zu diskutieren, ist schwierig. Jeder macht es für sich im Vorfeld sinnvoll. Aber es ist eindeutig nutzlos für die Menschheit. Wir sind die Eroberer des Nutzlosen. Es gibt kein wirkliches Abenteuer ohne Lebenseinsatz. Ohne diese Lebensgefahr ist ein Berg, eine Wüste, ein Ozean kein wirklich gefährlicher Berg, Wüste oder Ozean. Dann sind es nur Attrappen.«

Es ist noch einmal eine Optimierung des Survival, als der Sinn zum Abenteuer hinzukommt. Er adelt das Wagnis. Für mich eine Idealkonstellation. »Abenteuer mit Sinn« wird zu meiner Maxime, zu meinem Reisestil. Er wird meiner Erwartung ans Risiko gerecht, er vermittelt Erfüllung.

Leser fühlen sich inspiriert, ihren Reisestil umzugestalten, beglückende Leserbriefe legen davon Zeugnis ab, junge Menschen gründen Fan-Clubs. Natürlich freue ich mich über die Zustimmung, aber ich unterstütze die Clubs nicht. Ich bin kein Typ für Star-Kult.

Amüsant bleibt es dennoch. Hier zwei unrepräsentative Kostproben von Anfängern.

»Wir sind acht Freunde und finden das affengeil, was du machst. Jetzt haben wir einen *Rüdiger-Nehberg-Fan-Club* gegründet. Dich haben wir zum Ehrenmitglied ernannt und abwechselnd lesen wir aus deinen Büchern vor. Du kannst uns gern mal eins umsonst schicken. Vergiss die Signatur nicht!

Sogar zwei Mädchen sind dabei. Am Wochenende erproben wir die Supertricks aus ›Abenteuer vor der Haustür‹. Wenn du willst, kannst du uns besuchen (immer am ersten Donnerstag im Monat abends). Unser Versammlungsraum ist der Balkon. Denn wir wohnen im Hochhaus.«

Oder:

»Lieber Rüdiger! Wir sind drei Freunde. Der Frank (15), Bastian (16) und ich, der Tobias (16). Wir möchten auch solche Abenteurer werden wie du. Deshalb brauchen wir deinen Rat. Wir haben eine ganz große und tolle Reise vor. Alles mit dem Fahrrad. Wir werden immer draußen schlafen. Also auch gefährlich.

Und nun die Frage: Wie kommen wir an Waffen?

Ich kann mir denken, dass du viel zu tun hast. Deshalb kannst du dir mit der Antwort Zeit lassen. Denn wir fahren erst in drei Jahren. Aber schließlich will ja alles gut geplant sein.

Viele Grüße von deinem

Tobias«

Dann der Nachsatz. »Übrigens: Es geht von Frankfurt nach München.«

Ohne mein Survival-Wissen wäre ich nie Augenzeuge des Völkermordes an den Yanomami-Indianern geworden, wäre ich nie auf einer massiven Tanne über den Atlantik geschippert, hätte ich mich nicht vom Hubschrauber ohne Ausrüstung in den Regenwald Brasiliens absetzen lassen. Und erst recht hätte ich nie den Kampf gegen die weibliche Genitalverstümmelung aufgenommen. Mir wäre nicht einmal die Idee dazu gekommen.

Okay. Zwar war ich auch als junger Mensch nie touristisch unterwegs gewesen. Etwa mit Reisehandbüchern, die mir jede Entdeckungsfreude genommen hätten. Allenfalls hatte ich eine Straßenkarte, manchmal nur eine Bleistift-Straßenskizze und eine Vokabelliste mit einem Minimalwortschatz, wenn ich mit dem Fahrrad bis nach Indien, durch diverse afrikanische und fast alle westeuropäischen Länder gestrampelt oder ums Mittelmeer getrampt und tief in Libyens Wüsten gewesen bin. Aber Survival hat meinem Leben und den Unternehmungen eine neue Dimension gegeben, eine andere Erfüllung. Die Reisen wurden spannender. Dennoch: Die Hauptbeweggründe waren Neugier auf die Welt, Abenteuerlust, Freude am Risiko. Der Sinn kam erst später dazu und völlig zufällig. Er war nie geplant.

Den ersten Anlauf nahm die Versuchung am Omo-River in Äthiopien. Wir passierten mit unserem Floß-Boot à la Blauer Nil ein wunderschönes Tal. Bisher hatten wir kaum Ufer gehabt. Meist stiegen die Talwände steil in die Höhe. Nun weitete sich das Tal auf einmal und präsentierte eine wunderschöne afrikanische Landschaft. Von Kamm zu Kamm schätzten wir das Tal auf fünf Kilometer Breite und mindestens 20 Kilometer Länge, bis es wieder enger wurde. Da gab es den Fluss mit seinen Krokodilen, Flusspferden und Fischen. An den Ufern tobten große Familien der seltenen Kolobusaffen. Wir sahen Gazellen, Antilopen, Geier und den Jaguar. »Welch ein Traumtal!«, staunte ich. Und sofort stand fest: »Hier möchte ich ein Naturschutzgebiet gründen!« Natürlich mit mir als Chief Game Warden.

Ich informierte Professor Bernhard Grzimek, damals *der* deutsche Tierschützer schlechthin. Ich bezahlte einem sei-

ner Zoologen, einem Briten, den Hubschrauberflug in das Gebiet. Er sollte das Tal aus fachlicher Sicht begutachten. Das geschah. Der Zoologe war ebenso begeistert und gab sein Okay. Ich leitete erste Kontakte zur äthiopischen Regierung ein. Mein damaliger Verlag Cotta erklärte sich bereit, pro Buch eine Mark für das Park-Konto zu sichern. Darüber hinaus wollte ich pro verkauftes Gebäckstück einen Naturschutz-Pfennig abzweigen, um den Park vorzubereiten und zu gründen. Danach sollte er sich selbst tragen und Äthiopien Devisen ins Land schaufeln.

Doch mitten in die Planung hinein wurde Kaiser Haile Selassie gestürzt. Die nachfolgende kriminelle Militärregierung hatte kein Interesse an dem Projekt. So starb es, bevor es geboren wurde.

Vielleicht hat dieses Vorhaben unbewusst meine Engagement-Hormone aktiviert. Wäre es zur Parkgründung gekommen, säße ich heute womöglich am Omo in meiner Holzhütte, würde mir das Abendbrot erangeln oder die gedankenlos weggeworfenen Kippen der Parkbesucher einsammeln und mich über deren Missachtung der Natur ärgern. So aber waren die Hormone frei für andere Aufgaben. Und die explodierten ebenso zufällig in mein Leben wie der Park: ausgelöst durch die Begegnung mit den Yanomami-Indianern (mehr dazu im übernächsten Kapitel).

Heute ist *Survival* längst ein fester Begriff, ein Boom, eine Branche. Die Bücherregale in den Globetrotter-Läden quellen über mit Werken verschiedenster Autoren. Während ich in meinen Anfängen noch Kletterwände mit Metallteilen vom Schrotthändler in meiner Backstube oder mit geschnitzten Balken an der Hauswand improvisieren musste, kann man sie heute in allen Schwierigkeitsgraden kaufen. Sogar gläserne, damit Mutti von unten oder hinten stolz zuschauen kann, wie Filius oder Filia sich in Hindernisbewältigung üben.

Oder die Tieffroster. Hatte ich Arved (Polar-)Fuchs noch bei einem meiner Konditorei-Lieferanten eine Nacht im Tieffrosterraum mit Windgebläse vermitteln müssen, um seine Garderobe auf Arktiseignung zu testen, so gibt es bei *Globetrotter Ausrüstung* inzwischen längst mit Infrarot-Sensoren ausgestattete Kabinen, die selbst stecknadelspitze Undichtigkeiten vermelden, aus denen Körperwärme entweicht.

Und es gibt Hunderte von Survival-Schulen, in denen jeder Interessierte lernen kann, über ihm längst vertraute Grenzen weit hinauszuwachsen. Vom blutjungen Anfänger bis hin zum stressgeplagten Manager. Von der einfachen Nacht allein im entfremdeten heimischen Wald bis hin zu Langzeitmärschen durch vereiste Tundren.

Survival – die Kunst zu überleben in scheinbar aussichtslosen Situationen.

Angst und Ekel

Der Unwissende hat Mut.
Der Wissende hat Angst.
NN

»Haben Sie eigentlich keine Angst? Kennen Sie keinen Ekel?«

Diese Fragen werden mir vor allem nach den Vorträgen gestellt. Dann, wenn die Zuschauer die absurden Geschichten gehört, die grotesken Bilder gesehen haben und ihre Vorstellungskraft überfordert wurde. Es macht mir geradezu diebischen Spaß, in solchen Momenten das Publikum und die Fassungslosigkeit zu beobachten. Der Lichtreflex von der Leinwand lässt sie mich alle sehen.

»Natürlich habe ich Angst. Sie ist ein wichtiges Alarmsignal des Körpers. Genau wie Ekel. Sie verhindern, dass man leichtsinnig wird und umkommt.«

Und dann erzähle ich, wie hilflos man der Angst mitunter ausgeliefert ist und wie wichtig es ist, Ängste in den Griff zu bringen, sie zu kultivieren, ohne sie je ganz abzubauen.

»Das geht manchmal so weit, dass man die Kontrolle über den Körper verliert und sich in die Hosen macht. Zum Beispiel bei Michaels Ermordung. Er war bei einem Überfall durch mehrere Männer bei der ersten Salve aus zwei Metern Distanz in den Kopf getroffen worden. Die Schüsse auf uns gingen daneben.«*

»Das war reines Glück. Denn man hat keinen Einfluss mehr darauf, ob eine Kugel aus solch naher Entfernung noch trifft oder nicht. Doch was dann folgte, war Survi-

* »Drei Mann, ein Boot, zum Rudolfsee«.

val, und das hat uns gerettet. Wir trugen unter unserem Hemd einen Überlebensgürtel. Dazu gehörte auf jener Reise ein Revolver.«

Hätten wir ihn sichtbar *über* dem Hemd getragen, so erzähle ich weiter, wären wir garantiert ebenfalls tot. Die Angreifer hätten ihn gesehen und sich darauf eingestellt. Sie wären näher herangekommen und hätten mit Sicherheit getroffen. So aber hatten sie uns unterschätzt und keine Gegenwehr erwartet.

Schon beim ersten Schuss flohen die Angreifer in ein nahe gelegenes Wäldchen. Wir nutzten die Verwirrung und entkamen über den Fluss. Die Flucht dauerte fünf Tage. Das waren fünf Tage der Angst. Uns war klar, dass uns die Verfolger jagen würden, um Augenzeugen auszuschalten. Entsprechend groß war die Angst. Der Vorteil: Sie mobilisiert alle vorhandenen Kräfte, verleiht ungeahnte Stärken. Wichtig ist nur, dass sie nicht in Panik umschlägt und einen handlungsunfähig macht.

Auch vor der ersten Atlantiküberquerung habe ich Angst. Schließlich habe ich mit den Weltmeeren noch keinerlei Erfahrung. Doch da habe ich längst gelernt, Ängsten zu begegnen. Ich weiß, was mich auf dem Ozean erwartet. Getreu der Devise »Gefahr erkannt, Gefahr gebannt«, versuche ich, mit entsprechenden Trainings die Probleme unter Kontrolle zu bringen. Die Vorbereitungen machen einen nicht geringen Teil der Reise aus. Mitunter sind sie mindestens ebenso spannend wie die Reise selbst.

Das sind Einsamkeit, Sturm, Flaute, Hitze, Sonne, Angst vorm Wasser, Salz, Kentern, Schiffbruch, Kollisionen, Trinkwassermangel, Krankheit, Zahnschmerzen, Über-Bord-Fallen oder Piraten. Und gegen jedes einzelne Problem habe ich ein As im Ärmel. Das Austricksen oder Reduzieren der Bedrohungen ist ein wichtiger Teil aller Reisevorbereitungen. Hier einige Beispiele.

Über Einsamkeit werde ich in einem späteren Kapitel noch sprechen. Sie kann einem nichts anhaben, wenn sie selbst gewählt und vorübergehender Natur ist. Außerdem habe ich Lesestoff und Arbeit mitgenommen. Da hat die Einsamkeit keine Chance.

Gegen die Launen der Natur habe ich meine Schutzhütte. Dem Salz trotze ich mit reichlich Vaseline. Die Angst vor tobenden Wassern haben die Kampfschwimmer mir im Sea-Survival-Training abtrainiert. Sollte ich kentern, kann ich auch kieloben weiterfahren. Bei Bruch würden alle Schiffsteile schwimmfähig bleiben. Ich bräuchte sie

mir nur einzusammeln und zusammenzubinden. Seil habe ich reichlich mit.

Gegen Kollisionen habe ich den Radarreflektor. Vor allem aber ist mir klar, dass das Risiko, wirklich überrollt zu werden, verschwindend gering ist. Sollte da dennoch ein Wahnsinniger auf mich zugerast kommen, wäre der Schutzengel dafür zuständig. Er will ja auch gefordert sein, und irgendwann muss ich auch mal schlafen.

Vielleicht könnte ich bei drohender Kollision im letzten Moment noch abspringen. Auf jeden Fall würden Teile meines überrollten Schiffes am Heck des Ozeanriesen wieder auftauchen. Und damit ginge es weiter. Atlantiküberquerung auf einem Haufen Müll! Überhaupt: keine schlechte Idee. So wie jetzt beim Rekapitulieren der alten Strategien, kommen mir die Einfälle für neue Spektakel. Manchmal möchte ich mein Hirn ausschalten können, um den Ideenfluss zu stoppen. Mehr Ideen als Lebenszeit.

Vor den Reisen hat man reichlich Zeit, alle Eventualitäten geistig durchzuspielen. Meine Gegenstrategien sind per autogenes Training tief in mir gespeichert und automatisch abrufbereit. Das reinste Abenteurer-Schach.

Trinkwasser habe ich so viel mit, dass ich auch im schlimmsten Falle, bei Schiffbruch und monatelangem Treiben, immer noch zu trinken hätte. Ich könnte sogar unterwegs damit handeln. Im Geheimen malte ich mir oft aus, auf Schiffbrüchige zu treffen und ihnen das Wasser zu Superwucherpreisen zu verkaufen. Ein Liter Wasser für ein Auto. Jeder würde mir das gern zahlen. Ein Angebot – günstiger als der Tod. Man will ja nicht unsozial sein.

Das Wasser ist mit Mikropur für Monate haltbar gemacht und lagert gegen Algenbildung in undurchsichtigen Behältern. Sämtliche Kanister sind extrem stabil und nicht ganz gefüllt. Eine Luftblase soll sie an der Oberfläche halten. Alle sind miteinander verbunden.

Ich habe reichlich Medikamente mit, Betäubungsspritzen, OP- und Zahnbesteck. Und ich habe das Wissen aus meinem Medizin-Kursus* im Kopf. Psychologisch betrachtet vielleicht mein wichtigstes Ausrüstungsteil, meine eigene Arztpraxis. Es ist jener Kursus, der von der Berufsgenossenschaft Seefahrt für Schiffsoffiziere erteilt wird, die keinen Arzt an Bord haben, und die in der Not mehr können müssen, als nur Pflaster aufkleben, stabile Seitenlage praktizieren und Händchen halten.

Natürlich habe ich auch Prüfungen in Navigation abgelegt, ein Funkzeugnis erworben, ein Seenot-Funkgerät dabei.

Und gegen Piraten habe ich ein Pump Gun mit, eine mehrschüssige (Schrot-) Flinte.

Die einzige Angst, die mir bleibt, ist die, dass es nach all den Vorbereitungen und der Minimierung der Risiken langweilig werden könnte.

Und nun frage mich noch einmal jemand, ob ich Angst hätte. Ja, denn sie ist ja so mordsgesund.

Mit dem Ekel verhält es sich ähnlich. Er ist ein wichtiges Alarmsignal des Körpers. Man muss nur lernen, begründeten und unbegründeten Ekel zu differenzieren. Begründet ist die Abneigung beispielsweise gegen Verwesendes. Wer sich trotz des widerlichen Gestanks damit den Bauch voll schlägt, wird bald selbst verwesen.

Aber wer sich vor Heuschrecken, Maden oder Termiten ekelt, der ist lediglich Opfer gesellschaftlicher Gepflogenheiten. Wir Überfluss- und Sattmenschen hatten es nie nötig, auf die leckeren Insekten angewiesen zu sein. Bei vielen Völkern sind sie hingegen eine Delikatesse. Sie sind das Steak des kleinen Mannes. Dort würde man sich vor einem

* »Medizin Survival. Überleben ohne Arzt.«

Schweineschnitzel gruseln. Oder vorm Big-Mac-Burger. Dennoch waren Insekten für mich selten Lebensmittel, sondern vor allem immer Lebens-Mittel.

Am besten schafft man den Sprung über die Ekelschwelle, wenn einem jemand heimlich ein paar der unüblichen Leckereien unters Essen mogelt und das hinterher gesteht. Wie bei einem meiner Survivaltrainings.

»Nicole, was du da eben gegessen hast, war gar kein Rindfleisch. Das war Wanderratten-Filet.« Wenn Nicole ihr Essen nicht im selben Moment wieder ausspeit, ist sie reisefit. Wenn sie sogar gesteht »Das war ja echt super lecker!«, dann ist sie grenzenlos belastbar, die Idealpartnerin für Extremes. Und sie hat sich einen Kuss verdient. Auf die Rattenfilet-Lippen.

Mein erster Schritt über die Ekelschwelle war wesentlich unkomplizierter. Ich hatte ein sehr prominentes Vorbild als Schwellenhelfer. Es war kein Geringerer als der Teufel persönlich. Jemand wie er, der die gesamte Menschheit überlebt hat, weil er sich in seiner Bescheidenheit nie scheute, in der Not Fliegen zu futtern, hat mich aus tiefster Seele überzeugt. Ich habe es ihm nicht nur nachgemacht, sondern ihn noch überboten. Nackter Ehrgeiz. Ich sagte mir, er wird sie sich gegrillt haben bei all dem Feuer, das ihm zur Verfügung steht. Deshalb habe ich sie roh vernascht. Die ihnen anhaftenden Bakterien habe ich deutlich schreien gehört, als sie im Säurebad des Magens landeten. Mal sehen, wie alt *ich* werde.

Dass auch meiner Ekelschwelle überraschend Grenzen gesetzt sind, beweist die Geschichte mit der Oma auf dem Balkan. Einer meiner Klassiker: Ich bin mit dem Fahrrad unterwegs, um mir Europa anzuschauen. In Jugoslawien komme ich durch ein Dorf. Eine von viel Pflaumenschnaps angesäuselte Gesellschaft feiert laut unter Pflaumenbäumen im Garten neben dem Haus.

»Komm her, Radfahrer!«, schreien einige und laden mich zum Essen ein. Als Fremden gibt man mir den Platz neben der Oma. Zwei Ehrengäste nebeneinander.

Die Männer reißen Witze. Einen nach dem anderen. Einer besser als der andere. Zwar kann ich Serbokroatisch nicht verstehen, aber dem Gelächter nach sind sie oberste Sahne.

Dann kommt der Megawitz. Der ist sooo gut, dass sogar die Oma neben mir laut losprusten muss vor Freude. Und dabei geschieht das Unvorhergesehene. Omas Gebiss plumpst in meine Suppe. Es macht platsch, und lacht mich, der ich gerade den Löffel zum Mund führen will, aus meinem Teller glücklich an.

Ich habe eine echte Schrecksekunde. Da macht es erneut platsch! Das ist Omas Hand. Geistesgegenwärtig ist sie den Schleimfäden, die sich von ihrem Mund zum grinsenden Ersatzteil spannen, hinterher geschnellt, fischt es behände vom Teller und rammt es sich blitzschnell wieder ein. So, als wäre nichts geschehen oder als geschähe das bei jedem Essen. Kaum jemand hat das mitbekommen. Ich dafür umso deutlicher und hautnah. Mir wird grün und blau vor Augen. Mein Magen schlägt Purzelbäume. Ich springe auf und übergebe mich in die Büsche.

»Mein Magen!«, erkläre ich der Runde mit den fragenden Gesichtern den Grund meiner Pflanzendüngung. Dazu bedarf es nur einer apathischen Geste. Ich ernte volles Verständnis.

Dabei ist der Grund ein ganz anderer. Ich habe etwas gesehen, das außer mir niemand mitbekommen hat. Nämlich Omas Geheimnis: die vielen kleinen putzmunteren Maden, die sich auf Omas Gaumenplatte tummelten und die nun ums Überleben in meiner Suppe kämpften, um den rettenden Tellerrand zu erreichen.

Yanomami

Das Geheimnis jeder Macht besteht darin,
zu wissen, dass andere noch feiger sind als wir.
Ludwig Börne

»Sie leben an der Grenze zu Venezuela«, erzählt mir ein Missionar. »Es sollen 20 000 Menschen sein, in einem Land so groß wie die Schweiz.« Der alte Karl-May-Leser und Indianerfreund in mir wird hellhörig. Wie oft habe ich mich beim Lesen der Karl-May-Bände gefragt, wie ich mich wohl verhalten hätte, wenn ich zu Zeiten der Eroberung Amerikas und der Vernichtung der Urbevölkerung gelebt hätte. Natürlich war ich im Geiste auf Seiten der Indianer. Das hatte Karl May so manipuliert. Der edle Wilde. Jetzt möchte ich selbst hin und ihn kennen lernen.

»Das wird kaum möglich sein. Weil es die Letzten sind, hat Brasilien ihr Land zum Schutzgebiet erklärt. Das Militär sichert die Zugangswege über die Flüsse. Kein Fremder darf zu ihnen.«

Das hört sich edel an. Der edle Weiße? Kann sein. Bekanntlich beschädigen Ausnahmen die Regel. Ich finde es jedenfalls toll und respektiere es. Doch dann höre ich von einer brasilianischen Menschenrechtsorganisation, dass das gelogen sei. »Man hat Gold entdeckt«, behaupten sie, »und Tausende von Goldsuchern strömen in das Land und machen alles nieder. Die Indianer *und* den Wald.«

Bei diesen Widersprüchen steht fest: Jetzt gehe ich *doch* hin. Ich will mir einen eigenen Eindruck verschaffen. Ich ahne nicht, dass dieser Entschluss zum erneuten Wendepunkt in meinem Leben wird, eine neue Variante des Survival auslöst.

15-mal werde ich insgesamt dort sein. Beim ersten Mal gehe ich allein. Ein Fischer hat mich an der Peripherie der Zivilisation auf dem Rio Aracá ausgesetzt. Ich muss ihm unterschreiben, dass ich auf eigenen Wunsch allein weiterziehen will. »Wenn du nie wieder auftauchst, könnte man mir vorwerfen, dich ermordet zu haben.« Der Junge ist weitsichtig. Ich unterschreibe alles. Hauptsache, es geht endlich los. Dabei hängt mir das Herz in der (Bade-) Hose. Ich bin extrem aufgeregt.

Aber ich will allein gehen. Unter den gegebenen Umständen halte ich das für die beste Strategie. Allein ist man niemandem Rechenschaft schuldig. Man wirkt auf Besuchte ungefährlich. Man weckt Neugier und nicht Aggression. Außerdem gehe ich fast unbekleidet. Das signalisiert Wehrlosigkeit und appelliert an ihre Beschützer-Instinkte. Jedenfalls hoffe ich das. Und es unterscheidet mich deutlich von Goldsuchern, den *garimpeiros.* Sie sind beladen mit Goldpfannen, Kettensägen und Motoren, mit Waffen und riesigen blauen Plastikplanen. Sie gehen in großen Gruppen und stellen für jedermann automatisch eine Gefahr dar. Ich nicht. Ich habe nur mein Minimalgepäck. Dazu gehört eine Mundharmonika. Auf ihr spiele ich alle viertel Stunde eine Melodie, um die Indianer anzulocken und sofort positiv zu stimmen. Musik und Lächeln – die internationalen Kontaktkleber.

Die Strategie geht auf. Ich bin nur wenige Tage unterwegs – das stehen sie vor mir. Sie lachen und schauen ein wenig irritiert. Ich spule mein Programm ab, das ich mir für diesen Augenblick mit autogenem Training einstudiert habe. »Schereka pe ni hai ma hey!« Sinngemäß: »Nicht schießen, ich bin ein Freund!« Mein einziger Satz in ihrer Sprache. Ich habe ihn von dem Missionar. Meine Lebensversicherung.

Im selben Moment stecke ich die Mundharmonika in den Mund, spiele nicht wirklich, atme nur aufgeregt hinein: ein, aus, ein, aus … »Spiel mir das Lied vom Tod«, der Welthit. Dazu schlage ich das Rad und mache Purzelbäume. Die Männer sind überrascht, verblüfft, sie lachen. Sie nehmen mich mit in ihr Dorf.

Und nun erlebe ich erstmals diese völlig neue Welt, die andere Art zu leben. Es gibt keine Hektik, keine Überbevölkerung. Jede Frau hat im Durchschnitt zwei Kinder. Es gibt keine Arbeitslosigkeit. Jeder Erwachsene muss nur vier Stunden am Tag für seinen Lebensunterhalt arbeiten. Es gibt nicht die Sucht nach Luxus, nicht den unbeirrbaren Glauben an den Fortschritt, an das Mehr und das Noch-Mehr. Es gibt keinen Müll.

Und es gibt kein Altersheim. Bei den Yanomami wird man noch im Kreis der Familie zu Tode gepflegt. Und wenn man dann gestorben ist, wird man verbrannt. Die Asche geben sie in Bananensuppe und essen sie auf. Danach sprechen sie nicht mehr über Tote. Ihre größte Angst ist, irgendwo unbemerkt zu verwesen. Dann, so glauben sie, wird die Seele aus dem Körper ins All entweichen und von bösen Geistern massakriert. »Ich esse deine Asche«, ist deshalb ihre schönste Liebeserklärung. Dann sind sie gewiss, dass die Seele im Hinterbliebenen weiterleben wird. Denn ein Lebender verteidigt sich und damit die Seele des Verstorbenen.

Aber eins wird mir auch klar: Die Indianer sind keine »edlen Wilden« à la Karl May und Indianerromantik. Sie sind Menschen wie wir alle. Es gibt Streit, Rücksichtslosigkeit und Kriege. Aber es ist *ihr* Wald, und dass es ihn noch gibt, ist ebenfalls *ihr* Verdienst. Niemand hat das Recht, ihnen das angestammte Recht streitig zu machen. Und schon gar nicht die weißen Eindringlinge per Völkermord, Bürgerkrieg und Geldgier.

Ich werde Augenzeuge der Bedrohung. Goldsucher fallen wie Heuschrecken über das Land her. Wer Widerstand wagt, wird getötet; ganze Dörfer werden vernichtet (s. Bild S. 147). Auch untereinander kennen die Goldsucher kein Erbarmen. Bitterarme Teufel, mit Versprechungen von Reichtum aus den Elendsvierteln der Großstädte gelockt. Hier werden sie nach allen Regeln der Sklaverei ausgebeutet. Der Lohn für ganztägige Schuftereien unter Schwärmen von Insekten und glühender Sonne beträgt nur wenige Prozente dessen, was sie finden. Den Löwenanteil kassieren die Bosse.

»Wir tragen ja auch das gesamte Risiko«, argumentieren diese. »Wir haben die Maschinen hertransportiert, müssen Schweigegelder bezahlen, haben den Wald gerodet, Arbeitsplätze geschaffen.« Die Mafiosi geben sich sozialverantwortlich. Um auch noch das Wenige abzukassieren, das dem kleinen Goldsucher bleibt, werden Prostituierte in den Wald geflogen, Alkohol verkauft, Lebensmittel angeboten. Alles ist überteuert. Manches bis zu dreißigfach, verglichen mit den Großstadtpreisen. Ein Kilo Zucker kostet ein Gramm Gold. Das sind zehn US-Dollar! Die Liebesnacht schlägt mit fünf Gramm zu Buche. Für manchen ein Wochenlohn – Wochen mit sieben Tagen und zwölf Stunden Arbeit pro Tag. Von Sonnenaufgang bis Sonnenuntergang, umschwärmt von Myriaden der Pium-Fliegen, win-

zig kleinen Teufeln. Ihren Stich merkt man nicht. Aber die Folgen. Es juckt zwei Wochen lang. Pium-Fliegen lieben das Tageslicht. Kaum verkriechen sie sich in der Dämmerung, kommt das Heer der Mücken und setzt deren Arbeit fort. Malaria verbreiten, ihr Hauptjob.

Damit die Frauen nicht reich werden, müssen sie für ihre vier aneinander gelehnten Mini-Holzwände hohe Mieten entrichten, dreimal täglich in der Kantine des Bosses essen. Jede Mahlzeit – ein Teller Bohnen mit Reis – ein Gramm Gold. Andere Währungen als Gold werden nicht akzeptiert. Gold ist inflationsfrei, der Real nicht.

Malaria-Tabletten, in der Stadt gratis, kosten hier zehn Gramm. Wer nur neun hat, muss sterben. »Die Kollegen lauern nur darauf, dass der Kranke abkratzt. Dann klauen sie ihm als Erstes diese neun Gramm. Und sein T-Shirt, wenn er eins hat.« Es gibt einen Schwarzmarkt mit wertlosen Placebos. Der Kranke zahlt, schluckt alles, stirbt und wird beraubt.

Kredit und Erbarmen sind Fremdworte. »Angeschrieben wird nicht. Jeder Sterbende schwört dir, dass er das Gold zurückzahlt. Aber sobald er gesund ist, verschwindet er zu einer anderen Piste. Mit mir hätte auch niemand Mitleid. Wer hier Mitleid zeigt, gilt als Trottel«, weiß Boss Mário das Silvas. Er ist Herr über drei Pisten und viele *pistoleiros*, seine Leibwächter.

Viele Bosse haben Spitznamen. »Come gente« zum Beispiel, der Menschenfresser. »Er tötet und dann erst fragt er nach dem Grund der Meinungsverschiedenheit.« Szenen wie im Wilden Westen, wie eh und je. Hier gilt nur das Recht des Stärkeren. Alle sind sie bewaffnet. Man geht in Gruppen und schützt sich gegenseitig. Einzelgänger sind Selbstmordkandidaten.

»Schneller als in einer Leiche kann man das Gold gar nicht finden«, erklärt lachend einer der ganz Abgebrühten. Er weiß, wovon er spricht. »Sie verstecken es im Darm. Mancher hat einen Goldzahn.« Dabei pocht er lachend auf seine Kombizange. Sie hängt neben dem Messer und dem Revolver am Gürtel. Die Kollegen nennen ihn ehrfürchtig »Dentista«, Zahnarzt.

Der kleine *garimpeiro* kann froh sein, wenn er je ohne Gewinn, aber wenigstens noch lebend diesem System entkommt. Mord und Malaria – die Haupttodesursachen.

Zu schlimmsten Zeiten, während der 80er und 90er Jahre, gibt es 65 000 Goldsucher im Yanomami-Land. Sie werden von 400 Flugzeugen über 120 illegale Pisten eingeflogen und versorgt. Jeder Pilot kennt diese Pisten. Man sieht sie deutlich auf Satellitenbildern. Im Tower des Flughafens von Boa Vista hängt eine entsprechende Karte. Christina Haverkamp, Mitkämpferin während einiger Aktionen, gelingt es, eine solche Karte zu fotografieren.

Im Yanomami-Land herrscht Bürgerkrieg. Die Öffentlichkeit kriegt davon nichts mit. Brasilien will ihn vertuschen. Polizei, Indianerschutzdienst, Militär und Politiker ignorieren ihn. Jeder möchte mitverdienen.

Unter diesen Umständen grenzt es an ein Wunder, dass die Indianer mich gastfreundlich aufnehmen. Trotz ihrer Not differenzieren sie. Dafür will ich mich revanchieren, will ihnen helfen. Ich schreibe das Buch »Yanonámi*. Überleben im Urwald«. Das Buch bewirkt nichts. Ich bediene mich stärkerer Mittel. Das sind TV-Filme. Uli Krafzik und Daniel Grolle gelingt das erste Dokument: »Yanomami – Überleben im Urwald«. Beste Sendezeit im ZDF. Als »reportage« um 20:15 Uhr.

Den entscheidenden Beweis schafft Wolfgang Brög, Dokumentarfilmer aus München. Er und ich verdingen uns

* 1983 gab es noch 18 Schreibweisen für das Wort. Später hat man sich auf Yanomami geeinigt.

als Goldsucher, heulen mit den Wölfen. Wir lächeln – die beste Methode, dem Gegner die Zähne zu zeigen.

Journalisten, Umweltschützer und Indianerfreunde gelten hier an den Landepisten im *garimpo* als die meistgehassten Menschen. Deshalb lässt sich von ihnen hier niemand blicken. Um nicht gleich umgelegt zu werden, filmt Wolfgang mit versteckter Kamera. Aber auch ohne Kamera sind wir vielen suspekt. Wir sind Deutsche, Ausländer, das allein reicht. Wir erzählen eine brasiliengerechte Story über den Grund unserer Goldsuche.

»Rüdiger hatte ein Verhältnis mit einer Offiziersfrau«, raunt Wolfgang einem zu. »Der Mann ist dahinter gekommen. Inoffiziell wird Rüdiger von der ganzen deutschen Armee gesucht. Sie wollen ihn umlegen.«

Das spricht sich rum und verbreitet sich wie ein Waldbrand zur Trockenzeit bei starkem Wind. Das kann jeder Brasilianer verstehen. Ihr Mitgefühl ist uns sicher. Wir müssen das Drama lediglich mit pikanten Details ausschmücken und haben plötzlich nur noch Freunde.

Unser Vorurteil gegen die *garimpeiros* müssen wir sehr bald begraben. Die Goldsucher sind nicht, wie befürchtet, alle Kriminelle, Indianerkiller. Das sind allenfalls die Pistenbosse und ihre Leibwächter. Das Gros der Goldsucher ist selbst Opfer. Rechtlos und ausgebeutet.

Einen besonderen Effekt erhält die Dokumentation durch den Rat der Brasilien-Beauftragten bei der Weltbank in Washington. Wir zeigen ihr den Rohschnitt. Sie sieht die hemmungslose Zerstörung. Sie hört und sieht, wie Urwald in Wüste verwandelt wird, sie erlebt auf dem Bildschirm, wie auch das letzte Indianervolk kaum noch eine Chance hat, dem Völkermord zu entrinnen.

»Wenn der Zuschauer all dies gesehen hat, dann lassen Sie die wunderschönen Zitate aus der brasilianischen Verfassung darüber laufen«, schlägt sie vor. »Wenn es dort heißt ›ohne Zustimmung der Indianer darf kein einziger Fisch gefangen, kein einziger Baum gerodet werden‹, muss das für jeden Brasilianer wie ein Schlag ins Gesicht werden. Es entlarvt die politischen Heuchler.« Ein wertvoller Hinweis. In diesem Moment wähnen wir nicht, dass die Weltbank später eine entscheidende Rolle beim Frieden im Yanomami-Land spielt.

Auch Wolfgangs Film bekommt die 20-Uhr-15-Sendezeit im ZDF. Greenpeace verbreitet das Dokument in Englisch und Portugiesisch tausendfach in alle Welt. Noch heute (2005) liegt es allen Indianer-Organisationen als warnendes Beispiel vor. »So kann es euch ergehen, wenn ihr Goldsucher in euer Land lasst.«

Der Bürgerkrieg wird bekannt. Aber zunächst ändert sich nichts.

Wir zeigen Wolfgang Brögs Film bei der UNO. Ich mache einen Bittmarsch zum Papst. Eine Ermahnung von ihm in einem Land wie Brasilien, wo 92 % der Menschen Katholiken sind, könnte hilfreich sein.

Ich strample allein mit dem Tretboot über den Atlantik, um einen von vielen Menschenrechtsorganisationen unterzeichneten Appell an den Staatspräsidenten Brasiliens weltweit ins Gespräch zu bringen. »Schützen Sie die Yanomami so, wie es die brasilianische Verfassung gebietet.«

1992 fahre ich mit Christina Haverkamp auf einem Bambusfloß über den Atlantik. Auf dem Segel Anklage und Appell: »500 Jahre Amerika, 500 Jahre Völkermord! Rettet die Yanomami!«

Wolfgangs Film wird schließlich auch in Brasilien gezeigt. Aber nicht am Stück in 45 Minuten wie beim ZDF. Nein, man hat aus ihm eine fünfteilige Serie à 15 Minuten gezaubert! Fünfmal neun Minuten, aufgemuntert mit jeweils sechs Minuten Werbung.

Da sehen sich auf einmal die Bosse aus Mafia und Politik wieder, die uns ihre verlogenen Interviews gaben. Wir avancieren zu unerwünschten Personen. Einmal werden wir offiziell des Landes verwiesen. Boa Vista wird für uns zum riskanten Pflaster. Christina erlebt, wie ein für die Yanomami geplanter Krankenwagen in die Luft gejagt wird. Am helllichten Tage, mitten in Boa Vista. Besonders dort haben wir nun Todfeinde sitzen. Nicht nur die kleinen und großen Gold-Mafia-Bosse kennen uns mittlerweile. Es sind auch die Gouverneure Gilberto Mestrinho in Manaus und Romero Jucá Filho in Boa Vista, wahre Schandflecken für Brasilien.

Sogar der deutsche evangelisch-lutherische Pfarrer Ralf Weißenstein in Boa Vista lässt es sich nicht nehmen, seine zweifelhafte Rolle zu spielen. Er bietet Christina und mir seine Hilfe an, macht uns Versprechungen und lässt uns dann schmählich hängen. Ein wahres Vorbild.* Die Ursache: Wir waren von Mafiosi der Goldbranche nach allen Regeln der Kunst gelinkt und ausgeraubt worden. Wir hatten die Täter und Hintermänner ermittelt und wollten sie zur Anzeige bringen. Um nicht am ungedrehten Spieß im Knast von Boa Vista zu verschmoren, suchten wir Hilfe. Wir hörten von Ralf Weißenstein, angeblichem Ehrenkonsul und Pfarrer. An der Tür seiner Kirche ein viel versprechendes Schild: »Für Indianerrechte!«

»Was wollen Sie mit Ihrer Anzeige erreichen?«, erkundigt er sich.

»Dass Baiano, der Mafia-Hintermann, unsere beim Überfall gestohlenen Sachen herausrückt und dass es öffentlich wird, dass er illegal zu den Yanomami fliegt und dass man ihm das Flugzeug beschlagnahmt.«

Der Ehrenkonsul verspricht zu helfen. »Schreiben Sie ein genaues Protokoll. Ich werde es übersetzen und dann nicht nur die Polizei informieren und Ihre Anzeige aufgeben, sondern auch die Presse. Dann haben wir den nötigen Druck.«

Unseren Einwand, die Presse sei doch auf keinen Fall auf unserer Seite, weiß er zu entkräften.

»Es gibt auch gute Leute dort.«

Er vereinbart einen Termin bei der Polizei. »Auch dort gibt es solche und solche.«

Als er jedoch zugeben muss, dort in Wirklichkeit niemanden zu kennen, sind wir genau wieder an dem Punkt angelangt, an dem wir bereits ohne ihn waren. Das sagen wir ihm und er gibt zu, dass die Idee nicht die beste war. Freunde hatten ihm diesen Weg empfohlen.

* »Die Rettung der Yanomami. Den Tätern auf der Spur«, Kapitel »Der Ehrenkonsul«.

»Ich werde nun alles selbst in die Hand nehmen. Aber es wird das Beste sein, wenn Sie das Land sofort verlassen. Ich faxe Ihnen alles nach Caracas. Hier sind Sie nicht mehr sicher.«

Das wissen wir auch so. Am nächsten Morgen geht es per Bus nach Venezuela.

Von dort dann mehrere Anrufe beim Ehrenpfarrer. Mal lässt er sich verleugnen, mal ist er am Apparat. Stottern und Ausreden über Ausreden. Arbeit, keine Zeit, Konfirmationen, morgen.

Da wissen wir endgültig, woran wir mit ihm sind. Jesus hätte seine helle Freude an diesem Mitarbeiter!

Aber Fehlschläge entmutigen uns nicht. Sie spornen unsere Kreativität an. Sie sind viel lehrreicher als Erfolge.

Der Friede kommt nicht schlagartig. Aber allmählich wird die pro-indianische Lobby spürbar stärker. *Amnesty international*, *Greenpeace*, der *WWF* und viele nationale Organisationen anderer Länder machen sich weltweit für die Yanomami stark.

Ein wesentliches Verdienst kommt der brasilianischen Yanomami-Menschenrechts-Organisation *CCPY* (Comissão pela Criação do Parque Yanomami) zu. Ihr gelingt das artistische und gefährliche Kunststück, in einem politisch sehr willkürlich geführten Staat die manchmal wenigen legalen Wege zu nutzen, dem Leitspruch des Landes »Ordem e progresso«, Ordnung und Fortschritt, Geltung zu verschaffen, den Yanomami zu ihrem Recht auf geschütztes Land zu verhelfen.

Ende der 90er ist es soweit. Die Yanomami erhalten Frieden. Ausschlaggebend: die Weltbank. Sie knüpft entsprechende Bedingungen an eine Kreditvergabe. Plötzlich wird möglich, was bislang mit Argumenten wie »Man kann Völkerwanderungen nicht stoppen« abgestritten wurde. Der Nachschub wird abgeriegelt, Flugzeuge wer-

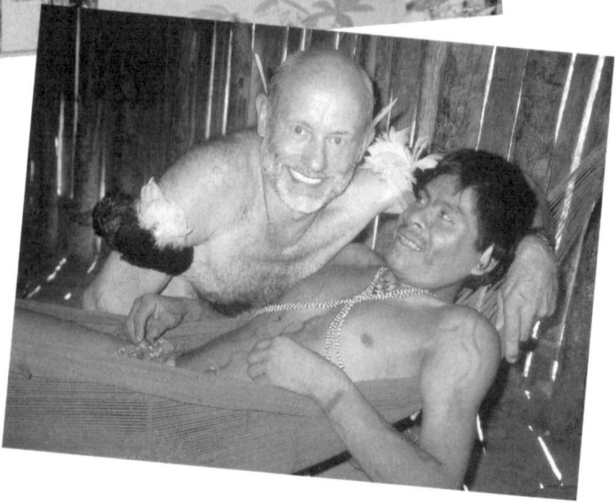

den beschlagnahmt. Seit Mitte der 90er haben die Yanomami einen akzeptablen Frieden. Den Goldsuchern geht es längst viel schlechter. Sie mussten zurück in die Elendsviertel der Großstädte.

Die genannten Bosse lauern weiter in ihren Hinterstübchen auf ihre Chance, das nachlassende Interesse an den Yanomami. Dann werden sie wieder zuschlagen.

Hier soll natürlich nicht der Eindruck entstehen, dass es mein und meiner Mitstreiter Verdienst war, dass dieser Friede möglich wurde. Wir sind lediglich ein Mosaik in dem großen Gefüge gewesen. Aber die Vielfalt unserer Einsätze, die Unvergleichbarkeit der Aktionen, das Spektakuläre und die Ausdauer über fast zwei Jahrzehnte hinweg, unterstützt von der Kraft der Medien, haben die Yanomami-Tragödie weltweit bekannt gemacht. »Die Kraft der Mutigen«, titelte der SPIEGEL.

Der Friede bringt auch mich in meiner Entwicklung einen großen Schritt voran. Er lehrt mich, dass kein Mensch sich zu gering fühlen sollte, gegen Missstände anzukämpfen. Alles ist machbar. Es bedarf nur der richtigen Strategie, genügender Ausdauer, des Glücks, der Fantasie, der richtigen Partner. Denn schließlich ist alles Menschgemachte, das es auf dieser Welt gibt, zunächst im Kopf einer einzelnen Person entstanden. Egal, ob Gründung einer Partei, einer Weltreligion, eines Hauses oder einer Familie.

Natürlich gebe ich mich nicht der Illusion hin, dass mit solch vereinfachter Faustregel alle Probleme zu lösen wären. Bestimmt dominieren im Laufe der Menschheitsgeschichte viele Bemühungen, die gescheitert sind, die mit dem Tod der Urheber endeten. Doch das hat mich nie von meinen Aktionen abgehalten. Ich bin Optimist. Für mich ist das halb ausgetrunkene Glas Wasser noch halb voll, nicht halb leer. Ich halte es mit Bert Brecht: »Wer kämpft, kann verlieren. Wer nicht kämpft, hat schon verloren.«

Das ist die Erfahrung, die mich die Indianerarbeit gelehrt hat. Der Erfolg ermutigt mich, nicht auf den Lorbeeren auszuruhen, sondern meinem Leben eine neue, eine ungleich größere Dimension zu geben. Probleme gibt es mehr als Menschen. Meine nächste Aufgabe wird der Kampf gegen die weibliche Genitalverstümmelung. Davon später mehr.

Christina

Liebe, Freundschaft, Achtung können nicht so verbinden wie der Hass auf etwas.
Anton Tschechow

Mit dem geänderten Reisestil ändert sich auch das Verhältnis zwischen Maggy und mir. Der Kampf gegen den drohenden Völkermord an den Yanomami-Indianern bestimmt mein Leben immer mehr. Nur dort im Wald fühle ich mich gefordert und erfüllt. Mir wird klar, dass ich (zunächst) der einzige Augenzeuge bin, der Bilddokumente für den Völkermord hat, und der damit die Öffentlichkeit erreicht.

Ich bin immer öfter und länger von zu Hause fort. Statt mit fremden Partnern würde ich die Arbeit lieber mit Maggy machen. Doch das ist nicht ihr Ding. Nur einmal ist sie dabei: als wir Tatunca Nara, den deutschen Urwald-»Häuptling«, in eine Falle locken. Maggy soll den Köder spielen.

Meine Leser werden die Kriminalgeschichte um diesen mutmaßlichen Mörder im Regenwald kennen.* Er lebt am Rio Negro, gibt sich als Indianer-Häuptling aus, behauptet Chef eines unterirdisch lebenden Volkes zu sein. Er spricht perfekt Deutsch. »Meine Mutter war eine geraubte deutsche Nonne«, erklärt er das, »und mein Vater der Häuptling der Ugha Mongullala.«

Doch jetzt sind die Eltern tot und Sohn Tatunca hat das schwere Amt des Häuptlings auf seine verantwortungsbereiten Schultern geladen. So weit, so gut.

* Inzwischen wurde sie in »Abenteuer Urwald« neu aufgelegt.

Diese Geschichte lockt Leute zu ihm. Er lebt von Tourismus. Allen erzählt er seine unglaubliche, faszinierende Geschichte. Auch mir. Ich bin begeistert. Eine Story nach meinem Herzen. Durchgeknallt, aberwitzig, einmalig. Aber nur zwei Tage. Dann kommt die Ernüchterung.

»Ich spreche auch deshalb so gut Deutsch, weil bei meinem Volk zweitausend Soldaten von Herrn Adolf Hitler leben. Sie warten auf ihren Einsatz. Wenn Herr Hitler Brasilien vom Atlantik her angegriffen hätte, sollten sie das Land von hinten in die Zange nehmen.«

Das war 1982. Mein Traum, von einem deutsch sprechenden Häuptling zu den Yanomami geführt zu werden, ist der Ernüchterung gewichen. Mein Glück. Sonst wäre ich längst tot.

Denn nicht alle Touristen entlarven den Hochstapler. Einige gibt es, die ihm jede Silbe seines Krimis glauben. Sie träumen davon, dieses sein geheimes Volk zu sehen. Als erste Weiße, als Entdecker. In einer Zeit, wo es scheinbar nichts mehr zu entdecken gibt.

Für Tatunca kein Problem. Gegen höchste Bezahlung erklärt er sich irgendwann bereit, ihrem Drängeln nachzugeben. »Heute Nacht sind mir meine Priester im Traum erschienen«, verkündet er. »Sie haben gesagt, Tatunca, diesen Mann (diese Frau) darfst du zu uns bringen. Er ist ein Auserwählter.« Dann geht es los. Tatunca und der Auserwählte. Mit klapprigem Boot sich windende Flüsse hinauf, bis es nicht mehr weiter geht, bis man längst am Eingang zu den Unterirdischen angekommen sein müsste. Dann geschieht jedes Mal ein Unglück. Das Boot kentert. Die Ausrüstung ist verloren. Oder »Menschenaffen« greifen nachts das Lager an.

Mit Müh und Not kann er seine »Auserwählten« jedes Mal retten. »Dann versuchen wir es halt im nächsten Jahr«, tröstet er sie. Von Neuem beginnt für sie das Hoffen und Bangen, dass sie wirklich die Ersten bleiben und ihnen nicht in letzter Sekunde ein anderer Entdecker zuvorkommen möge. Aber es kostet auch erneut viel Geld.

Tatunca ist ein Improvisationskünstler, ein Meister seiner Sparte. Alles ist von ihm gemanagt. Jedes Kentern, jeder Angriff. Hauptsache, er hat eine plausible Begründung, die Weiterfahrt zu beenden und den Neuversuch auf unbestimmte Zeit zu verschieben.

Den Rekord stellt der Schweizer Ex-Swissair-Pilot Ferdinand Schmid auf. Er kehrt achtmal um, ohne den Betrug zu merken. Immerhin lässt Tatunca ihn »als ersten Weißen« einen Wasserfall »entdecken«.

»Weißt du, Ferdi, dass du der erste Weiße bist, der diesen Wasserfall sieht?«

Nein, das wusste er nicht. Aber nun weiß es der Ferdi.

»Ist es bei euch Weißen nicht so, dass der Erstentdecker seiner Entdeckung seinen Namen geben darf?«

Ferdinand Schmid ist begeistert. »Dann soll er *Cachoeira de Fernando Schmid* heißen!« Er will die Sensation gleich bei seiner Rückkehr in der Schweiz anmelden.

Andere Auserwählte sind weniger geduldig. Ihr Geduldsfaden reißt schon nach zwei oder drei Versuchen. Sie durchschauen den Meister. Es kommt zum Streit. Drei kehren nie wieder. Zwei der Leichen werden gefunden. Ein Krimi beginnt.

Das Bundeskriminalamt ermittelt. Der große Häuptling ist ein Maurer aus Franken. Er hat Frau und Kinder in Nürnberg sitzen gelassen, verschwand spurlos von der Bildfläche und tauchte als »Häuptling« in Brasilien wieder auf. Eine unglaubliche, aber wahre Geschichte. Wolfgang Brög und ich locken ihn in die Falle. Mit von der Partie unter anderem auch Maggy. Es entsteht ein Dokumentarfilm, von dem Tatunca nichts ahnt, »Das Geheimnis des Tatunca Nara«. Er lockt 17 % der Zuschauer vor die Glotze.

Darüber hinaus kann ich Maggy für meine Ziele nicht motivieren. Dafür hält sie mir den Rücken in der Konditorei frei.

Da begegnet mir die Kielerin Christina Haverkamp. 25 Jahre jünger, Sportlehrerin. 58 Kilo Sehnen, Zähigkeit und Power. Ich lerne sie bei einem meiner Survival-Trainings kennen. Keine Übung, die sie nicht mit Bravour meistert. Sie hat vor nichts Angst, ist aber auch nicht leichtsinnig. Als Sportlehrerin weiß sie um Risiken und schätzt sich richtig ein. Sie erklettert die Steilwand wie ein Affe, noch bevor ich ihr die Sicherheitsregeln richtig erklären kann. Sie robbt über das Hochseil, dass Seilartisten des chinesischen Staats-Zirkus vor Neid erblassen würden. Sie trifft mit dem Revolver aus der Hüfte ins Schwarze, dass die Sportschützen-Branche darüber diskutieren sollte, für Schützen ihrer Kategorie Zielscheiben mit nur noch schwarzem Zentrum, ohne das lästige weiße Umfeld, prägen zu lassen.

Und sie träumt von Regenwald und Engagement. Eine gemeinsame Aktion bei den Yanomami macht uns zu Verschworenen. Eine gute Symbiose, wie sich bald herausstellt. Ein Duo Infernale. Der Hass auf die Goldsucher-Mafia schweißt uns zusammen.

Ihre kecke, scheinbar unbekümmerte Art erleichtert es ihr, mit den Mafiabossen der Goldgräber Interviews zu führen. Sie kriegt sogar den brasilianischen Innenminister vor die Kamera »unseres« Nachrichtensenders »Europa-TV«.

Vor der Kamera fragt der irritiert »Sozinha? Sie ganz allein?« Er hatte wohl ein übliches Team erwartet.

Es gelingt Christina, Landkarten aus dem Tower des Aeroporto von Boa Vista zu entwenden, auf denen alle 120 illegalen Landepisten im Indianerland verzeichnet sind. Piloten nehmen Christina kostenlos mit ins Indianerland.

Sie dokumentiert Leiden und Sterben der Yanomami an Orten, die mir als Mann und Ausländer nicht so leicht zugänglich wären.

Wir verdingen uns als Malariahelfer bei den Goldsuchern, werden als Berichterstatter entlarvt, bekommen bedrohlichen Ärger mit der Mafia. Während ich mit einem Buschflugzeug nach Boa Vista in Nordbrasilien ins Goldmafia-Center zurückkehren kann, hält man sie im Wald fest. »Du kannst ja als Prostituierte arbeiten«, lautet das großzügige Angebot ihrer Widersacher.

Ich alarmiere die deutsche Öffentlichkeit und die Deutsche Botschaft in Brasília. Das Justizministerium wird bemüht. Christina kommt frei.

Bei anderer Gelegenheit muss *ich* mich auf *sie* verlassen. Ich habe die zweite *Malaria tropica.* Als ich aus einem der Fieberträume erwache, sitzen mehrere Indianer-Chefs um meine Hängematte. Sie sind vollgepumpt mit Drogen, beschwören die bösen Geister in mir, wollen sie einschüchtern und verjagen und mich retten. Aber sie wissen, dass die Natur ihnen Grenzen gesetzt hat. Manchmal sind die bösen Geister stärker.

»Rüdiger, mach dir keine Sorgen. Wenn du stirbst, essen wir dich auf.« Ich habe gerade eine wache Sekunde zwischen zwei Anfällen und bin geschockt. Ist das bereits mein Ende? Haben die verdammten Malaria-Tabletten nicht gewirkt?

Ich erblicke Christina neben meiner Matte. »Die wollen dir nur eine Liebeserklärung machen. Du kommst übern Berg. Auf deine Totenasche können sie noch lange warten.«

Sie füttert mich mit Lariam, dem hammerharten Standby-Mittel. Kotzbitter, aber absolut lecker, wenn's einen rettet. Über die konventionellen Mittel wie Resochin und Fansidar können die Malaria-Erreger im Gold nur lächeln. Dagegen haben sie längst Resistenzen aufgebaut. Aber bei Lariam müssen sie passen. Ich höre sie förmlich um ihr Bakterien-Leben betteln. Doch ich lasse sie mitleidlos verrecken. Ich werde gesund.

Die favorisierte politische Organisation, mit der wir in Deutschland arbeiten, ist die »Gesellschaft für bedrohte Völker« (GfbV) in Göttingen. Sie leistet die Hintergrundarbeit. Wir sind ihre Akteure vor Ort der Verbrechen. Anfangs gestaltet sich die Arbeit positiv. Wir beschaffen Aufmerksamkeit und Spenden, werben viele neue Mitglieder. Filme, Bücher und Vorträge sind dabei sehr hilfreich.

Doch Erfolg schafft Neid. Sesselpupser, Theoretiker und Endlos-Bedenkenträger reden uns immer mehr ins Konzept, zerreden jede Idee. Sie neiden dies und das, kaschieren ihre eigene Bedeutungslosigkeit und Erfolgsarmut mit Floskeln wie »Wir möchten ja nur vermeiden, dass man uns im Falle eures Todes nachsagen kann, wir verheizten verantwortungslos unsere Aktivisten«.

Für Christina und mich durchschaubare Heuchelei. Denn die Verantwortung liegt immer und ausschließlich bei uns. Das regeln wir jedes Mal schriftlich.

Auch die Fahrt mit dem massiven 20-Meter-Baumstamm über den Atlantik, die ich allein durchziehen will. Hatte Tilman Zülch, Gründer und Erster Vorsitzender der Göttinger Menschenrechtsorganisation, meinen Baumstamm noch mit viel Optimismus, Bewunderung und großen Worten vorm Rathaus in Hamburg getauft und von hehren Zielen gesprochen, distanziert er sich plötzlich von meinem Vorhaben. »Das ist Nehbergs letzte Aktion. Das ist ein Kamikaze-Unternehmen. Mit dem Fahrzeug hat er gar keine Chance.« Tilman geht die Muffe. Er glaubt den Neidern und Berufsskeptikern.

»Verschrotte deinen Baum!«, äußert er von heute auf morgen seinen Gesinnungswandel.

Ich bin fassungslos und weigere mich. »Das ganze hat 20 000 Mark gekostet. Abgesehen von den Indianern, schulde ich die Reise allen Sponsoren. Und mir selbst. Das ist *kein* Kamikaze-Unternehmen, sondern, neben dem Anliegen, auch meine Art, Urlaub zu machen.«

Tilman beeindruckt das nicht. »Pfeif auf die 20 Mille.«

Dieser saloppe Umgang mit Spendengeldern bringt mich auf Distanz zur GfbV. Langsam, aber sicher. Eine jahrelange Freundschaft kriselt. Ich erlebe, was Oscar

Wilde längst wusste: »Dein Erfolg enthält immer etwas, das selbst deinen besten Freunden missfällt.«

»Kamikaze-Rudi« segelt also ohne logistische Unterstützung der GfbV mutterseelenallein über den Ozean. Allein, wie anno 1987 mit dem Tretboot. Und er widerlegt die Prognosen der Möchtegern-Fachleute.

Der Erfolg bringt auch Tilman Zülch und seine GfbV wieder auf den Plan. Denn Erfolg hat bekanntlich *viele* Väter. Misserfolg hingegen immer nur einen. Aber der Bruch zwischen uns ist irreparabel. Meine Sensoren für Ungerechtigkeit sind ausgefahren. Sein Verhalten wirkt auf mich opportunistisch. Mir kommen andere grob fahrlässige Spendengeld-Veruntreuungen zu Ohren. Ich trete aus der GfbV aus. Christina rate ich zur Gründung einer eigenen Organisation.

Von selbst zusammengetragenen Spendengeldern bauen Christina und ich Mitte der 90er – also noch vor dieser Krise – mitten im Yanomami-Land eine Krankenstation. Wir gliedern ihr eine Schule an. Denn wir teilen die Meinung des Dorfchefs Antonho: »Langfristig hilft uns gegen die Bedrohung nur Bildung.«

Dort, in Ixima am Rio Marauiá, haben wir doppeltes Glück. Denn wir treffen Ana, eine Französin. Seit vier Jahren lebt sie bereits mit den Indianern. Mehr oder weniger illegal. Sie spricht perfekt ihre Sprache und kämpft für sie wie ein Jaguar, dessen Junges man verletzt hat. Sie lehrt die Indianer nicht nur Portugiesisch und Rechnen, sondern auch, die eigene Sprache in Buchstaben zu fassen. Ein Novum für die Menschen im Wald. Deshalb lernen sie mit Begeisterung. Bei Ana erfahren sie, dass ihre Sprache eine Sprache wie jede auf der Welt ist. Eine Sprache, die man schreiben und lesen kann. »Und kein Affenquieken, wie uns die Goldsucher immer verächtlich haben wissen lassen«, freut sich Antonho.

Wer Ana sieht, glaubt, sie sei auch eine Indianerin. Lediglich etwas zu groß geraten. Sie hat denselben Teint und lange schwarze Haare. Vor allem aber raucht sie wie die Indianer. Das heißt, sie qualmt wie ein Schlot. Am liebsten zweihändig und möglichst noch im Schlaf, um keine Zeit für das wertvolle Nikotin zu versäumen. Bis auf die Hängematte hat Ana keinen Besitz. Die Indianer vergöttern sie wie ein Königin. Sie leitet unsere Krankenstation am Rio Marauiá.

Christina hat bis heute (2004) zwei weitere Stationen in Eigenarbeit erstellt. Die eine auf brasilianischer, die andere auf venezolanischer Seite. Meisterstücke persönlichen Engagements.

Für mich jedoch kommt die Yanomami-Arbeit mit der Aktion »The Tree«* zum Ende. Die Yanomami sind jetzt weltbekannt, haben Frieden, sie werden bestens von vielen internationalen Organisationen betreut. Ich suche nach einer neuen Herausforderung. Christinas und meine Wege trennen sich.

Inzwischen gibt es jedoch auch eine andere »Nachfolgerin«. Es ist Adriana Huber aus Olten in der Schweiz. Als 13-Jährige (!) besucht sie mit ihrer Mutter einen Vortrag von mir über die Yanomami. In diesem Moment trifft das Mädchen seine Entscheidung: »Ich werde dort im Wald mit den Indianern leben und ihnen helfen, ihr Selbstbewusstsein zu stärken.«

Sie lernt – neben dem Abitur – im Selbststudium Portugiesisch. Das beherrscht sie innerhalb von weniger als zwei Jahren perfekt. Sprachgenie. Mit Hilfe des Portugiesischen macht sie sich dann über das Yanomami-Lehrbuch her, das wir ihr von Ana besorgt haben.

* Nachzulesen in »Mit dem Baum über den Atlantik. ›The Tree‹ und andere Abenteuer«.

Ohne je ein Wort dieser absolut andersartigen Sprache gehört zu haben, beherrscht sic auch diese im Handumdrehen. Nach dem Abitur fliegt sie nach Brasilien in die ehemalige Goldgräbermetropole Boa Vista. »Ich habe mir meine blonden Haare schwarz gefärbt, um nicht aufzufallen und zu provozieren«, schreibt sie mir später.

Sie geht in die *Casa de Cura,* die Krankenstation des Bischofs Dom Aldo, setzt sich zu einem schwerkranken Yanomami aufs Bett und – unterhält sich mit ihm! Die nichtindianischen Krankenpfleger bekommen vor Staunen den Mund nicht mehr zu. Alle scharen sich um Adriana. Bereits am nächsten Tag fliegt man sie mitten in den Urwald, mitten unter »ihre« Yanomami. Die sind begeistert und akzeptieren sie sofort als Lehrerin. Unvergessen ihre erste Nacht in einem Indianer-Runddorf. Es ist wunderschön. Ich schaukle in meiner Hängematte und kann genau verstehen, was die Indianer sich erzählen. Vor allem dreht sich die Diskussion um die Frage: »Ob sie wohl einen Mann hat?«

Adriana ist immer noch für die Indianer tätig. Inzwischen bei einem anderen Volk. Klar, dass sie auch dessen Sprache längst beherrscht.

Besondere Reisen

Ich kann nicht zu anderen Ufern aufbrechen,
wenn ich nicht den Mut aufbringe, die alten zu verlassen.
André Gide

»Gibt es eigentlich ein Land, in dem Sie noch nicht waren?«

Eine oft gestellte Frage. Und ich antworte: »In den allermeisten war ich noch nicht.«

Es war nie mein Ehrgeiz, Länder »abzuhaken« nach der Devise »Anderthalb Tage Kambodscha – nächstes Land«.

Wenn es mir irgendwo gefallen hat, oder wenn ich eine Herausforderung fand, bin ich erneut dorthin zurückgekehrt. Am häufigsten nach Brasilien, gefolgt von Äthiopien. »Besondere Reisen?« Eine besondere war jede zu ihrer Zeit. Immer, wenn die Herausforderung eine neue war, es Unbekanntes zu meistern gab. Ob Deutschlandmarsch ohne Nahrung oder zum 15. Mal Yanomami.

Unvergessen und unauslöschlich vor allem die dramatischen Reisen zum Blauen Nil. Die erste endet mit Verlust des Bootes. Die zweite gelingt. Bei der dritten wird Michael Teichmann ermordet. Ohne Vorwarnung. Aus zwei Metern Entfernung. Kopfschuss von hinten. Dabei sind wir auf den vorangegangenen Fahrten gewarnt worden. Mehrfach ist auf uns geschossen worden. Als die Geschosse nicht einmal das riesige Boot treffen, stets ungesehen in der Gischt verzischen, ziehen wir den falschen Schluss und stufen sie als Warnschüsse ein. Das wird uns zum Verhängnis.

Die Mörder sind in der Überzahl. Plötzlich stehen sie

vor uns und schießen. Andor und ich haben Glück, werden nicht getroffen und reagieren blitzschnell. Wir reißen die Revolver aus den Holstern unterm Hemd und schießen zurück. Schon beim ersten Schuss fliehen die Männer in den Wald. Sie hatten die Waffen nicht gesehen, uns unterschätzt.

Bestimmt hat jeder von uns versucht, einen Gegner zu treffen. Dass wir keinen getroffen haben, liegt an der Verwirrung. Sie wird unser Glück. Als wir die Täter später stellen, kann niemand sagen, wir hätten den Konflikt begonnen.

Aber dieses Ereignis wird zum Schlüsselerlebnis für weitere Unternehmen. Wieder einmal ist es der Mensch, der sich als das Unberechenbarste auf allen Reisen beweist. Ich lerne, dass man ihn nur einkalkulieren kann, indem man mit dem Schlimmsten rechnet und sich angenehm überraschen lässt, wenn's nicht so heftig kommt.

Das Ereignis prägt die weiteren Reisen. Statt Waffe bediene ich mich des Schutzes landeskundiger bewaffneter Begleiter, die mir vom jeweils letzten Gastgeber zu meiner Sicherheit mitgegeben werden.* Aber da war auch Australien. Der »Human Race« 1996.

»Kannst du dir vorstellen, bei einem Wettmarsch über 700 Kilometer durch das australische Outback mitzumachen?«

Uli Krafzik, Freund und einer der Filmemacher in Sachen Yanomami, hat diese Wahnsinnsidee für eine TV-Dokumentation. »Es soll ein Dreikampf in einem scheinbar menschenfeindlichen Gebiet werden. Ein Aborigine, ein Hochleistungssportler und du als Survivor. Nicht zusammen, sondern jeder für sich. Jeder muss sich

* S. »Drei Mann, ein Boot, der Blaue Nil« und »Drei Mann, ein Boot, zum Rudolfsee«.

mit seinen speziellen Fähigkeiten durch den Busch schlagen. Alles, was ihr zum Leben braucht, müsst ihr mitnehmen oder finden. Wer fremde Hilfe annimmt, scheidet aus.«

Ich bin sofort begeistert und sage zu, ohne mich nach Einzelheiten zu erkundigen. Spontane Entscheidungen sind meine Stärke. Vielleicht auch mal mein Verhängnis. Die Idee kommt mir vor wie die Notlandung mit dem Flugzeug. Unvermittelt irgendwo ausgesetzt sein und dann lebend herausfinden. Das Vorhaben stellt eine Weltpremiere dar. Das ist mir sofort klar.

Erst danach erkundige ich mich nach Details. »Das Hauptproblem ist der Durst. Es herrschen Temperaturen bis zu 40 Grad. Die Einheimischen nennen das Gebiet Wüste des Todes. Sie liegt in Nordwest-Australien. Die ersten drei Tage gibt es kein Wasser, und ihr werdet zehn Liter pro Tag benötigen.«

Je mehr ich darüber nachdenke, desto mehr geht meine Muffe. Ob ich nicht doch inzwischen zu alt bin? Immerhin bin ich 61. Aber die Teilnahme ist mir wichtiger als jedes Bedenken. Dafür ist die Idee zu einmalig. Kommt Zeit, kommt Wasser. Kurzentschlossen fliege ich nach Australien. Ich will den Ernstfall proben.

Ich besorge mir Fachbücher über Survival, zugeschnitten auf Australien. Ich treffe mich mit Rangern, Farmern, Game Wardens, Elitesoldaten. Jeder hat ein paar andere wertvolle Ratschläge. Dann laufe ich eine Teststrecke von hundert Kilometern. Ich schaffe sie. Das steigert mein Selbstvertrauen. Doch eine gewisse Unruhe bleibt. Ich werte sie als das, was sie ist: den Überlebenswillen des Körpers. Irgendwie wird's schon schief gehen. Letzten Endes wird keiner der Teilnehmer verdursten. Das können sich die Produzenten nicht erlauben. Außerdem kann man jederzeit freiwillig aufgeben. Dann verliert

man zwar sein Image, aber man behält das Leben, rede ich mir ein. Ein akzeptabler Deal.

Schließlich der Start. Der Hochleistungssportler ist Ironman und kommt aus den USA. Er heißt Dave Covey, ist schlappe 36, nennt sich *Ultradave,* ist spezialisiert auf Ultra-Marathons. Das sind 100 Meilen nonstop. Ohne Pinkeln, ohne Pause. 400 solcher Rennen hat er schon bewältigt und sich damit ein unlösbares Problem beschert. Immer nur war er im Mittelfeld gelandet. Fast brauchte er schon einen Psychiater. Als er hört, dass diesmal nur drei Personen teilnehmen, sagt er sofort begeistert zu. »Endlich mal garantiert unter den ersten dreien!«, soll er gejubelt haben.

Dann taucht ein Aborigine auf. Er heißt Jack, ist uralt. Was dieses Bündel Mensch noch zusammenhält, sind die Falten in seinem Gesicht.

»Wann kommt denn dein Sohn endlich?«, fragen ihn die Fernseh-Fuzzis.

Der Alte schaut irritiert. »Wieso mein Sohn? *Ich* bin es, der hier mitmacht.«

Der Produzent ist irritiert. »Du? Wie *alt* bist du denn?«

»Das weiß ich nicht. Wir zählen die Jahre nicht. Man ist so alt, wie man sich fühlt. Und ich fühle mich der Herausforderung durchaus gewachsen.«

Da beim Fernsehen alles seine Ordnung haben muss, wird sein Alter auf 75 festgelegt. Vielleicht ist er ja nur 74. Dann ist er selbst schuld. Warum hat er die Jahre auch nicht mitgezählt.

Wir erfahren, dass Jack nicht etwa aus Rekordgründen teilnimmt. Sein Motiv ist über solche Banalitäten erhaben. Er will jungen Aborigines beweisen, wie fit man in diesem Alter noch sein kann, wenn man Alkohol meidet. Wir zwei anderen schämen uns der unseren, der des »Höher, schneller, weiter« und wechseln vielsagende Blicke.

»Gegen den will ich nicht gewinnen«, sagen wir wie aus einem Mund. »Worauf sollen wir uns denn dann noch etwas einbilden?«

Nicht eine Sekunde lang kommt uns der Gedanke, dass es der Alte ist, der – wie der Hase und der Igel – längst vorm Ziel hockt und auf uns wartet, als Dave und ich aus den verschiedenen Richtungen auftauchen. »Ich will nicht gewinnen. Worauf soll ich mir denn was einbilden, wenn ich gegen Fremde in meinem Land gewinne? Da müsste ich mich ja schämen. Geht ihr einfach an mir vorbei und macht das unter euch aus«, schlägt er vor.

»Das ist unmöglich«, raune ich Dave zu. »Was wäre das für ein Sieg, wenn der Alte uns den Vortritt lässt? Weißt du was? Lass uns gemeinsam durchs Ziel gehen!«

Unter den Protesten der Fernsehleute – »Das ist Vertragsbruch!« – haken wir uns unter und marschieren auf die Ziellinie in der Hafenstadt Wyndham zu. Kurz vorher bleiben wir stehen. »Bitte nach Ihnen!«, bedeuten wir dem Alten mit ausladender Geste. »Alter vor Jugend.«

Der Alte schüttelt den runzligen Kopf. Fast hört man die Falten rascheln. »Nee, nee, nee. Ausländer vor Inländer!«

Dann gehen wir gemeinsam durch.* »The Human Race« – das Finale so schön wie die Ur-Idee. Dann der Film. Gespannt hocke ich vor der Glotze. Das Ende haut mich vom Hocker. »Dave, der Amerikaner, holt auf und liegt jetzt ganz kurz vor den beiden anderen. Vorm Ziel hält er an, wartet auf die beiden. Er will nicht gewinnen gegen den Alten und den Deutschen. Gemeinsam erreichen die drei die Ziellinie.«

* »Mit dem Baum über den Atlantik. ›The Tree‹ und andere Abenteuer«.

Ich rufe beim australischen Redakteur Andrew Ogilvy an. »Rüdiger, nimm das nicht so genau. Wir haben doch extra gesagt ›*ganz kurz* vor den beiden anderen‹. Was spielen ein paar hundert Meter bei 700 Kilometern schon für eine Rolle?«

»Offenbar eine große. Sonst hättest du das Ende nicht verfälscht.«

»Versteh das bitte. Ich stecke in der Zwickmühle. Ohne das Ende hätte National Geographic in den USA den Film nicht gekauft. Auf das Geld sind wir angewiesen. Sonst rechnet sich das nicht.« Wie unterschiedlich die Ehre sein kann! Die des Weißen, die des Schwarzen.

Selbst Dave war das peinlich. Immerhin gibt es einen kleinen Trost. In den australischen Print-Medien wird das Ende richtig dargestellt. Jack wird zum Idol des ganzen Kontinents. Der alte schwarze Edelmann erhält vom Gouverneur seines Bundesstaates den Menschenrechtspreis für »Unbesungene Helden«. Er wird eigens für Jack kreiert und seitdem alljährlich verliehen. Ein Preis für Menschen, die etwas Besonderes für das bessere Zusammenleben von Schwarz und Weiß geleistet haben. Thank you, old Jack! Dein Bild hängt an meiner Wand.

Zu den besonderen Reisen gehören natürlich auch die mit den Wasserfahrzeugen. Vielleicht wäre ich statt im Backtrog der Konditorei zu landen, längst Kapitän einer Hochseeflotte geworden. Wenn da nicht die chronische Neigung zur Seekrankheit wäre. Ich bin nicht schwindelfrei. Außerdem habe ich Angst vor unberechenbaren tiefen Gewässern. Doch das war letzten Endes kein Hindernis, sondern der wichtigste Grund, es gerade deshalb mit Meeren aufzunehmen.

Da war das Tretboot.* Es bestand aus vielen Elementen, die niemals untergegangen wären. Ich hätte sie nach einem Schiffbruch nur zusammenbinden müssen. Seil hatte ich genügend mitgenommen. Und Südamerika hätte ich auch ohne die Tretanlage erreicht. Die Strömung hätte mich irgendwann angespült.

Dann war da das Bambusfloß.** 120 dicke Bambusrohre, zu dicken Paketen gebündelt, zu einem schnittigen Floß aneinander gefügt, Schutzhütte, Segel und dann los. Von Senegal nach Brasilien, dann durch die Karibik nach Florida. Und schließlich mit dem LKW bis vors Weiße Haus. Alles in allem: viereinhalb Monate auf dem Wasser. Zusammen mit Christina Haverkamp. Ihr Motto: »Nenn mir Zeit und Koordinaten, und ich bin da.« Das stimmt. Sie hat sogar ein Kapitänspatent und ein eigenes Schiff. Auf der Reise kann ich endlich mal richtig entspannen. Sie ist der bessere Kapitän.

Das dritte atlantikgeeignete Fahrzeug wird »The Tree«, die 18 Meter lange massive Tanne, 140 Zentimeter im Durchmesser. Das kriegt kein Orkan geknickt, das geht nicht unter. Nur: Der Stamm dreht sich um die eigene Achse. Um ihm den Spaß zu verderben, montiere ich Steuer- und Backbord je ein Bündel Bambusrohre. Um auf Nummer Sicher zu gehen, fülle ich jedes Segment mit wasserresistentem Schaum. Nun habe ich einen Trimaran, schlank und lang, mit großem Segel. Länge läuft, weiß der Seemann. Und allmählich bin ich einer.

Die Überquerung mit der Tanne wird meine schnellste. Trotz einer Woche Flaute am Äquator bin ich in 43 Tagen drüben. Ein Lastwagen karrt mich vor den Präsidentenpalast. Dort hisse ich mein Segel.

* »Im Tretboot über den Atlantik«.

** »Über den Atlantik und durch den Dschungel«.

500 Jahre Brasilien.
Tausende von Jahren Eingeborener Kulturen.
Millionen von Jahren Amazonischer Regenwald.

Zeit zu handeln!

Beschützt die Eingeborenen Völker!
Respektiert ihre Landrechte!
Erhaltet den Regenwald!

Denn nur Vielfalt ist die Garantie
für eine lebenswerte Zukunft.

Ich gebe zu, es ist viel Text. Aber auf dem Ozean hat ja jeder genügend Zeit zum Lesen.

Die Reederei Hamburg-Süd bringt mein Floß kostenlos nach Deutschland zurück. Ich darf es auf der EXPO in Hannover ausstellen. Nicht irgendwo, sondern provozierend unmittelbar neben dem Brasilien-Pavillon.

Jetzt steht es im »Altenheim für Fahrzeuge«, dem Technik-Museum in Speyer.

Interessante Reisen müssen nicht in der Ferne stattfinden. Da war 1986 auch die Floßfahrt mit sechs Jugendlichen auf der Elbe. Ein richtig romantisches Floß mit zwei Etagen. Unten das Wohnzimmer mit Sesseln und Esstisch sowie Toilette, Labor, Fenstern, Gardinen, Pflanzen. Oben ein Garten mit Gemüse, Hühnerstall, Badewanne, Jägerzaun. Alles vom Sperrmüll. Aus Sicherheitsgründen haben wir zwei starke Motoren. Alle Teilnehmer haben einen Sportbootführerschein gemacht.

Der Hintergedanke: Mit dem romantischen kunterbunten »Sperrmüllfloß« als Blickfang wollen wir mit einer TV-Doku auf die Probleme und Schönheiten der Elbe aufmerksam machen. Von Dresden bis zur Nordsee. Drei Jugendliche sollen aus der DDR stammen, drei aus Westdeutschland. Wiedervereinigung im Kleinformat.

Ich bitte den Innenminister der DDR um die Genehmigung. Der lässt sich nicht beeindrucken. »Ihr Vorhaben mit ungeeignetem Fahrzeug stellt eine Gefährdung der

Handelsschifffahrt dar. Deshalb können wir Ihnen die Genehmigung nicht erteilen.« Immerhin wünscht er uns eine gute Reise von der Grenze der DDR bis zur Nordsee. Mit einer Einschränkung: »Wir weisen Sie jedoch ausdrücklich darauf hin, dass die Grenze auf den ersten 80 Kilometern der Elbe genau in der Strommitte verläuft. Halten Sie sich unbedingt auf der westlichen Flussseite.«

Der Bundesgrenzschutz klärt uns auf. »Das ist eine Standard-Redewendung. Natürlich können Sie auch strömungsbedingt auf die östliche Seite treiben. Wir geben Ihnen Geleitschutz.«

Also starten wir mit sechs Wessis. Zunächst geht es flott und doppelsinnig »Mit der Elbe abwärts«. Bis wir die Staustufe Geesthacht erreichen. Ab dort sind wir von Ebbe und Flut abhängig. Bis Cuxhaven brauchen wir vier

Wochen. Aber die Fahrt wird zu einem norddeutschen Ereignis. Keine Zeitung, kein Radiosender, der sie nicht würdigt. Ganze Pilgerströme setzen ein, um das Vehikel zu begutachten, wenn es abends irgendwo am Deich festmacht. Kein Anwohner, der uns nicht mit Erdbeeren oder Erbsensuppe verwöhnt. Kein Abwasser-Einleiter, der uns nicht in seinem Unternehmen empfängt und den Dreck beschönigt. Aber Christine Schmidt vom ZDF, der begleitenden Redakteurin, kann niemand etwas vormachen.

Der Film kriegt die beste Sendezeit und hat gewaltige Einschaltquoten. Heute erreicht das nur noch die Tagesschau. Das Floß endet auf einem Abenteuer-Spielplatz.

Aber eigentlich war jede Reise für mich eine »besondere«, wenn ich sie zum ersten Mal machte. Vor allem immer dann, wenn ich mit der besuchten Region oder dem gewählten Fortbewegungsmittel noch keinerlei Erfahrung besaß. Das waren die Radtouren mit 14 den Rhein rauf und runter ebenso wie später die nach Afrika und Asien.

Es waren die Exkursionen mit selbstgebauten Fahrzeugen auf dem Blauen Nil und Omo in Äthiopien, die Durchquerung der Danakil-Wüste per pedes, der erste Marsch mutterseelenallein zu den Yanomami oder die Undercover-Arbeit als Goldsucher und 2003 die Erfüllung meines Traumes: vom Hubschrauber abgesetzt allein und ohne alles beziehungsweise mit nix durch den Urwald zurück in die Zivilisation. Es waren die Atlantiküberquerungen per Tretboot, Floß und Baumstamm.

»Besonders« werden auch all die nächsten Trips sein. Denn wer mag sich schon gern wiederholen? Ich jedenfalls nicht. Wenn ich die Wiederholung liebte, das Genormte, das Kalkulierbare, das täglich Gleiche, das Vorausschaubare, das Einerlei, dann hätte ich ja auch Bäcker bleiben können.

Pleiten

Das einzige Echte an manchen
Menschen ist ihre Falschheit.
NN

Man vergisst sie, weil das Positive besser in der Erinnerung haften bleibt als das Negative. Oder man verschweigt sie, weil sie einfach nur peinlich sind. Aber es gab sie reichlich. Jene Bewerber, Kurzzeitbegegnungen, Enttäuschungen. Sie alle aufzuzählen, würde mein Image als »Macher« untergraben. Blauäugigkeit, könnte man sagen, mangelnde Menschenkenntnis. Ich beschränke mich auf zwei Beispiele. Beide hängen mit der Baumstammfahrt zusammen.

Da war Lutz. Seinen Namen habe ich geändert, eingedenk des Rates meines »Entdeckers« Horst Schüler, der mich gelehrt hatte: »Wasch nie schmutzige Wäsche mit Weggefährten.« Und ich kann mit Stolz behaupten, dass ich mit jenen Begleitern, mit denen Reisen zustande kamen, nie Probleme hatte. Noch heute stehe ich mit fast allen in losem Kontakt. Wir können uns aufeinander verlassen, wenn Rat und Hilfe gebraucht werden.

Dennoch gab es natürlich Fehleinschätzungen von Bewerbern, und zum Glück konnte ich mich rechtzeitig von ihnen trennen. Manchmal im letzten Moment. So blieben manche Episoden ungeschrieben. Zwei will ich dennoch erzählen.

Also Lutz. Ich lerne ihn kennen und schätzen, als ich in Hamburg eine öffentliche »Survival Rallye« veranstalte. Da sollen möglichst viele Menschen verschiedene Hindernisse überwinden, Geschicklichkeit und Mut unter Beweis stellen und schwierige Fragen beantworten. Fragen zu Naturschutz und Menschenrechten. Die Teilnahme kostet 40 Mark. Mit dem Erlös wollen Christina Haverkamp und ich die Krankenstation bei den Yanomami finanzieren.

Die Medien greifen die Idee groß auf, indes der Zustrom an Teilnehmern ist eher kläglich. 400 statt erhoffter 1000 und mehr. »Du hättest das nicht ›Survival Rallye‹ nennen dürfen«, analysierte ein survival-erprobter Reporter später. »Da denken die Leute an Ekelhaftes und Unmögliches. ›Spiel ohne Grenzen‹, zumal fernseherprobt, wäre sicherlich attraktiver gewesen.« Klar. Hinterher ist man immer schlauer.

Dabei fängt alles gut an. Es gibt 20 körperliche Herausforderungen, und für jede kann ich eine Organisation gewinnen, die kostenlos Mitarbeiter als Helfer abstellt. Da sind die Polizei, die Feuerwehr, das Rote Kreuz, das Technische Hilfswerk, der Grenzschutz und viele andere. Auch meine Freunde, die Survival-Schule Zwerger und Raab, macht mit. Mit zehn Leuten reisen die Chefs Reinhard und Uschi extra aus Hinterzarten im Schwarzwald an. Hamburgs Bürgermeister Voscherau übernimmt die Schirmherrschaft.

Nur eine Organisation sagt kurzfristig ab. Der Grenzschutz. Da springt Lutz ein. »Ich ziehe die Uniform aus und komme als Privatmann. Monika, meine Freundin, wird auch helfen. Zu zweit kriegen wir das gewuppt.«

Sie machen ihre Sache gut. Monika ist ein Ass. Und Lutz sowieso. Survival ist sein Hobby. Er hat, berufsbedingt, an 30 Lehrgängen der verschiedensten Art teilgenommen. Von Hundeführer bis Einzelspäher. Er beherrscht diverse Kampfsportarten, schießt nur Zwölfen wie Christina und träumt von einer eigenen Survival-Schule.

Irgendwann, Monate später, habe ich die Idee, mit dem massiven Baumstamm über den Atlantik zu fahren. Allein ist der 20-Meter-Stamm nicht zu beherrschen. Ich brauche einen zweiten Mann. Lutz will mit. Inzwischen hat er seine Survival-Schule gegründet. Ich helfe ihm mit einem Vortrag, sie zu eröffnen. Volles Haus.

Damit die Schule schnell in Gang kommt, verteile ich Handzettel auf meinen Vorträgen. Lutz hat einen guten Start.

Wir kommen überein, dass ich versuchen werde, alle Kosten für die Atlantik-Überquerung über Sponsoren zu decken. Ich bringe außerdem die Idee ein, die Erfahrung, die Kontakte. Und meine 20 Jahre Vorgeschichte mit den Yanomami. Denn die Reise soll über den Atlantik nach Brasilien gehen. Wir wollen die 500-Jahresfeiern im Jahre 2000 stören, auf dem Segel Defizite in Sachen Regenwald und Indianer anmahnen.

Es fängt gut an. Lutz organisiert die Tanne, ein Geschenk von Freunden in der Schweiz. Wir fahren hin, um das Fällen filmisch zu dokumentieren und das Geschenk entgegenzunehmen.

Mit dabei: Mara, seine neue Freundin, eine Berufskollegin. Powerfrau Monika hat sich von ihm getrennt. Die Gründe mag er nicht nennen. Mit Mara werde ich nicht warm. Sie ist das Gegenteil von Monika. Während der langen Zugreise spricht sie kein Wort mit mir. Der Baum, die Reise, die Pläne interessieren sie nicht. Ich habe sogar das Gefühl, dass sie das Vorhaben hasst. »Ich gehe shoppen«, verkündet sie am Zielort. Und weg ist sie. Ich frage mich, wie Lutz mit der Frau seine Survival-Schule aufbauen will. Aber das ist sein Problem.

Der Stamm wird uns kostenlos nach Hamburg geliefert. Ein kolossales Teil. 18 Meter lang, 140 Zentimeter Durchmesser. Kein Orkan kann ihn knacken. Mit Schaumeinspritzungen werde ich ihn unsinkbar machen. Sein einziger Nachteil: Er dreht sich um die eigene Achse. Und damit beginnt die eigentliche Arbeit. Lutz und ich wollen sie gemeinsam meistern.

Ausleger sollen das Drehen verhindern. Wir brauchen stabile Querverbindungen, einen Mast, einen Ausguck, Segel, Hütte, Rettungsboot, Windsteueranlage, Solarplatten für den Strom, Satelliten-Navigation. Alles in allem sehr viel Arbeit. Jedes Teil muss stabil sein. Wir möchten Brasilien lebend erreichen. Nennenswerten Rat kann uns niemand geben, denn wer ist schon auf einem Baum über den Ozean gefahren?

Der Bau beginnt. Wer nicht kommt, ist Lutz. »Ich habe tierisch viel in der Schule zu tun. Ich werde regelrecht überlaufen. Du machst zu viel Werbung für mich«, lacht er durchs Telefon. Okay, macht nichts. Seine Existenz hat Vorrang. Ich bin sogar ein wenig stolz, weil meine Werbung so viel Resonanz auslöst.

Aus einem Monat Bauzeit werden aber nun zwei. Damit es nicht sogar drei Monate werden, fährt Annette* an jedem Wochenende aus Offenburg zu mir auf die Werft. Wir haben kaum Zeit füreinander.

Dreimal kommt ein TV-Team. Es soll wichtige Phasen des Werdegangs dokumentieren. »Mit Ach und Krach habe ich mich losgeeist«, verkündet ein stolzer Lutz und bestaunt die Fortschritte wie ein neugieriger Messebesucher. »Genau wie ich es mir vorgestellt habe!«, lobt er.

Er zieht ein paar Schrauben fest, beweist, dass er Knoten beherrscht, lächelt und winkt in die Kamera. Mit dem TV-Team verschwindet auch Lutz. Annette und ich schuften bis in die späte Nacht allein weiter.

Nach seiner dritten Abreise brauche ich eine wichtige Auskunft von ihm. Ich rufe in der Schule an. Eine freundliche Stimme irritiert mich. Das kann niemals Mara sein.

* S. Kapitel »Annette«.

Dafür ist die Stimme zu nett. »Lutz? Der macht doch mit Mara seit 14 Tagen Urlaub an der Ostsee! War er nicht heute bei Ihnen?«

Mir fällt der Hörer aus der Hand. Bestimmt habe ich mich verhört. Ich rufe ihn im Hotel an der Ostsee an. Er stottert rum.

»Ich schäme mich total. Aber weißt du, die Mara kommt bei all dem Stress mit der Survival-Schule zu kurz. Sie ist nämlich schwanger, und ich musste mich einfach mal um sie kümmern.« Ich lasse mich weich klopfen, verzeihe ihm. Das ist falsch.

Ich schicke ihm den Vertrag. Wie abgesprochen. Er schickt ihn unterschrieben zurück. Der Passus, dem zufolge nur *ich* das Recht habe, über unsere Atlantiküberquerung mit dem Baumstamm ein Buch zu schreiben, ist dick durchgestrichen. Ich hänge mich an die Strippe. »Was soll das denn nun wieder bedeuten?«

»Entschuldige. War so'ne momentane Eingebung. Kannst das Durchgestrichene wieder annullieren.« Es ist das einzige Sonderrecht, das ich mir für meine Vorleistungen ausbedungen habe. Sonst sind wir Partner, nur in dem Punkt bin ich Primus inter pares, Erster unter Gleichen.

Zwei Wochen später erreicht mich ein Brief. Ein Freund hat ihn mir weitergeleitet. Sonst hätte ich nie davon erfahren. Es ist ein Rundschreiben an alle 800 potenziellen Training-Interessenten der Survival-Schule Lutz Springer. Die Adressen-Kartei hat er irgendwo gekauft. Ich muss mich erst einmal setzen. Schon die Überschrift verrät Großes. Da ist die Rede von der absoluten Weltsensation, von etwas, das noch nie in der gesamten Menschheitsgeschichte gewagt wurde. Von etwas, das unglaublichen Todesmut erfordert, wobei er, der Lutz, zu dem Risiko aber bereit wäre. Denn es ginge um das Überleben der Yanomami-Indianer. Und da wäre ihm sein Leben nicht zu schade.

Gegen Lutz' Postwurfsendung verblasst sogar die bekannt schreierische CAMEL-Werbung. Ein Heldenepos ohnegleichen. Mir ist es nicht nur peinlich. Ich fühle mich hintergangen. Keine Silbe davon ist abgesprochen. Es widerspricht meinem Arbeitsstil des Understatements. Ob etwas sensationell, durchschnittlich oder Schwachsinn ist, kann ein Leser selbst beurteilen.

Aber nicht nur die maßlosen Übertreibungen schocken mich. Es ist vor allem der letzte Satz. Und da wird mir auch klar, weshalb er mir keinen dieser Briefe geschickt hat.

»Wer Lutz Springer bei diesem waghalsigen epochalen Abenteuer für die Menschenrechte unterstützen will, der spende bitte auf das Konto …!« Und das, wo ich mich abrackere, Sponsoren zu finden, wo ich alles dransetze, kostendeckend zu arbeiten, um ihn zu entlasten!

Gerade will ich ihm fristlos kündigen. Da kriege ich neuen Zündstoff. Nadine besucht mich. Sie ist eine Ex-Survival-Schülerin von mir und manchmal seine Trainingsassistentin.

»Rüdiger, ich war zugegen, als dein Vertrag ankam. Da schrie er laut durchs ganze Haus ›Der Nehberg ist wohl übergeschnappt!‹ Hier heißt es, nur *er*, der große Mac, schreibt ein Buch. Im Moment sitzt er ja leider am längeren Hebel. Aber wenn wir erst einmal in Brasilien angekommen sind, wird er sich wundern. Dann schreibt nämlich meine Frau das Buch. Ha!«

Nadine hat soeben bei ihm gekündigt. Sie hatte ihm mal wieder bei einem Manager-Training geholfen. »Dafür hat er mehrere tausend Mark gekriegt. Während er nachts im Haus schlief, musste ich im Camp bei den Managern bleiben. Als es nach vier Tagen mit je 24-Stunden-Jobs ans Bezahlen ging, fragte er mich, wie viel ich haben möchte. Ich sagte, gib mir, was dir meine Hilfe wert war. Er druckste herum und meinte, im Moment sei es schlecht. Er erwarte ein Kind, wolle ein Haus bauen, müsse noch die Trainingsanlage verbessern. Ob 100 Mark okay seien. Ich sagte, in Ordnung, wenn du nicht mehr übrig hast. Dann fragte er: ›Kann ich dir das schicken? Die Manager überweisen erst in Kürze.‹«

Nadine willigt ein. »Ob ich die lächerlichen 100 Mark heute oder nächste Woche bekomme, ist eh wurscht. Aber dann kommt sein Brief, und nun setz dich hin! Es sind nur 50 Mark drin. Kein Kommentar, warum nur die Hälfte. Stattdessen jedoch ein kurzer Satz, ich möge ihm den Betrag quittieren und das T-Shirt mit seinem Firmenaufdruck zurückschicken, das ich nach dem Training versehentlich mitgenommen hätte.«

Nadines Bericht empört mich. Ich hasse soziale Ungerechtigkeit. Sie machen mir einen dicken Hals und Pickel auf den Augenwimpern.

Nur eine Minute später jage ich ihm ein Fax mit der fristlosen Kündigung ins Büro. Nun definitiv. Ein paar weitere Minuten kommt seine Antwort. »Sorry! Das mit Nadine – was geht dich das an? Und das mit dem Konto sollte eine Überraschung sein!« War es auch. Gelungen! Kompliment!

Inzwischen ist Lutz von seiner Mara geschieden, hat seine Schule aufgeben müssen und ist zurück zu seiner Behörde.

Ich komme vom Regen in die Traufe. Nun, ohne Lutz, habe ich Probleme. Wie will ich den Baum allein nach Brasilien steuern? Annette bietet sich an. »Meine Eltern passen auf die Kinder auf.« Aber ganz wohl ist uns beiden nicht bei dieser Lösung. Sollte doch etwas passieren, werden sie zu Waisen. »So was könnt ihr als Menschenrechtler nicht machen«, geben Freunde zu bedenken und protestieren heftig.

»Dann suche ich mir in Mauretanien einen Fischer!« Genau! Das werde ich machen. Das ist die Lösung.

Da taucht Armin* auf. Er hat den Bau auf der Werft verfolgt, hat darüber in der Zeitung gelesen, träumt vom großen Abenteuer, möchte mir helfen und Anteil haben. Er kennt viele Reedereien und managt telefonisch den Transport meines Baumschiffes von Antwerpen nach Mauretanien. Ich bin ihm dankbar. Alles was mich entlastet, streichelt meine blanken Nerven.

»Notfalls komme ich als dein zweiter Mann mit«, eröffnet er mir plötzlich. Nicht schlecht, denke ich. Aber wenn, dann nur gänzlich *ohne* irgendwelche Rechte. Schließlich ist das gesamte Fahrzeug inzwischen startklar. Dazu hat er keinen Beitrag geleistet.

»Ich habe Urlaub und fliege zu dir nach Nouakchott in Mauretanien. Dort helfe ich dir, das Schiff startklar zu machen. Natürlich alles auf meine eigenen Kosten.« Das ist ein echtes Angebot. Ich fühle mich um einiges entspannter und ziehe ihn als möglichen Kurzzeitpartner in Erwägung.

Ich bleibe auf dem Frachter bei meinem Baum. Annette und Armin kommen mit dem Flieger nach Nouakchott. Annette wirkt genervt. Armin hat sich zum Gräuel entpuppt.

»Mit Ach und Krach haben wir ein Hotelzimmer gefunden. Aber es gab nur eine Matratze. Da meinte er, ich müsse auf dem Fußboden schlafen, er brauche eine weiche Unterlage. Das hat er nicht etwa gefragt, sondern selbstherrlich bestimmt. Hätte er mich gefragt, weil er Rückenschmerzen oder sonst was hat, hätte ich ihn niemals auf dem Boden schlafen lassen. Aber so kann ich nur sagen: Der hat null Teamgeist.«

Annette holt Luft. Schon geht es weiter.

* Name ebenfalls geändert.

»Dann machte er Probleme bei der Badbenutzung. Er könne es nicht ertragen, wenn jemand ein Bad mit Schuhen beträte. Danach störten ihn nicht vorhandene Mücken. Als ich endlich auf dem Teppich schlafen wollte, ließ er das Licht brennen. Er wolle noch lesen.«

Die Liste ihrer Beschwerden und Missstimmungen will nicht abreißen.

Und schließlich erlebe ich es selbst. Armin hat kaum Geld mitgenommen. Annette muss ihn bezahlen. Keine Rede von dem großzügigen Angebot, seine Kosten selbst zu tragen; offenbar hat man ihm sein Geld an der Grenze beschlagnahmt. »Um meinen Sohn von Hamburg nach Antwerpen in seinem Alfa Romeo mitzunehmen, verlangte er 45 Mark Benzinzuschuss.«

Und hier in Nouakchott, mitten in einem sehr islamisch geprägtem Land, geht er mit freiem Oberkörper durch die Stadt, bestellt sich ein Bier, setzt sich vor das Restaurant. »Ich bin Deutscher. Ich ziehe mein Hemd aus und trinke mein Bier, wann ich will. Wenn die das stört, können sie ja weggucken.«

Das ist Dynamit für mich. Armin disqualifiziert sich mit jedem Wort, das seinen Mund verlässt.

Nach kurzer Pause gelingt es ihm sogar, sich selbst noch zu überbieten.

»Die sind alle selbst schuld, wenn sie so arm sind und so vergammelt rumlaufen. Ich bin davon überzeugt, dass jeder Mensch vor seiner Zeugung selbst bestimmen kann, wo er geboren werden will. Und ich habe mich halt für den Wohlstand entschieden. Für Blankenese bei Hamburg.«

Ich fahre allein. Auch ohne den geplanten Fischer. Man wächst mit den Herausforderungen.

Einsamkeit

Sieger haben tausend Freunde.
Verlierer keinen.
Auf eigenem Mist gewachsen

»Wie werden Sie eigentlich mit der Einsamkeit fertig, wenn Sie monatelang allein sind?« Eine oft gestellte Frage.

Einsamkeit kann erholsam sein und beglücken. Und sie kann deprimierend sein und töten. Ich habe beide Einsamkeiten erlebt. Der große Unterschied zwischen ihnen ist die Freiwilligkeit bei der einen Form und die Zwangsläufigkeit bei der anderen.

Jemand, der unerwartet über längere Zeit von der Gesellschaft ausgeschlossen wird, kann schnell verzweifeln. Das mag geschehen als Folge sozialer Ausgliederung, wie im Falle von Krankheit oder Alter. Oder infolge eines Unfalls in der Wildnis. Oder bei überraschender Inhaftierung, wenn die Suppenschüssel zur einzigen Verbindung zu anderen Menschen wird. Bei solch unvorhergesehenen Vorkommnissen ist die Gefahr sehr groß zu verzweifeln, nicht mehr rational handeln zu können und sich aufzugeben.

Deshalb habe ich mich ganz bewusst immer wieder mit diesem Thema auseinander gesetzt. Vor allem nach meiner ersten vergleichsweise kurzen Erfahrung mit jordanischen Gefängnissen. Mir wurde klar, dass ich alles begraben durfte – nur nie die Hoffnung. Geld, Ausweise, Ausrüstung – auf all das kann man verzichten, solange man noch sein Leben hat. Mit diesem unermesslich großen Kapital lässt sich sehr vieles, ja fast alles zum Besseren wenden. Man muss Pläne schmieden. Pläne für die Zukunft in Freiheit, Pläne für die Flucht aus der Isolation. Und man muss sich betätigen. Das sollte nicht irgendein Schwachsinn sein, sondern bestmöglich etwas Sinnvolles. Kultivierter Aktionismus – der Feind der Lethargie. In Haft zum Beispiel das Erlernen der Sprache des Gastlandes. Sie erleichtert womöglich die Flucht und weckt auch positive Regungen im Wachposten.

Der Einsame sollte sich darüber im Klaren sein, dass Psyche, Seele und Physis untrennbar miteinander verbunden sind. Fehlt einer dieser Lebensimpulse, sind auch die anderen ihrer Hauptkraft beraubt. Wer das weiß, wird zumindest mit Gymnastik versuchen, auch eingeschränkte Bewegung auszugleichen. Und er wird die Seele mit Zukunftsvisionen füttern, um die Psyche zu stabilisieren.

Während meiner drei Atlantiküberquerungen war ich immer auch auf Schiffbruch eingestellt und auf ein wochenlanges Treiben auf dem Ozean. Das hätte die freiwillig gewählte Einsamkeit mit einem Schlag in eine weniger beglückende unfreiwillige verändert. Dennoch hätte sie mich niemals tödlich hart getroffen, weil ich sie in Gedanken längst und mehrfach durchgespielt hatte. Manchmal habe ich sie sogar ein wenig gewünscht, um die neue Herausforderung zu meistern. Denn auch gegen diesen Schicksalsschlag – genau wie gegen Piraten, Kollisionen, Wasserknappheit und andere Schikanen des Ozeans – hatte ich einen Konterschlag. Durch meine navigatorischen Vorbereitungen wusste ich, dass ein scheinbares Dümpeln auf der Stelle bei Flaute mich dennoch Meter um Meter nach Amerika gebracht hätte. Nämlich mit der Kraft der unsichtbaren Strömung. Kein Ozean der Welt steht auf der Stelle. Alle Wasser sind in Bewegung. Mehr oder weniger schnell. Meist natürlich weniger; jedenfalls immer dort, wo die Unglücke geschehen. Dieses Wissen hätte meine Verzweiflung zumindest gemildert. Und nicht nur das. Ich hätte einem solchen Unfall sogar etwas Positives abzugewinnen vermocht. Genau wie später bei meinem Marsch allein und ohne Ausrüstung durch den Urwald. Der Hubschrauber hatte mich beim Abseilen durch ein Dornendickicht gezogen. Der gesamte Körper war zerkratzt, die Hände voller Splitter. Das führte zu Fieber, Schwellungen, Vereiterungen. Ein klarer Nachteil mit einem deutlichen Vorteil: Der Schwierigkeitsgrad meines Vorhabens war dadurch gesteigert und das Erreichen des Zieles eine umso größere Herausforderung. Lerne leiden, ohne zu klagen.

Das mag sich masochistisch anhören. Aber ich nenne es Optimismus, Bereitschaft *zum* und Freude *am* Risiko. Liefe alles exakt nach Plan, verlören die Reisen viel von ihrem Reiz. Erst das Ungewisse macht den Unterschied zur Pauschalreise aus.

Die *freiwillig* gewählte Einsamkeit hat eine ganz andere Wirkung. Sie beglückt mich. Sie ist mein Ausgleich zur Hektik des *action*reichen Arbeitstages daheim, dem selbstgewählten Stress des Rudi Rastlos in Rausdorf. Sie ist geprägt von der Selbstfindung. Sie gibt mir Zeit zu intensivem Nachdenken, zum Pläne schmieden, zur Optimierung des nächsten Lebensabschnittes. Unterwegs habe ich meine Häuser entworfen, habe Bücher zu schreiben begonnen. Zu Hause fehlt mir dazu oft die Ruhe. Ruhe gebiert Fantasie. Man denkt nach über Dinge, für die einem im Leben sonst die Zeit fehlt. Vor allem, wenn man, wie ich, eher aktionsgeprägt und kein Stubenhocker ist. Zwangspause als Heilkraft, als Medizin.

Allein, völlig auf mich gestellt, verschmelze ich mit der Natur, nehme ihre Vielfalt ganz anders wahr, ihr Hilfsangebot in Form von Nahrung und Sicherheit. Ich lerne sie schätzen und lieben. Nie gibt es Langeweile. Man ist vollauf mit der Beobachtung der Umgebung beschäftigt, dem Vorankommen, dem Selbsterhalt. Nebensächlichkeiten,

die man sonst keines Blickes würdigen würde, beanspruchen das Bewusstsein und machen dir klar, wie wichtig im genialen Kosmos selbst ein Mückenschiss ist. Ein Mosaikpuzzle im gigantischen Universum.

Deutlich erinnere ich mich eines unerwarteten Alleinseins in der Danakil-Wüste. Ich hatte meinen Fuß verstaucht und lag in einer Felsspalte. Meine Freunde waren mit unserem Führer losgezogen, um Wasser zu suchen. Irgendwo sollte es einen Brunnen geben. Längst wollten sie zurück sein, längst hatte ich den letzten viertel Liter Wasser ausgetrunken. Und wohl nie zuvor hatte ich so wenige Wassertropfen so sehr schätzen und ehren gelernt wie damals.

Gewaltig war die Versuchung gewesen, alles auf einmal zu trinken. Stattdessen benetzte ich nur meine Lippen, fettete sie mit Creme ein. Dennoch sprangen sie auf, der Gaumen war knistertrocken, das Blut längst dickflüssiger als zuträglich. Es war Nacht geworden. Draußen schmiedeten die Hyänen mir unbekannte Pläne. Selten war ich so hilflos, so einsam gewesen und so voller Angst. Was war, wenn meine Freunde nicht zurückkehrten? Sie konnten überfallen worden sein, den Weg nicht mehr gefunden haben, der Brunnen konnte versiegt sein, und sie mussten stundenlang den nächsten suchen. Einsamkeit und Hilflosigkeit, die verzweifeln lassen. Ich hatte mich verbarrikadiert. Wegen der Hyänen. Ich rekapitulierte mein gesamtes Wissen über Durst und Wasser, über die Ökonomie des Verdurstens.

Und mitten in diesen Gedanken ein kleiner Trost. Es war eine winzige Maus, die meine Blicke und meine Bewunderung auf sich zog. Sie huschte geschäftig zwischen den Felsen hin und her und zeigte keinerlei Angst vor mir. Woher nahm sie wohl ihr Wasser? Denn auch Nagetiere müssen doch irgendwann trinken. Bestimmt reichten ihr die morgendlichen Tautropfen auf den Grashalmen. Ich bewunderte die kleine Strategin und merkte gar nicht, wie sie mich von meinem Durst ablenkte und die Zeit verstrich. Irgendwann übermannte mich der Schlaf. Und morgens um vier waren meine Freunde zurück. Mitten in der Dunkelheit hatte ihr Führer den Weg in meine Spalte zurückgefunden. Sie weckten mich mit einer kleinen Dusche des kostbaren Nasses. Nur zwölf Stunden später als berechnet. Aber in einer erbarmungslos trockenen Wüste ist schon eine einzige Stunde lebensentscheidend.

Eines bin ich mir indessen auch sicher. Mein Überlebenswille, mein Durchhaltevermögen hätten ihre Grenzen. Und zwar dann, wenn die Leidensbereitschaft überstrapaziert würde. Zum Beispiel bei Einzelhaft unter aussichtslosen Bedingungen. Niemals würde ich auch nur annähernd die Kraft wie jene 22 Häftlinge in Marokko aufbringen. Ihr Schicksal wird literarisch eindrucksvoll in dem Buch »Das Schweigen des Lichts« von Tahar Ben Yelloun beschrieben. Eine wahre Begebenheit. Rangniedrige Soldaten werden von ihrem Kommandanten zu einem Putsch missbraucht. Ihnen wird befohlen, bei einer öffentlichen Veranstaltung den König zu töten. Der Putsch misslingt. Die Soldaten werden verhaftet und verschwinden auf Lebenszeit in extra für sie gebauten unterirdischen Minikäfigen irgendwo in der Wüste, werden lebendig begraben. Sie können dort weder stehen noch sich im Liegen strecken. Die Zellen messen anderthalb Kubikmeter. Keine Matratze, kein Licht. Kein Kontakt nach außen, kein Anwalt. Dazu eine einseitige Ernährung.

Nur immer dann, wenn einer ihrer Kameraden gestorben ist, dürfen sie ans Tageslicht kriechen, um der Beerdigung beizuwohnen. Das gleißende Tageslicht blendet die Augen. Sie müssen verharren, bis sie zur Teilnahme fähig sind und erkennen können, dass auch ihre Gräber bereits ausgehoben sind.

Für mich erstaunlich, dass die Verurteilten nicht schneller sterben. Jeder versucht, sich bestmöglich zu beschäftigen. Einer von ihnen wird zur lebenden Uhr. Er zählt die Sekunden, die Minuten, die Jahre. Bis seine eigene Lebensuhr abgelaufen ist.

Es sind schließlich ganze drei, die zu guter Letzt freikommen. Nach sage und schreibe 18 Jahren.

Beim Thema Einsamkeit kommt irgendwann garantiert die Frage: »Wie werden Sie denn mit dem Alleinsein ohne Frau fertig?«

Wer so fragt, ist noch nie auf eigene Faust gereist. Sonst wüsste er, dass die Abwesenheit der Frau kein Problem darstellt. Das entsteht erst bei der Anwesenheit einer Frau. Dann, wenn sie mitreist und man einander nicht näher kommt, obwohl man es sich wünscht.

Es ist vergleichbar mit dem Heißhunger. Solange man weiß, da ist noch etwas Leckeres im Kühlschrank, wird einem das Wasser im Mund zusammenlaufen. Ist aber der letzte Bissen erst einmal vertilgt, beruhigt sich das Verlangen. Es geht auf *Standby.* Man erträgt die Abwesenheit der Köstlichkeit mit Gelassenheit. Oder es erstirbt, geht auf *off.*

Ähnlich die *Sehnsucht* nach einer Frau. Es beruhigt sich das direkte Verlangen – wohl deshalb, weil bis zum Horizont keine Frau zu sehen ist. Leider interessiert das den Trieb in keiner Weise. Er erglüht umso heftiger. Das Alleinsein, die viele Zeit, die rege Fantasie – sie verbünden sich, schlagen Purzelbäume, ärgern den Gedanken- und Blutfluss, blockieren, stauen ihn. Natürlich immer an der unpassendsten Stelle. Aber so ist das Leben.

Klar ist: In Zeiten der Einsamkeit wird einem der Wert des Lebens deutlich. Einsamkeiten sind die Phasen der Nachdenklichkeit, der Lebensbilanzen. Bin ich zufrieden mit der Vergangenheit? Hätte ich lieber andere Wege beschritten? Bereue ich etwas? Bin ich auf etwas besonders stolz? Ist die Zukunft optimal verplant? Wird sie einen erfüllen oder nur dahinplätschern? Was wird sein, wenn plötzliche Krankheiten die Aktivität einschränken?

Solche und viele andere Gedanken mehren sich, je mehr Lebenszeit hinter einem liegt. Die Vergangenheit wird umfangreicher, die Restzeit schrumpft. Jemand wie ich, der zeitlebens noch nie fünf Minuten still auf einem Stuhl sitzen konnte, der sich Ziele gesteckt hat, die er unbedingt noch persönlich realisieren und nicht seinen Nachkommen überlassen will, der disponiert diese Restzeit minutiös. Sogar noch über den Tod hinaus. Und der ärgert sich über jede Minute, die ihn, von Müdigkeit überwältigt, in den Schlaf zwingt. Deshalb lebe ich seit Jahren jeden Augenblick des Lebens getreu der Devise: »Heute beginnt der Rest des Lebens!«

Ich glaube, die Menschen um mich herum hatten es nie leicht mit mir.

Abschied

Ein Optimist ist ein Mensch,
der immer alles halb so schlimm oder doppelt so gut findet.
Heinz Rühmann

1974. Mein Vater stirbt mit 68, über Nacht. Verkannter Herzinfarkt. Der evangelische Pfarrer Kohls in Grainau weigert sich, ihn zu beerdigen. Mein Kreuz mit der Kirche erhält Stabilität.

»Ihr Gemahl schuldet der Kirche noch 2000 Mark«, eröffnet er meiner Mutter. Nachfragen ergeben, dass es sich um ein Kirchen*geld* handelt, dass die Kirche von Münster in Westfalen zusätzlich zur Kirchen*steuer* erhoben hat. Mein Vater hat dieser Forderung nicht nachgegeben. Sein Argument: »Ich zahle sehr viel Kirschensteuer und habe die Kirche nur zur Hochzeit in Anspruch genommen. Das muss reichen. Soll sie besser wirtschaften.«

»Den Betrag nun zu zahlen, wäre nicht im Interesse meines Mannes«, argumentiert Mutter und lehnt die Zahlung ab. Der Pfarrer wähnt sich am längeren Hebel und streikt. Mich wundert solches Verhalten nicht. Meiner Mutter ist es neu. Sie zieht die Konsequenzen und tritt auf der Stelle aus der Kirche aus. Ich stöhne: »Wie lange es doch dauert, ehe man seine Eltern auf dem richtigen Weg hat!«

»Rüdiger, kannst du deinen Vater beerdigen?«, fragt sie mich.* Ich kann, obwohl das Neuland für mich ist. Denn wer hat schon Übung in solcher Disziplin? Allenfalls solche Söhne, deren Mütter Ehemänner wie Strümpfe verschleißen. Oder solche mit schwarzhumorigen Vätern, die

* »Echt verrückt!«

diese Familienpflicht noch zu Lebzeiten mit ihrem Nachwuchs trainieren. Meiner gehörte zu keiner dieser beiden Kategorien. Und ich selbst brauche das Ritual mit meiner Tochter auch nicht zu üben, weil es bei mir keine Beerdigung geben wird.

Wir stehen auf dem Friedhof in Grainau unterhalb der verschneiten Zugspitze. Wir sind nur sechs Personen. Allerengste Familie. Ich bedanke mich bei meinen Eltern für die schöne Jugend, die sie mir und den Geschwistern bereitet haben. Trotz Krieges, Verlustes allen Eigentums und der Flucht. Trotz Hungers. Und ich bedanke mich für die Wegbereitung in die Selbstständigkeit.

»Ich bin froh, dass ich euch das schon zu Lebzeiten mehrfach gesagt habe und wäre sehr stolz, wenn meine Tochter das auch einmal von mir sagen könnte.«

An meine Mutter gewandt füge ich hinzu: »Du hast nun statt *eines* Zuhauses gleich drei. Nämlich bei uns, deinen Kindern.« Wir beten ein Vaterunser. Irgendwie erinnere sogar *ich* mich an den Text. Langzeitgedächtnis, Jugenderinnerungen. Wenn ich einen Aussetzer habe, fällt das nicht auf. Die anderen beten laut genug, und das finale *Amen* habe sogar ich noch parat.

Beim anschließenden Essen im Föhrenhof in Farchant halte ich eine Nachrede. »Ich werde nach dem Essen zu diesem Pfaffen gehen und ihn zusammenschlagen. Ich hoffe, dass das ganz groß in BILD rauskommt, um vielen Menschen die Augen über die Kirche zu öffnen.«

Meiner *family* bleibt der Hirschbraten im Munde stecken. Als ich von einem Gang zur Toilette zurückkehre, verkünden sie mir ihr Veto. Bruder Volker fasst es in Worte. »Das wäre bestimmt nicht in Vatis Sinne. Aber wir teilen deine Meinung. Der Pfaffe darf nicht ungeschoren davon kommen. Ich werde einen geharnischten Brief an seine vorgesetzte Behörde in München schreiben.«

So geschieht es. Volker in »geharnischtem« Bankerdeutsch. Aber nicht schlecht. Auf jeden Fall besser als mein Bäckerdeutsch. Die Behörde entschuldigt sich zwar selbstkritisch für ihr schwarzes Schaf, sieht aber keine Möglichkeit, es offen zu tadeln oder zu einer Entschuldigung zu veranlassen. Also ist dessen Verhalten für die Kirchenfürsten okay. Ich möchte wetten, dass es meinem Bruder im Nachhinein lieber gewesen wäre, wenn *ich* die Angelegenheit in die Hände oder Fäuste genommen hätte.

Meinen Eltern habe ich viel zu verdanken. Von ihnen habe ich die Beharrlichkeit mit auf den Weg bekommen, die Zuverlässigkeit, ein Gefühl für soziale Verantwortung. Sie haben meine Individualität gefördert. Nur ein einziges Mal hat mein Vater mir ein wichtiges Anliegen abgeschlagen. Ich war 18 und wollte den Bäckerberuf an den Nagel hängen bzw. in die Rumkugelmasse entsorgen. Ich wollte zur Polizei. Kriminalpolizei. Heimlich hatte ich mich bereits vorgestellt. Ich wollte wissen, ob ich Chancen habe. »Gesundheit ist eine der wichtigsten Voraussetzungen«, hatte ich auf Plakaten gelesen. Und die brachte ich nicht mit. Ich hatte Plattfüße.

Das Informationsgespräch verlief dennoch positiv. Ja, ich wäre ja sonst gut drauf, da spielten die Senkfüße keine Rolle.

Meinen Vater traf fast der Schlag. »Du hast falsche Vorstellungen von diesem Beruf. Das meiste ist Schreibtischarbeit und nicht der Kinokrimi, der dir vorschwebt. Außerdem kann ich dir aus eigener Erfahrung nicht zum Beruf des Beamten raten. Mit deinem Lebensstil passt du nicht in das Schema des konventionellen Beamten. Du musst frei bleiben. Im Handwerk kannst du dich ganz anders entfalten.«

Ich heulte Rotz und Tränen. Aber mein Dad blieb hart. »Entscheide das neu, wenn du volljährig bist. Ich will nicht daran schuld sein, wenn du später unzufrieden bist.« Volljährig war man damals erst mit 21. Aber bereits ein Jahr später war ich ihm dankbar.

Nur wenige Jahre nach dem Tod meines Vaters stirbt auch meine Mutter. Bei ihr habe ich mehr Glück. Ich kann die letzten Stunden an ihrem Sterbebett in Garmisch sitzen, mich eng an sie kuscheln, sie streicheln, den Schweiß von der Stirn tupfen, ihre Hand halten und die verflüssigte Lunge abtupfen, die ihr zuletzt bei jedem Atemzug als Schaum aus dem Mund quillt. Sie hat Lungenkrebs. Schmerzen hat sie keine. Sie steht unter Morphium und wirkt unendlich entspannt.

Ein paar Monate zuvor hatte sie mir noch lächelnd ein Geständnis gemacht. »Eins meiner Magengeschwüre habe ich dir zu verdanken.« Das bedeutete im Klartext, sie hatte mehr als nur das eine. Aber nie hatte sie darüber geklagt. Ich war damals gerade aus der Danakil-Wüste zurückgekehrt. Zweieinhalb Monate waren meine Freunde und ich überfällig gewesen. Gefangenschaft bei den Aufständischen in Eritrea.

Nach dem Tod meiner Mutter hatte Bruder Volker mal wieder die richtige Idee. »Ich glaube, Mutti hat sehr unter ihrem Kirchenaustritt gelitten. Denn an Gott hat sie geglaubt. Wir sollten einen freien Prediger bitten, eine Predigt zu halten.«

So stehen wir erneut an einem Grab. Beide Eltern sind tot. Mir wird bewusst, worüber ich bisher noch nie nachgedacht habe. Es gibt keine Puffergeneration mehr, die *vor* mir stirbt. Rein rechnerisch sind meine Geschwister und ich nun die Nächsten, die die Natur recyceln wird. Dabei habe ich noch gar keine Zeit zum Sterben. Ich habe mehr Pläne als Restlebenszeit unter günstigsten Umständen. Mir wird klar, ich muss sie optimal nutzen, muss ab jetzt genau disponieren. Meine neue Devise: »Let's fetz! Heute beginnt der Rest des Lebens!« Freunde taufen mich Rudi Rastlos, andere Rudi Kamikaze.

Die gesteigerte »Rastlosigkeit« hat auch andere Gründe. Das Alter wird sichtbar. Ich verliere den ersten Zahn, den zweiten. Die genaue Zahl bleibt geheim. Haare lichten sich, das Hörvermögen lässt nach. Ich muss mich von Krampfadern, Mandeln und Blinddarm trennen. Um meine Vergänglichkeit buchstäblich vor Augen zu haben, bewahre ich diese meine Körperteile in einem Glas mit Alkohol auf. Zur Freude meiner Besucher.

Irgendwann gesellt sich ein Stück Ventilgummi zu dem Wirrwarr im Glas. Es symbolisiert das Stück Samenleiter, meine Sterilisation. Zu diesem Entschluss habe ich mich sehr kurzfristig durchgerungen. Ich verweigere mich weiterer Reproduktion. Denn ich bin mir sicher, dass ich unter keinen Umständen ein weiteres Kind möchte. Ein Vater, der sich ständig im Outback der Erde herumtreibt, der seine Familie in permanenter Ungewissheit zu Hause lässt, dem politische Ziele mehr bedeuten als Familiensinn, ist kein gesellschaftskonformer Vater, den sich Kinder wünschen. Es sei denn, sie sind ein wenig älter und haben Lust auf eigenes Engagement entwickelt. Oder sie sind echte Leseratten und begnügen sich mit dem Durchschmökern meiner Bücher.

In meinem »Restlebenszeit-Indikator«, dem Schauglas mit meinen funktions-verweigernden Körperteilen, wird es immer enger. Je voller das Glas, desto leerer ich, Rüdi, der Restmensch. Und es ist diese Restsubstanz, die nun vorm Laptop hockt und ihre Memoiren in die Tasten hackt. Es ist nicht mehr der vollwertige Rüdiger. Das nur, um Mängel aller Art in diesem Buch zu entschuldigen.

Irgendwann werden sich die Teile im Glas und mein Körper die Waage halten. Dann ist der Optimist in mir halb voll und das Glas halb leer. Warten wir's ab.

Vorträge

Ein Pessimist ist ein Optimist,
der bereits nachgedacht hat.
Charles Laughton

»Haben Sie eigentlich was mit der Haverkamp?«

Schlagartig ist es mucksmäuschenstill in der Aula der Kieler Realschule. Die Lehrer erstarren zu Bildsäulen. So hatten sie sich die Fragen im Anschluss an den Schulvortrag wohl nicht vorgestellt. Sie hatten das Übliche erwartet. »Wie unterhält man sich mit fremden Menschen, deren Sprache man nicht kennt?« Und dann meine Antwort, dass es mit den Indianern oft auf Portugiesisch geht, manchmal nur mit Vokabellisten und in schwierigen Fällen mit Gebärden oder Dolmetschern. Mit Dolmetschern vor allem immer dann, wenn es Gespräche mit hochrangigen Leuten sind.

»Na klar!«, antworte ich ohne Überlegung in die Stille. Der Applaus und das Gegröle der 400 Schüler lässt die Trommelfelle schmerzen. »Wenn man solch tolle Sachen miteinander macht, ist das eine Selbstverständlichkeit. Für dasselbe Ziel kämpfen und sich dann noch mögen, ist die Erfüllung.«

Die Lehrer atmen auf. Einer drängelt sich an meine Seite. »Gratuliere! Das war die einzig richtige Antwort. Jetzt haben Sie das absolute Vertrauen der Schüler gewonnen.«

Tatsächlich. Sie beschränken sich nicht nur auf das Grölen, das Trampeln, die stehende Ovation. Sie verstummen irgendwann. Sie veranstalten ein Sportfest und spenden die Erträge für unser Yanomami-Projekt.

Die Vorträge laufen immer besser. Für mich sind sie wichtig. Nach dem Verkauf der Konditorei lebe ich von öffentlichen Auftritten, aber auch von den Büchern, von den Trainings. Genau wie Christina.

Die Vorträge geben mir noch mehr als nur den schnöden Mammon. Sie schaffen die Hautnähe zum Publikum. Ich lerne, die Vorträge mit Anekdoten und Witzchen zu würzen. Ich will nicht den besserwisserischen Menschenrechtler raushängen lassen (der ich auch nicht bin), sondern beweisen, dass man auch solcher Arbeit noch Spaß abgewinnen und auf dem Teppich bleiben kann. Vor allem sollen die Vorträge auch spannend sein. Wie ein selbsterlebter Krimi. Ich möchte nicht nur unterhalten, sondern zu eigenem Engagement anstecken. Infotainment.

Auszug aus einer kurzen Vortragsbeschreibung: »In einer 90-minütigen Dia-Reportage gibt Rüdiger Nehberg einige seiner Erlebnisse zum Besten. Er zeigt, was ihn befähigt, monatelang im Abseits der Natur bestehen zu können. Zwischen kalkulierbaren Naturgewalten und unberechenbaren Menschengestalten. Bilder zwischen Witz und Schock, zwischen Steinzeit und Gegenwart, von Freiheit und Gefangenschaft, von Leben und Tod. Dokumente, die zeigen, wie Mann/Frau jeden Alters dem Körper, der Seele und dem Verstand spielerisch neue Dimensionen zuweisen kann. Wie man Selbstvertrauen und Zivilcourage vermehrt, und wie man diese Stärken einsetzen kann, dort, wo Naturschutz und Menschenrechte mit Füßen getreten werden. Um so seinem eigenen Leben Spannung und Erfüllung zu geben.«

Inzwischen sind die Nachfragen nach Vorträgen größer, als meine Freizeitkapazitäten es zulassen. Ich bin in der glücklichen Lage, selbst entscheiden zu können, welche Vorträge ich annehme und welche nicht. Bei der Fülle der Auftritte bleibt es nicht aus, dass es zu Zwischenfällen kommt. Manche sind amüsant, manche irritierend.

Da ist der kleine Junge. Er kommt zu mir an den Projektor und betrachtet ihn von allen Seiten. »Wo sind denn die Kerben, die du nach jeder Ohnmacht einer deiner Zuschauer in den Projektor kratzt?« Das hatte ich in einem der Bücher geschrieben. Aber als Gag.

Ich will ihm seine Illusionen nicht nehmen. »Da hast du Pech. Gerade gestern musste ich mir diesen neuen kaufen, weil der andere keinen Platz mehr bot für weitere Kerben. Er war knackvoll. Der ganze Lack war zerkratzt.« Und großzügig schiebe ich hinterher: »Falls heute wieder einer umkippt, darfst du die Kerbe einkratzen.«

Ich habe Pech und er Glück. Es kippen sogar *zwei* der Zuschauer aus den Schuhen. Kaum ist der Applaus verklungen, da steht er bereits mit gezücktem Taschenmesser neben mir. »Wo soll ich sie hinmachen?« Bis heute verunzieren seine Kratzer mein Vorführgerät.

In Dresden gibt es sogar drei Ohnmachten. »Finden Sie Ihren Vortrag nicht streckenweise zu hart? Immerhin, drei Ohnmachten ...« Ein Zuhörer gibt das zu bedenken. Es geht um Bilder von Gefallenen im Eritrea-Krieg. Was antwortet man auf eine solche Frage?

»Wenn ich ehrlich sein darf, bin ich ein bisschen stolz auf diese Wirkung. Das ist mir lieber, als dass die Leute einschlafen. Ich muss aber zugeben: *drei* Ohnmachten sind ein neuer Rekord.«

Die Leute lachen. Da erhebt sich ein altes Mütterchen. »Das ist kein neuer Rekord«, protestiert sie. »Ich bin *zweimal* umgefallen.«

Zum Schluss kommt eine junge Frau zu mir an den Büchertisch. »Das muss ich Ihnen noch erzählen! Ich saß zufällig neben der alten Dame, die da ohnmächtig geworden ist. Ein ausgesprochen zäher Typ. Ich habe sie vor die Tür gebracht und ihr an der frischen Luft die Beine hochgelegt. Kaum war sie wieder bei Sinnen, da sagte sie: ›Der soll nicht weitermachen. Das will ich sehen. Dafür habe ich meinen Eintritt gezahlt.‹ Wir gingen also wieder hinein und kaum sah sie die weiteren Bilder, da kippte sie erneut um.«

Weniger amüsant erlebe ich den Vorfall in der Buchhandlung Bouvier in Bonn. Ich erzähle vom Blauen Nil, vom Mord an Michael, der tagelangen Flucht und der Ergreifung der Täter. »Noch irgendwelche Fragen?«

Eine müde Hand erhebt sich. »Ja bitte?«, ermuntere ich den Fragesteller.

Ich kann ihn nicht richtig erkennen. Sein Gesicht ist mit Haaren zugewuchert. Aber irgendwo zwischen dem Haargewirr mache ich einen kleinen Mund aus. Er erinnert mich an einen Karpfen, der nach Luft schnappt.

Umständlich und langatmig beginnt er zu erzählen. Er sei damals, als Michael ermordet wurde, in Addis Abeba gewesen. Zusammen mit seiner Familie. Sein Vater habe nämlich in der Deutschen Botschaft gearbeitet.

Damit will er sich als Insider präsentieren. Die Zuschauer sind gespannt. Ich auch. Ja – und heute sei er gekommen, um zu hören, wie ich denn die Vorgänge um den Mord beschriebe.

»Sie haben es gut verstanden, sich ins rechte Licht zu setzen«, argumentiert er. »Genau das habe ich natürlich erwartet.«

Ein *schlauer* Karpfen also.

Er legt eine lange Kunstpause ein und räkelt sich genüsslich auf seinem Stuhl. Ganz Mittelpunkt. Die Blicke der Zuschauer schwenken zwischen mir und ihm hin und her. Wie bei einem Tennis-Match. Irritiert und neugierig. Das scheint ja noch interessant zu werden, liest man den Blicken ab. Genau das denke ich jetzt auch.

»Ich verstehe nicht, worauf Sie hinaus wollen«, sage ich

und habe alle Blicke bei mir. Augenblicklich rucken sie wieder zurück zum Karpfen.

»Sie haben etwas Wesentliches verschwiegen«, kündigen die Haare an.

»Was denn?« frage ich, die Glatze, zurück.

»Dass die Fahndung ganz anders verlaufen ist, als Sie es dargestellt haben.« Schlagartig sind alle hellwach. Auch ich, denn normalerweise bin ich nach anderthalb Stunden Vortrag, vorangegangener Anreise und drei Stunden Aufbau immer ein wenig geschlaucht. Schließlich gebe ich auch Power in den Vortrag und nicht nur apathisch abgespulte Kommentare. Mein Vortrag ist gleichzeitig eine gymnastische Darbietung.

»*Wie* ist sie denn verlaufen?« Ich habe ein ruhiges Gewissen. Weder habe ich *über*- noch *unter*trieben.

»Warum wollen Sie es denn immer noch leugnen? Sie haben verschwiegen«, und nun wird er laut, »dass bei der Fahndung nach Michaels Mördern zwanzig, ich wiederhole: *zwanzig!*, wehrlose Frauen und Kinder standrechtlich erschossen wurden. Nur, um einen einzigen Täter zu ermitteln. Und Sie haben das zugelassen.«

Ich stehe wie versteinert. Die Stille knistert. Was soll man da sagen?

»Das höre ich zum ersten Mal!«

»Was wollen Sie nun auch anderes sagen?«, schadenfreut sich Haarkarpfen siegessicher.

»Sie als Zuschauer hören hier Aussage gegen Aussage«, bringe ich schließlich ein paar Worte zustande. Aber ich weiß nicht, wie ich das Gegenteil beweisen soll.

»Der Abenteurer Nehberg«, höhnt er weiter. »Notfalls geht er über Leichen.«

Plötzlich die Eingebung. »Wenn *Sie* es wissen, dann wissen es auch sämtliche Mitarbeiter der Deutschen Botschaft. Zumal Ihr Vater dort angeblich gearbeitet hat.

Dann weiß es auch das Auswärtige Amt. Und ich muss mich dann fragen, warum mir das noch niemand gesagt hat, warum man dann nicht längst ein solches Verbrechen riesengroß an die Öffentlichkeit gebracht hat …« Ich finde mein Argument schlüssig.

Jetzt ist *er* in die Verteidigungsposition gedrängt. Er kratzt sich seinen verfilzten Schopf. »Was wollen Sie nun auch anderes sagen?«

Dann fällt mir ein weiteres Argument ein. »Und im übrigen waren während der gesamten Fahndung zwei Reporter des *Stern* dabei. Glauben Sie, diese Journalisten hätten auch nur einen einzigen Grund gehabt, mich oder die äthiopische Polizei zu schonen, wenn es so wäre, wie Sie sagen? Ein solcher Vorfall wäre für das Nachrichtenmagazin alleroberste Sahne gewesen.«

Jetzt lallt er Unverständliches. Da murrt das Publikum. Es ist offenbar von meiner Argumentation überzeugt. »Halt endlich die Schnauze, du Arsch«, gibt mir da jemand Feuerschutz, »und mach, dass du rauskommst.«

Selten habe ich jemanden so schnell flitzen gesehen.

Normalerweise aber verlaufen die Vorträge harmonisch. Es ist mein Anspruch an mich selbst, dass alle Zuschauer, die sich extra die Zeit dafür genommen haben, zufrieden nach Hause gehen. Die Akzeptanz schwankt zwischen anhaltendem Applaus und stehenden Ovationen. Vor allem jetzt bei meinem neuen Thema, der weiblichen Genitalverstümmelung, ist die Zustimmung überwältigend, ermutigend. Aus solchen Vorträgen schöpfe ich die Kraft, das Ziel unbeirrt anzusteuern.

Als besonders beglückend empfinde ich das Feedback der Veranstalter. Schließlich sind sie es, die das Risiko der Veranstaltung auf sich genommen haben. Die sich bemüht haben, den Saal zu füllen, die sich die Beschwerden anhören müssen, wenn ein Vortrag schlecht war.

Zitat aus einem Brief des Rotary Clubs in Bad Bergzabern:

»Rüdiger hat es geschafft, durch seinen spannenden, faszinierenden Vortrag, der uns in eine andere Welt versetzt hat, die Zuschauer zu fesseln. Durch seine Mimik, Gestik, seine rhetorischen Fähigkeiten und seine ganz persönliche Art konnte er die Menschen begeistern. Es gab Standing Ovations und überschäumende Resonanz.

Vor allem hat aber auch jeder erkannt, dass hinter dem Abenteurer ein Mensch steckt, der ganz wichtige Ziele verfolgt, für die es sich lohnt, alles zu geben. Annette und du, ihr habt euch aufgemacht, die Mädchenverstümmelung weltweit auszurotten. Ihr riskiert euer Leben für diese Aktion. [...]Euer Gerhard Kuntz«.

Immer öfter kommen Einladungen zu so genannten Dia-Festivals, wie dem von Dieter Grogowski organisierten »Weitsicht«-Festival. Es sind zwei- oder dreitägige Veranstaltungen, zu denen Referenten mit unterschiedlichsten Themen anreisen. Drumherum viel Messe. Die meisten Referenten des Festivals haben wunderschöne Bilder aus fernen Regionen. Sie kommen mit großen Lastwagen vorgefahren und bauen schon Stunden vorher ihre acht Karussell-Projektoren auf. Natürlich nicht einfach nebeneinander auf einem Tisch, sondern auf Hightech-Stahlgerüsten, die man nur noch über Leitern und Treppen erreicht. Manche der Türme sind so gewaltig, dass der Eiffelturm verblassen würde, wenn er diese Nachbildungen zu Gesicht bekäme. Prachtstücke der Ingenieurskunst. Sie könnten mühelos mit Fahrstühlen bestückt werden und müssten eigentlich Notausgänge und eigene Toiletten haben.

Die Türme haben einen Grund. Der 400-Watt-Lichtkegel der Bildprojektoren muss exakt waagerecht auf die Leinwand projiziert werden. Es darf keine noch so geringe

Verzerrung der Perspektive geben. Sonst könnte der Zuschauer einen falschen Eindruck vom der Erhabenheit des Gebirgsmassivs in den Anden oder dem Regenwald-Baum in Peru bekommen. Beide könnten zwei Grad zu weit nach links kippen, und das wäre eine Verfälschung der Realität. Hier ist Präzision angesagt.

Ich betrete die heilige Referenten-Arena, fühle neugierige Blicke. 1000 Menschen drängeln sich auf den Fluren, fachsimpeln mit den Vertretern der Optikbranche. Überall Verkaufstische. Alles ist ultra, giga, mega oder high. Oder schlichtweg geil. Welche Blende, welcher Film, welche Kamera – das sind die Themen, um die die Gespräche kreisen. Ein Kreißsaal der besonderen Art. Armdicke Stränge gebündelter Kabel verlaufen zur Bühne. Jedem Vortragenden muss Rechnung getragen werden. Auch mir. Wenn ich das sehe, bekomme ich Minderwertigkeitskomplexe.

»Hat der immer nur noch einen einzigen Projektor?«, verraten die 2000 Augen. »Der« – das bin ich.

»Nein, er kommt doch tatsächlich mit zwei!«, zählt jemand nach.

Es wird ihn sicher gleich schocken, denn die Nummer zwei ist nur mein Reservegerät. Es kommt *unter* den Tisch. Der andere ist in sieben Minuten aufgestellt, das erste Bild justiert. Statt Infrarot-Fernbedienung, verlege ich mein 50-Meter-*Kabel*, verklebe es. Von der Fischaugen-Cinemascope-Leinwand brauche ich gerade mal ein Viertel. »Kannst du nicht größer werden?«

»Doch, aber dann kriege ich die Hochformate nicht drauf.«

»Was, du hast auch Hochformate?«

»Ja, Hoch- und Querformate.«

»Und keinen Beamer?«

»Nein, keinen Beamer!«

Ich mache sie glücklich, denn ich zeige ihnen, dass sie viel besser ausgerüstet und durchgestylt sind. Und sie wiederum zeigen mir, sofern ihr Schwerpunkt nicht superästhetische Bilder sind, welcher Dinge man bedarf, um fehlenden Inhalt zu kompensieren.

Beeindruckend menschlich geben sich die beiden Vortragskollegen Axel Brümmer und Peter Glöckner, Weltreisende per Fahrrad, per Pedes, per Dschunke aus Saalfeld. Dazu noch Selbstverleger und Festival-Organisatoren. Ich hatte ihre schönen Regenwald-Bilder aus Brasilien bewundert. »Davon haben wir massenhaft. Wir können dir gern ein paar davon schenken.«

Momente, wo ich tatsächlich in Versuchung gerate.

»Natürlich auch ohne dass du uns als Urheber nennen musst«, fügen sie hinzu.

Aber ich passe lieber.

»Gut gemeint von euch. Aber dann verblassen meine Bilder ja noch mehr. Und das kann ich mir nicht antun.« Linientreue nenne ich das im Stillen.

Immerhin und zu allermindest habe ich ein Leica-Gerät. Und zwar eins ohne Dunkelphase! Der Wechsel von Hell auf Dunkel ermüdet auf Dauer. Das sehe sogar ich ein. Heute gibt es das Gerät gar nicht mehr im Handel, sondern man muss ihrer zwei kaufen und sie per Steuergerät abwechselnd aktivieren. Verkaufsstrategie, Umsatzschinderei, Rückschritt. Und ich habe noch den tollen alten Urtyp, den Fortschritt von gestern. Einmal jährlich schicke ich ihn zur Inspektion.

Noch eins wird diskutiert. »Er hat keine Werbeaufkleber!« Weder auf den Geräten noch auf dem Plakat. Stimmt. Ich arbeite ohne Sponsoren. Nur *Globetrotter Ausrüstung* unterstützt mich, dezent, ohne Label-Aufdruck. Es soll *mein* Plakat-Motiv wirken und nicht das der Sponsoren. Also das Kamel, das Nomadenmädchen und ich. Der Titel meines Vortrages: »Querschnitt durch ein aufregendes Leben«.*

Ein selbst erlebter Krimi der besonderen Art. »Geeignet ab 12 Jahren«, steht noch klein darunter, wegen der Bilder über die Genitalverstümmelung. Sollen die Eltern dann selbst entscheiden, ob sie ihre Trabanten mitnehmen oder nicht.

Die Plakatmotive der anderen Referenten drohen zu ersticken ob der vielen Sponsoren-Eindrucke. Sie zieren nicht nur den Rand der Plakate und reduzieren die Aussage des Plakates. Im gleichen Maße belegen sie auch deutlich, wie viele Kontakte der Referent zur Werbeindustrie hat, wie wichtig die ihn nimmt, welche Bedeutung ihm auf diesem Planeten beigemessen wird. Heimlich rechnet man nach, wer mehr und wer weniger Sponsoren aufzählen kann. Man notiert diejenigen potenziellen Sponsoren, die man noch nicht hat und nun anschreiben wird. Als da sind, wie immer, die regionale Sparkasse, Agfa, Kodak, Fuji, Gemüse-Meier und andere.

Mehr Zeit als für den Projektor, benötige ich für den Aufbau des Büchertisches. Sieben Kisten Bücher wuchte ich in den Saal. Neuerdings altersbedingt per Handkarre. Auch da haben mir die Mitbewerber etwas voraus. Sie hatten die Karre schon als junge Menschen. Schlappschwänze, denke ich. Ob sie wohl auch 30 Liegestützen hinkriegen?

Über 20 eigene Buchtitel sind es inzwischen. Dafür brauche ich fünf Meter Tisch. Ein geballtes Stück Lebenslauf, das ich aufbaue. Ich bin mein eigener Sponsor. Ich mag nicht auf Pump und anderer Leute Kosten leben. Das verpflichtet, macht abhängig.

* Heute: »Ein Leben gegen den Strom. Survival – Indianer – Weibliche Genitalverstümmelung. Der Dia-Vortrag.«

Aber immerhin sprechen beim »Weitsicht«-Festival alle Referenten live. Vorträge vom Band sind nicht zugelassen. Dieter Glogowski kann nicht geschehen, was einer Sparkasse bei Stuttgart widerfahren ist.

Ich bin dort Referent, baue meinen einen Projektor auf. Ein Sparkassenangestellter gesellt sich zu mir. »Sprechen Sie live oder kommt Ihr Vortrag vom Band?«

»Natürlich live!« Ich wundere mich, dass man so schlecht informiert ist. Wer von denen hat mich denn eingekauft? Mein Vortrag lebt vom Wort, von der Bewegung. Die Bilder sind meine dritte Dimension, Illustration des Wortes. Ich brauche sie vor allem, um meine Geschichten zu belegen. Ohne sie würde mir niemand den Krimi glauben und mich als Spinner abtun.

»Bei dem könnte das Licht ausgehen, keiner würde es merken«, formulierten Axel Brümmer und Peter Glöckner es einmal. Ich hoffe, sie meinten es ehrlich. Ihre Aussagen könnten ja auch bedeuten, dass es nur deshalb niemand bemerkt, weil sie alle längst eingeschlafen sind. Aber ich will lieber nicht nachfragen. Ich will mir meine Illusionen bewahren.

Als ich die Frage »Sprechen Sie live?« zum dritten Mal gestellt kriege, frage ich nach. »Was ist denn hier los? Noch nie bin ich das gefragt worden und heute bereits zum dritten Mal.« Ach so? Und dann erzählt der Sparkassenmitarbeiter.

»Beim letzten Mal sollte jemand vor dem üblichen 1000-Kunden-Publikum über Neuseeland erzählen.«

Solche Vorträge sind der Hauptteil der jährlich stattfindenden Traditionsveranstaltung der Sparkasse. Sie ist nicht nur eintrittfrei, nein, sie wird abschließend auch noch mit Laugenbrezeln, Wein und Small Talk aufgewertet. Das Dankeschön der Banker an treue Kunden. Entsprechend ist die Vorstellung jedes Mal ausgebucht. Egal, welcher Referent auftritt. Auch meine. Auf die Besucherdichte darf ich mir also nichts einbilden. Es gibt keinen Schwaben, der sich ein solches Gratisangebot durch die Lappen gehen lassen würde. Was man da spart, bildet bereits den Grundstock fürs nächste Häusle. Schaffe, schaffe, Häusle baue.

Zurück zum besagten Neuseeland-Vortrag. Der Sparkassen-Direktor hat die nötigen einleitenden Worte von sich gegeben. Er faltet seinen Spickzettel akkurat zusammen, Kante auf Kante, Ecke auf Ecke und wagt es sogar, den letzten Satz frei und ohne Souffleuse zu formulieren.

»Und nun möchte ich Sie, meine lieben Gäste, nicht länger auf die Folter spannen. Erleben Sie unseren heutigen Referenten Hugo Dreyer* mit seinem eindrucksvollen Bericht über Neuseeland. Herr Dreyer, ich darf bitten.«

Der Sparkassenangestellte muss lächeln. Entweder kommt jetzt eine heitere Episode, denke ich. Oder es ist Schadenfreude.

»Jener Dreyer eilt also zu seinem Projektorenturm und setzt ihn unter Strom. Dann huscht er zurück auf seinen Platz. Bescheidenheit in Person. Bloß nicht auffallen.«

Ich bin neugierig und höre von tongewaltigen Beethoven-Melodien, die den Saal durchfluteten. »Nach wenigen Augenblicken wird der Ton gedrosselt. Dann eine Stimme vom Band. ›Guten Abend, meine sehr geehrten Damen und Herren! Ich freue mich, dass Sie so zahlreich erschienen sind. Ich darf Sie heute entführen nach NEU-SEE-LAND!‹«

Mindestens drei Projektoren werden elektronisch gedopt, werfen die einzelnen Silben optisch eindrucksvoll gegen die Breitwand-Leinwand. Im Hintergrund meldet sich Beethoven erneut zu Phon.

* Name geändert.

Die Silben verschwinden, Schäfchenwolken überfluten die Leinwand. Kurz darauf, sehr langsam, verschwimmen sie und verwandeln sich in echte Schäfchen, das Markenzeichen Neuseelands. Fantasievoll, geradezu künstlerisch gestaltet.

Nach fünf Minuten der Idylle dann ein unangenehmes Geräusch. Ppjjjööiih! Das System ist abgeschmiert.

»Verdammte Scheiße, kann hier mal jemand Licht machen?«

Die ersten *Live*-Worte des Referenten! Er hastet zum Turm, badet in Schweiß, muss das gesamte Programm zurückfahren. Endlich beginnt es von Neuem. »Meine sehr geehrten…« Auf einmal wird jedem klar, wie geistlos die Phrase ist »dass Sie so zahlreich erschienen sind«.

Das geschieht dreimal. Die erste Stunde ist verstrichen. Der Direktor ergreift das Wort. Wieder freimundig und ohne Souffleuse. »Meine lieben Kundinnen und Kunden! Man steckt nicht in der Technik. So was kann passieren. Ich eröffne das Büfett.«

Verlage

Wer dich ablehnt, fördert dich.
Theresia Walser

»Du musst unbedingt ein Buch schreiben!«

Immer wieder ermutigen mich Bekannte, meine Erlebnisse zu Papier zu bringen. Natürlich möchte ich das auch, aber ich traue es mir lange Zeit nicht zu. Schließlich versuche ich es doch. Ich und ein Buch! Nicht schlecht, denn wer schreibt, der bleibt. Das wissen sogar Analphabeten. Wer träumt nicht davon, sich per Druckerschwärze zu verewigen? Zu gern möchte ich über meine Gebeine hinaus Spuren in dieser Welt hinterlassen. Die Fahrt auf dem Blauen Nil gibt mir den nötigen Push. Ich schreibe und schreibe, wochenlang, schicke das Manuskript an mehrere Verlage. Keine Antwort. Ich frage nach.

»Für diese Saison sind wir voll«, begründen sie die Absage. Oder: »Solche Themen verlegen wir nicht.« Oder: »Leider noch nicht dazu gekommen. Wir melden uns wieder.« Natürlich melden sie sich nicht. Und natürlich verlegen sie solche Themen. Gerade deshalb hatte ich doch ganz gezielt diese Abenteuerbuch-Verlage angeschrieben, nachdem mein Buchhändler mir genau die genannt hat, die in Frage kämen.

Nach der fünften Absage erzähle ich das Horst Schüler vom Hamburger Abendblatt. Er ist der Erste, der meine Reisen berichtenswert findet, schreibt lange Artikel über die Abenteuer, schafft mir einen ersten Bekanntheitsgrad. Er wird nicht nur mein wichtigster Berater, mein verlässlicher Freund, sondern mein »Entdecker« schlechthin. Ohne Horst wäre mein Leben auf jeden Fall anders verlaufen.

»Dass es niemanden interessiert, kann ich mir nicht denken. Du hast so viel erlebt. Das muss an deiner Schreibe liegen. Gib mir mal dein Manuskript.«

Schamroten Kopfes gebe ich ihm meinen Entwurf. Schon am nächsten Tag ruft er an.

»Meine Vermutung trifft zu. Es liegt an dir. Du hast gegen alle Gesetze der Schreibkunst verstoßen. So was wirst du allenfalls im Eigenverlag los. Wir müssen uns mal darüber unterhalten.«

Das tun wir. Und er lehrt mich die Regeln des Schreibens.

»Du hast alles viel zu chronologisch berichtet. Du wiederholst dich zu oft. Es fehlen wörtliche Reden. Erzähl im Präsens, mach knappe Sätze. Jedes Kapitel muss spannend anfangen. Sonst klappt der Leser das Buch gleich wieder zu. Du hast weder ein Vorwort noch einen Klappentext formuliert. Das gehört zwingend zu jedem Buch. Dann vermisse ich solche Geschichten wie die von der alten Dame, die euch 100 Mark gespendet hat.«

»Ich halte sie nicht für berichtenswert.«

»Da kennst du die Leser schlecht. Die heulen Rotz und Tränen bei der Geschichte.«

Also fügen wir sie hinzu. Ich lerne, Banales von Wichtigem zu trennen. Wie die Story von Frau Schubert, der Rentnerin, die im Radio gehört hatte, wie Michael sagte: »Falls mich jemand unterstützen möchte, nähme ich das gerne an.«

Michael Teichmann will sich als Filmer profilieren. Das Equipment ist teuer, er ist Anfänger, steht noch nicht fest im Beruf. Sie ruft bei ihm an, will 100 Mark von ihrer Rente spenden. Michael ist irritiert. »Das kann ich doch nicht annehmen. Ich dachte dabei an Firmen,

VERLAG AXEL SPRINGER & SOHN · HAMBURG 36 · KAISER-WILHELM-STRASSE 6

REDAKTION

Herrn
Rüdiger Nehberg
Hamburg 36
Dammtorstr. 13

Hamburg, den 10.9.59

5,1 auf 8,6 Millionen Mark.

● Der 60jährige Hamburger Kellner Willi G. ertrank in der Außenalster. Die Polizei untersucht, ob ein Unglücksfall oder Freitod vorliegt.

Sehr geehrter Herr Nehberg!

Haben Sie herzlichen Dank für Ihre Meldung über

Leiche aus der Alster geborgen

Wir haben bereits darüber berichtet und lassen Ihnen DM 5.– als Informationshonorar einschl. Telephonkosten zugehen. Da unsere Überweisungen immer nur in gewissen Zeitabständen erfolgen, bitten wir Sie um ein klein wenig Geduld.

Bitte haben Sie die Freundlichkeit und denken Sie an uns, wenn Sie wieder etwas erleben oder einen interessanten Tip haben.

Besten Dank für Ihre Bemühungen.

Mit freundlichen Grüßen
Ihre BILD-Zeitung

i. A.:

Fernsprecher: 34 10 11 · Ferngespräche: 34 12 15 · Fernschreiber: 02 11898
Postscheckkonto: Hamburg 32 64 · Bankkonto: Vereinsbank in Hamburg

23 5 995 2 5. 59

die 100 Mark mal eben aus der Kaffeekasse nehmen können.«

»Da machen Sie sich man keine Sorgen. Ich brauche ja kaum noch was zum Leben. Sie machen mir sogar eine besondere Freude, wenn Sie das Geld nehmen. Dann kann ich später, wenn Ihr Film läuft, sagen: ›Das Messer hat er vielleicht von meinem Geld gekauft.‹«

Michael nimmt das Geld an. Es kommt in die Gemeinschaftskasse. Immer, wenn Michael später während der Reise mit dem Messer hantiert, sagen wir: »Wenn das jetzt Frau Schubert sähe!« Und wir beschließen, den allerersten Dia-Vortrag unseres Lebens für sie und ihre Mitbewohnerinnen im Altersheim zu machen. In leuchtenden Farben malen wir uns diesen Moment aus. Das Messer werden wir dabei vor der Leinwand auf einen Tisch legen.

Kaum können wir den Tag abwarten und stehen erfreut und aufgeregt vor ihrer Tür. Wir klingeln. Wir hören schlürfende Schritte. Die Tür öffnet sich einen Spalt. Eine Kette sichert die Bewohnerinnen vor Überraschungsgästen. Eine fremde Frau späht durch den Spalt.

»Mein Name ist Michael Teichmann. Kann ich Frau Schubert sprechen?«

Die Frau schaut überrascht.

»Frau Schubert? Die wohnt hier nicht mehr. Die ist letzte Woche gestorben.«

Es sind etwa 20 Verbesserungsvorschläge zu meinem Manuskript, die Horst Schüler aus dem Stegreif vorträgt. Bei jedem weiß ich, dass er Recht hat. Er ist Experte auf dem Sektor der Schreibkunst. Er hat schon mehrere Preise für seine Reportagen bekommen.

»Es ist viel eindrucksvoller, wenn du die sich wiederholenden Probleme in einem einzigen Kapitel abhandelst. Also die Erfahrungen mit dem Wasser, dem Essen, den

Menschen, den Tieren. Es langweilt, wenn du jeden Tag aufs Neue berichtest, wie ruhig oder wild der Fluss war. Und ob es Müsli gab oder Fisch.«

Horst Schüler hilft mir bei der Neufassung. Um nicht wieder viele Wochen für die Katz zu schreiben, beschränken wir uns erst einmal auf das Inhaltsverzeichnis, einen Kurztext, das Vorwort, ein Probekapitel.

Das schicken wir an fünf Verlage. Und das Wunder geschieht! Es kommen fünf Antworten. Fast postwendend. Und alle sind sie positiv! Ja, man habe dringendes Interesse, sei gespannt auf den Rest, wann ich denn abliefern könne. Endlich weicht meine Schamesröte dem normalen Bäckerblass.

Ich entscheide mich für den honorigen Cotta Verlag in Stuttgart. Wohlgemerkt: *Cotta Verlag*. Ohne Bindestrich. Dort haben angeblich auch schon die Herren Goethe und Schiller veröffentlicht. Da bin ich also genau richtig.

»Die Konditionen sind korrekt«, weiß Horst Schüler. Zehn Prozent vom Ladenpreis stehen dem Autor als Tantieme zu. Der Titel des Buches: »Drei Mann, ein Boot, der Blaue Nil«.

Ohne Horst Schüler wäre mein Leben auf jeden Fall ganz anders verlaufen. Er wurde zu einem ganz besonderen Wendepunkt in meinem Leben. Er ist elf Jahre älter als ich, und heute, 81-jährig, immer noch rund um die Uhr voll aktiv. Besonders engagiert er sich als Vorsitzender der *Union der Opfergemeinschaften kommunistischer Gewaltherrschaft*. Ihr gehören zweieinhalb Millionen Menschen an. Wegen seiner Tätigkeit gegen das DDR-Regime wurde er 1951 in Potsdam verhaftet. Ein sowjetisches Militärgericht verurteilte ihn zu 25 Jahren Lagerhaft. Er wurde in ein russisches Bergwerk in Workuta verschleppt, kam aber nach vier Jahren wieder frei und zog nach West-

deutschland. Dort war er 25 Jahre Redakteur beim Hamburger Abendblatt und wurde mehrfach ausgezeichnet, u. a. wegen hervorragender journalistischer Leistungen mit dem Theodor-Wolff-Preis und dem Bundesverdienstkreuz am Bande und dem Erster Klasse.

Horst Schüler hilft mir auch beim zweiten Buch »Drei Mann, ein Boot, zum Rudolfsee« (der heute Lake Turkana heißt). Seit damals lese ich Bücher anderer Autoren oder Berichte, etwa im SPIEGEL, ganz anders. Und zwar analytisch und nicht nur konsumorientiert. Wie hat der Schreiber seine Geschichte aufgezogen, ist sie spannend, warum ist sie spannend?

Nach dem zweiten Buch trenne ich mich von Cotta. Der Verleger ist gestorben, die beiden Töchter führen das Unternehmen weiter. Mit ihrem Arbeitsstil komme ich nicht zurecht. Mein zweites Buch kommt mit fast einem Jahr Verspätung. Wichtige Werbechancen verpuffen unwiederbringlich. Ich ärgere mich. Vor allem, als ich die Begründung höre. »Papiermangel!« Für mich ein Vertrauensbruch. Lieber schreibe ich nichts mehr, als noch ein weiteres Buch mit solchen Träumerinnen zu machen. Aber eigentlich *muss* ich es. Es gibt da einen Passus im Vertrag: »Der Autor verpflichtet sich, jedes weitere Werk zuerst dem Cotta Verlag anzubieten.« Wie gesagt: ohne Bindestrich. Nun auch ohne Hoffnung.

Bis ich Joachim Jessen begegne. Er und sein Freund Detlef Lerch wollen einen eigenen Verlag gründen. Dazu gehört Mut, auch für mich. Als Neuling in diesem Markt Fuß zu fassen, ist beinahe unmöglich. Ich soll ihr erster Autor werden. Sie haben keinerlei Referenzen. Sie stammen aus dem Bankerwesen, aber dort immerhin aus der Werbung. Schlechter als mit den Cotta-Girls kann es mir ja nicht gehen. Da bin ich mir ganz sicher. Also null Risiko. Vor allem spüre ich mit Jessen und Lerch eine gleiche Wellenlänge. Die beiden sind Hochintellektuelle, sie sind witzig und kreativ bis zum Anschlag.

»Das mit dem Optionsrecht steht zwar da drin. Aber der Paragraph hat null Bedeutung. Er ist sittenwidrig.« Joachim Jessen kennt sich aus.

Hinzu kommt, dass die Cotta-Mädels überraschend den Verlagsnamen verkaufen. Er geht an Klett. Der heißt nun Klett-Cotta, ein Verlag, der sich vor allem auf Schulbücher konzentriert. Die Cotta-Frauen nennen sich jetzt *Mundus Verlag*. Mit einem Verlag dieses Namens habe ich keinen Vertrag. Die Trennung erfolgt deshalb doppelt komplikationslos.

Später kaufen Lerch und Jessen dem Mundus Verlag sämtliche Rechte ab. Nun bin ich mit Leib und Seele und gern »Eigentum« des Kabel Verlages. Für mich ein Glücksfall. Jessen und Lerch werden zu kompetenten Partnern und Beratern. Das erste Werk mit ihnen heißt »Danakil – Zu Fuß durchs Höllenloch der Schöpfung«. Sie verstehen es, Rezensionen in Gang zu setzen, kooperieren mit Reader's Digest, schaffen erste Übersetzungen ins Holländische und Spanische. Und sie motivieren mich, meine Survival-Kenntnisse niederzuschreiben. »Die Kunst zu überleben« ist ihre Idee und avanciert zum Bestseller und so geht es immer weiter. Zum Beispiel mit dem Survival-Jugendbuch »Let's fetz! Heute beginnt der Rest des Lebens«. Das Buch ist gut. Der Titel ist schlecht. Das merken wir bald. Lernprozesse. Er verrät nichts über den Inhalt. Wir taufen den Band um in »Survival-Abenteuer vor der Haustür«. Jetzt ist es ein Dauerbrenner. Dank

fleißiger Mütter, die mir jedes Jahr Jungleser-Nachwuchs schenken.

Oder »Medizin Survival«, das Überleben ohne Arzt, der kleine »Hobby-Chirurg«. Kein Erste-Hilfe-Buch, sondern Anweisungen, wie man als Laie Spritzen gibt, Wunden vernäht, kleine Amputationen durchführt, Zähne zieht, Geburtshilfe leistet. Nicht nur bis hin zum Dammschnitt, sondern bis hin zur Beerdigung, wenn es schief gelaufen ist. Also ein komplexes Werk. Dieses Wissen konnte ich in einem meiner bis heute spannendsten Lehrgänge erwerben, die damals im Hafenkrankenhaus zu Hamburg von 14 Ärzten erteilt wurden. Es sind Kurse für Schiffsoffiziere, die keinen Arzt an Bord haben, die in der Not mehr können müssen, als ein Pflaster aufdrücken oder die stabile Seitenlage praktizieren.

Zu diesem Wissen kommen meine Erfahrungen von den Reisen. Wie improvisiere ich ein Operationsbesteck? Wie baue ich mir Krücken? An wem kann ich das Zähneziehen üben?

Es sind besonders diese drei Bücher, die mich zum »Begründer« der europäischen Survival-Szene werden lassen, zum »Herkules im Fernwehgeschäft« (Neues Deutschland). Ein Journalist »adelt« mich zum *Sir Vival*. Er verleiht mir den Titel wegen meines Trainings »Im Einklang mit der Natur«. Ich lehrte nicht das Überleben auf Teufelkomm-raus nach Macho-Art und ohne Rücksicht auf Verluste, sondern das mit Fairness gegenüber Partnern und Natur. Ich finde den »Titel« ein gelungenes Wortspiel und lasse ihn mir schützen.

Später verkaufen Jessen und Lerch ihren Verlag an Piper. Seitdem bin ich fest verwurzelt und gut bedient im Hause Piper in München. Ich schulde ihm und meiner Lektorin Bettina Feldweg viel Dank.

Inzwischen kann ich von den Büchern leben. Es gibt sie sogar in Chinesisch und Koreanisch, in Kroatisch und Tschechisch. Was noch fehlt, wären der englische und der amerikanische Markt. Aber gut Ding braucht gut Weil. Genau diese beiden Märkte sind übersättigt mit Survival-Literatur. Aber das Leben ist noch lang. Schließlich bin ich erst 70. Methusalem ist 140 geworden. Er ist mein Vorbild, auch wenn ich heute schon weiß, dass ich das nicht bringe. Denn Methusalem hat Knoblauch gegessen. Ich nicht.

Annette

Glück macht Mut.
Johann Wolfgang von Goethe

Vortrag in Offenburg, Pause. Vor mir am Büchertisch eine Mutter mit ihrem zwölfjährigen Sohn. Sie kauft ihm ein Buch, sucht Wechselgeld. Ich habe Zeit, sie zu beobachten. Sie ist mir auf Anhieb sympathisch, weil sie ihrem Sohn zuliebe meinen Vortrag besucht. Sie wird keine Ahnung haben von Survival und Indianern. Es ist der Filius, der sie hergelockt hat. Er heißt Roman. Nach dem Namen habe ich sie gefragt, um Zeit zu gewinnen. Ich schreibe »Für Roman! Herzlich von Rüdiger Nehberg« ins Buch. Und damit es noch länger dauert, mit Stadt und Datum.

Aber dann muss ich mich den anderen Besuchern widmen. Die beiden tauchen im Saal der Stadthalle unter.

Hastig bediene ich die anderen Kunden, entschuldige mich einen Moment, suche den Saal nach den beiden ab. Da sitzen sie. »Könntest du mir nicht die Magazine am Projektor wechseln? Das ist ganz einfach. Es gilt nur eine kleine Kleinigkeit zu beachten.«

Roman ist einverstanden. Beide rutschen neben den Projektor. Eigentlich hatte ich längst einen anderen »Nachschieber«, einen, den der Veranstalter mir zur Verfügung stellt. Aber ich möchte die Mutter kennen lernen. Sie ist mein Typ, und sie scheint ledig zu sein. Jedenfalls trägt sie keinen Ring. Andrerseits hat sie einen Sohn. Ist sie geschieden? Hat sie Zoff mit ihrem Mann? Das will ich im Anschluss an die Veranstaltung bei einer Pizza herausfinden. Ich lade sie ein, aber beide haben keinen Hunger.

Sie begnügen sich mit einer kleinen Apfelsaft-Schorle. Ich werte das als Bescheidenheit. Später klärt Annette mich auf. »Ich war mir nicht sicher, ob du das bezahlst. Ich hatte nur noch drei Mark fünfzig in der Tasche. Deshalb wagten wir nicht mehr zu bestellen. Ich habe Roman vorher heimlich gewarnt und gesagt: ›Bestell ja nicht mehr als eine Flasche Wasser!‹«

So beginnt meine Beziehung zu Annette. Sie besucht mich mit Kids in Rausdorf. Denn außer Roman hat sie noch eine siebenjährige Tochter, Sophie, mit p-h bitte. Aha, schwant mir, Annette gibt's nur im Dreierpack.

Roman ist begeistert von meinem Wildnis-Grundstück, tobt nur noch draußen herum, fährt Boot, angelt, beobachtet die Bisam, die Eisvögel, die Reiher. Er kümmert sich um seine kleine Schwester Sophie. Abends braten wir seine Forellen am Lagerfeuer. Ich lerne Annette kennen und schätzen, erfahre, dass ihre Ehe seit langem auf Eis liegt, ähnlich wie meine. Wir fühlen uns ungebunden, zueinander hingezogen. Wir treffen uns öfter. Mein Lebensstil kommt ihren Träumen nah. Schon als junges Mädchen wollte sie nach Südamerika und Entwicklungsdienst leisten. Als Arzthelferin. Ihr Bruder Harald hat ihr vor Jahren eins meiner Indianerbücher geschenkt. Ich bin ihr also nicht nur über Roman ein Begriff und ich habe nicht nur Roman als Helfer, sondern auch ihr Engagement-Bedürfnis und die Zeit, die für mich arbeitet. Schließlich muss man alle verfügbaren Kräfte mobilisieren. Survival.

Annette hat Sinn für Romantik, Mut zum Risiko, ist improvisationsfreudig und hat Spaß einfach an allem. Außerdem kann sie fünfsternemäßig kochen.

Als Annette dann die TREE-Aktion super managt, als Frau Ludwig die Arbeit mit meinen Vorträgen zu viel wird, als mein Rausdorfer Mieter kündigt, als dann die TARGET-Gründung ansteht, als wir überhaupt mehr Ideen als Zeit und Lust auf eine gemeinsame Zukunft haben, da fällt die Entscheidung, zusammenzuziehen.

»Wir sind aber nicht nur zu dritt. Wir sind zu viert«, eröffnet sie mir da überraschend. Nanu, denke ich, will sie ihren Ex mitbringen? Oder hat sie noch ein geheimes weiteres Kind und Hemmungen gehabt, mir davon zu erzählen? Hat sie irgendwelche Phasen ihres Lebens ausgespart, als sie mir den Lebenslauf erzählte? Zwar habe ich ein großes Haus, aber ich will daraus nicht unbedingt eine Jugendherberge mit unbekannten Menschen machen.

»Sie heißt Minouche«, säuselt sie und tut so, als wäre das dritte Kind noch bezaubernder als ihre superintelligente Sophie. Sie will mich weich klopfen.

»Minouche«, kombiniere ich, »klingt ziemlich französisch. Bist du mal zum ›Stöbern‹ in das Elsass gefahren?!« Könnte ich mir jedenfalls vorstellen. »Von Offenburg aus ja nur ein Katzensprung.«

Ich bin gespannt wie ein Bogen vorm Abschuss. Sie schmunzelt vor sich hin. »Alle Achtung! Du bist stark im Kombinieren! Es hat wirklich was mit Katzensprung zu tun. Minouche ist uns mal zugelaufen. Sie ist eine wunderschöne schwarze Katze mit weißen Pfoten.«

Ich bin Tierfreund und somit auch Katzenfreund. Aber in Rausdorf wollte ich nie eine Katze haben. Das hat einen Grund. Mein Naturgrundstück ist ein Vogelparadies. Allein im Efeu am Haus nisten 18 Spatzenpaare. Ich kenne jedes Einzelne persönlich.

Und in 30 Nistkästen zwitschern Meisen und andere Singvögel. In den Tannen gibt es Ringeltauben, im Dachgiebel nistet ein Kauz, am Bach Fledermäuse. Sie alle verwöhnen mich nicht nur mit Gesang aus vielen Kehlen. Sie halten die Insekten kurz. Nie habe ich, trotz der vielen Gewässer und zweier Hektar Sumpf, Insektenprobleme.

Ich schulde den Vögeln Dank. Eine Katze würde unter ihnen sofort aufräumen. Aus diesen Gründen habe ich früheren Mietern Katzen und Hunde immer versagt. Nun kommt Annette mit Minouche.

»Das ist kein Problem. Die kriegt eine Glocke um.« So einfach ist das.

Irgendwann bekommt Rausdorf drei weitere Einwohner und meine Mühle ein neues Innenleben. Annette bewährt sich sehr schnell als Top-Managerin. Sie perfektioniert meine Tourneen, optimiert die Öffentlichkeitsarbeit. Sie ist der lebende Beweis für Baden-Württembergs Werbespruch »Wir können alles. Außer Hochdeutsch«. Aber selbst das kann sie. Sophie und Roman machen aus der ruhigen Wohnstätte einen turbulenten Lebensraum.

Roman ist nicht nur naturbegeistert und mehr draußen als drinnen, sondern auch Computer-Experte. Er gestaltet und betreut später unsere Homepage target-human-rights.com. Sophie ist pfiffig, beweist dem Trittauer Gymnasium, dass blond und klug untrennbar zusammengehören, und verzaubert Haus und Garten mit Schaukel, Freundinnenrasselbandenwettschwimmen und Geburtstagskuchenbacken.

Eigentlich kann ich nur einen einzigen Nachteil beklagen. Und das ist, dass ich seitdem nie mehr eine Kartoffel im Haus gesehen habe. Nur noch Spätzle, Spätzle, Spätzle. Nicht die vom Aussterben bedrohten besagten Spätzle in meinem Efeu, nein, die Nudeln aus Süddeutschland. Ich tue mir regelrecht Leid. Ein norddeutscher »Fischkopp« ohne Kartoffeln! Das ist wie ein Bayer ohne Lederhose, Weißwurst und Radi.

Um weiterhin Kartoffeln essen zu können, muss ich entweder alle Eigengesetze brechen und heimlich zu McDonald's gehen oder mir die Kartoffeln selbst kochen.

Annette versteht meine Verzweiflung. Sie hat schon wieder eine Lösung. Nicht etwa *doch* Kartoffeln. Nein, viel eleganter! Seitdem darf ich beim Spätzle-Essen die Supermaxi-CD mit 200 *La Palomas,* der norddeutschen Nationalhymne, auflegen!!! Nie wäre ich selbst darauf gekommen. Das Leben kann so geil sein.

Unser erstes gemeinsames Auslandabenteuer hat uns nach Namibia geführt. Noch lange, bevor wir zusammen zogen. Ich bin gespannt, ob sie buschtauglich ist oder eher zimperlich. Namibia – eine Aufnahmeprüfung der leichten Art.

Ich bin schon ein paar Tage früher dort, habe mir ein Fahrrad gekauft und bin zu Buschleuten geradelt. Als Annette ein paar Tage später mit dem Bus in Grootfontein ankommt, hole ich sie ab und entführe sie 35 Kilometer östlich in meine Grashütte, die ich nach Buschmann-Art direkt neben einem Buschleute-Dorf unter einer Akazie gebaut habe. Sie ist so klein, dass wir gerade hineinpassen. Trotzdem hat sie zwei Tage Arbeit erfordert. Vor allem die Grasbeschaffung war sehr zeitaufwendig.

Zum Schlafen kommen wir nicht.

»Hörst du das nicht? Es raschelt so komisch. Irgendein Tier muss um die Hütte schleichen.« Annettes Gehör hat Tonstudio-Qualität. Ich selbst höre wegen meiner schlechten Ohren natürlich nichts. Aber ihre Aufregung überträgt sich sofort auf mich. Ich bin hellwach. Mit etwas Glück sehen wir vielleicht einen Löwen oder eine Schlange auf nächtlicher Pirsch. Wir spähen durch kleine Sehschlitze zwischen den Grasbündeln. Aber außer dem herrlichen Vollmondlicht ist nichts zu entdecken.

»Mein ganzer Körper juckt!«

Die Art, *wie* sie das sagt, an sich herunter blickt und dann zu mir herüber schielt, hört sich fast so an, als verdächtige sie mich, fremdgegangen zu sein und sie mit irgendetwas angesteckt zu haben. Ich habe zufällig ein reines Gewissen. Wir kennen uns noch nicht lange. Die Treue entwickelt sich erst allmählich. Doch dafür umso nachhaltiger.

»Das Geräusch kommt von oben«, flüstert sie. Wir leuchten mit der Taschenlampe den Hüttengiebel über unseren Köpfen ab. Und da erleben wir eine Überraschung! Nicht etwa eine Schlange! Nein, Tausende von Termiten haben das Dach erklommen. Körper an Körper, ein einziges weißes Gewimmel. In Akkordarbeit zerlegen sie das Gras des Daches in kleine Stückchen, die unentwegt zu Boden rieseln. Der Boden ist übersät von Grasstaub. Er gleicht einem Teppich. Die kleineren Teilchen bleiben auf unserer feuchten Haut hängen. Sie sind es, die den Juckreiz auslösen. Ich bin rehabilitiert.

Auf dem Boden ist ebenfalls die Hölle los. Während da oben im Dach die Luftlandetruppe werkelt, ist unten die Infanterie im Einsatz. Auf langen Straßen schleppt eine Armee fleißiger Soldaten den zerkleinerten Segen auf endlosen Pfaden in den nächtlichen Busch, verschwindet in Erdlöchern. Da muss sich inzwischen ein gewaltiges Vorratslager befinden.

»Denen werde ich's zeigen!«, verspreche ich Annette. Ich hole Asche aus dem Feuer, streue sie dick um unsere Hütte. Insekten und Bakterien hassen Feuer und Asche. Eine alte Erfahrung. Doch diese Termiten kann ich nicht schocken. Annettes Ohren hören sogar ihr Lachen. Ich höre mal wieder nichts, obwohl ich die Hörgeräte auf *laut* stelle. Die Karawanen der weißen Leiber lassen sich nicht stoppen. Sie zwingen uns, die Hütte zu verlassen. Wir schlafen im Sand an der erkaltenden Feuerstelle. »Das finde ich noch viel romantischer«, tröstet mich Annette über den Aschen-Flop hinweg. »Wo haben wir je ein solches Firmament erlebt?«

Nie hätte ich gedacht, dass wir das noch sehr oft gemeinsam erleben würden. Unter den verschiedensten Firmamenten der Welt. Aus den verschiedensten Anlässen.

Die Buschromantik wird bereits am nächsten Tag von der Wirklichkeit eingeholt. »Nicht weit von hier lebt ein holländischer Siedler. Er heißt Hardus Breedt. Der quält und tötet Buschleute und niemand wagt es, gegen ihn vorzugehen.« Eine junge deutsche Ethnologin hat uns darauf aufmerksam gemacht. »Die Buschleute leben hier in ständiger Todesangst.«

Vergeblich hat sie versucht, die Buschleute gegen den Mann aufzubringen. Die Angst lähmt die Menschen.

»Einen hat er erschossen, weil der es wagte, mit seinem Esel die öffentliche Straße vor seiner Farm zu benutzen!«

Dass dieser und andere Vorfälle bekannt geworden sind, ist eher dem Zufall zu verdanken. Ein Buschmann, Farmarbeiter auf der Breedt-Farm, wurde nachts aus dem Schlaf gerissen.

»Nimm deinen Stuhl und binde diesen Draht um den Ast des Baumes!«, befiehlt der Holländer. »Und bevor du dich gleich persönlich an dem Draht aufhängen wirst, gräbst du jetzt dein Grab.«

Der Schwarze ist unfähig zur Gegenwehr. Der Holländer ist ihm mehrfach überlegen. Er ist groß, kräftig wie ein Stier. Er ist sein Chef und dem hat man zu gehorchen. Und er hat die Waffe im Anschlag.

Der Buschmann gräbt. Die Todesangst sitzt ihm im Nacken. Aber sie lähmt ihn nicht. Er muss handeln, bevor das Loch zu tief ist. Jetzt kann er noch mit leichtem Satz herausspringen und in die Nacht entweichen. Was er braucht, ist eine Sekunde Vorsprung. Eine Sekunde lang muss er seinen Feind ausschalten und dann wie eine Springmaus in den Busch fliehen.

Gedacht, getan. Mit der Kraft des Todeskandidaten, der keine weitere Chance mehr bekommen wird, schnellt er dem Holländer eine Schaufel Sand in die Augen, lässt die Schaufel gleich mit vor dessen Kopf fliegen und ist verschwunden.

Wochenlang hat der Entkommene sich versteckt und geschwiegen. Er fürchtet die Rache seines mächtigen Feindes. Dann hat er sich der Ethnologin anvertraut. Sie erzählt es uns.

»Den Typen müssen wir zur Strecke bringen!« Ich bin Feuer und Flamme. Ein Job nach meinem Geschmack. Ich habe auch gleich einen Plan. »Wir brauchen ein Foto. Damit gehen wir an die Öffentlichkeit.«

Aber wie kriegt man ein Foto von dem Holländer?

Nicht allzu weit entfernt gibt es eine Lodge. Manchmal

wohnen hier Touristen. Heute haben wir Glück. Dort steht ein Wagen mit Beschriftung: »Smithy's Outback Adventures«.* Eine deutsche Frau karrt Touristen damit durch den Busch Namibias. Sie kennt die holländische Version meines Buches »Die Kunst zu überleben«, »De kunst van het overleven«, ist ein Fan von mir. Für ein Autogramm in ihr abgegriffenes Buch leiht sie mir ihr Auto. Annette und die Ethnologin kommen mit.

»Wir fahren jetzt zu dem Holländer und machen ein Foto von ihm. Ich werde aussteigen und ihn fragen, ob er Lust hat, Zimmer für Touristen zu vermieten, weil wir expandieren wollen. Ich locke ihn so nah wie möglich vors Auto und du musst ihn fotografieren.«

Annette ist aufgeregt. Ich auch. Aber es muss klappen. Wie sollte er darauf kommen, was wir wirklich wollen?

»Leopard Farm«, prangt ein Schild neben der Auffahrt auf sein Gelände. Das Haus liegt ein paar hundert Meter zurück. Es ist idyllisch umwuchert von Bougainvillea-Büschen. Die Blüten leuchten in allen Farben. Kein Indiz deutet an, dass das die Heimstatt eines Sadisten, eines Mörders ist. Wir fahren auf sein Haus zu. Annette stellt die Kamera ein.

Ich steige aus. Da stürzt ein ganzes Rudel von Hunden auf mich zu. Instinktiv bücke ich mich, hebe einen Stein auf. Das kennen sie. Sie bleiben auf Distanz, gebärden sich wie wild. Dann ein Pfiff. Im selben Augenblick kneifen sie die Schwänze ein, jaulen und sind ruhig. Der Holländer ist aus dem Haus getreten.

Er steht vor der Tür. Ich begrüße ihn, gehe auf ihn zu. Ein Hüne von Kerl. Ein richtiger Bure. Groß, muskulös, kompakt, stiernackig. Wir reichen einander die Hände. Fast zerquetscht er meine.

* Name geändert.

Ich trage mein Anliegen vor. Misstrauisch schielt er zum Wagen hinüber. Die Ethnologin hängt am offenen Fenster und gibt sich gelangweilt. Annette ist geschützt durch das sich spiegelnde Glas. Hoffentlich fotografiert sie!

»Nein, Tourismus möchte ich nicht. Aber mein Nachbar, der Farmer van Leuwen, der hat Fremdenzimmer. Vielleicht hat der Interesse.«

Er skizziert mir den Weg mit einem Stock in den Sand. Ich setze mich so, dass ich Annettes Kamera nicht im Wege bin. Ich bedanke mich *ohne* Händedruck. Die Hand schmerzt noch von eben. Wir fahren weiter. Im Schlepp die kläffenden Köter.

»Ich weiß nicht, ob die Bilder was geworden sind. Ich habe unheimlich gezittert.« Annette ist noch merklich aufgeregt.

»Ja, vor allem, weil seine Frau mit einem Gewehr in der Tür stand und ständig zu uns herüber geschaut hat«, ergänzt die Ethnologin. Das hatte ich gar nicht gesehen. Ich hatte nur Augen für den Mann.

Kurz und gut: Die Bilder sind misslungen. Aber Annettes Enttäuschung über sich und den Misserfolg zeigt mir, dass man mit ihr Pferde stehlen kann. Sie ist ehrgeizig. In Deutschland lassen wir die unscharfen Bilder beim BKA nachbearbeiten. Viel besser werden sie dadurch auch nicht. Wir veröffentlichen die Geschichte in POGROM, der Zeitschrift der *Gesellschaft für bedrohte Völker*. Hardus Breedt kommt vor Gericht, wird aber freigesprochen. Der Buschmann hatte Angst, auszusagen.

Dennoch. Annette ist von den Buschleuten beeindruckt. »Seit die Jagd verboten ist, leiden sie unter Fleischmangel«, hatte die Ethnologin gesagt. Das inspiriert Annette zum ersten Projekt ihres Lebens. Hilfe zur Selbsthilfe. »Ich schenke euch zehn Ziegen«, eröffnet sie dem Dorfchef beim Abschied. »Neun Zicken und einen Bock. Ihr könnt sie vermehren, sie geben euch Milch. Und immer, wenn ein Tier übrig ist, schlachtet ihr es.«

Für die kleine Lebensgemeinschaft reicht es. Der Buschmann ist gerührt. Zum Abschied schenken er und seine Frau uns ihren selbstgemachten Mörser.

Unter Annettes Regie erhalten mein Leben und Rausdorf einen neuen Stellen- und Heimatwert. Das Haus ist mit Leben erfüllt, ein Mix aus Geschäftig- und Gemütlichkeit, aus Hightech und Privatsphäre. Ein Ort, an dem alle Fäden zusammenlaufen, wo wir Erlebtes kanalisieren in Form von Projekten, Vorträgen, Büchern und Zukunftsvisionen, wo wir neuen Träumen Gestalt geben. Rausdorf wird mein Headquarter. Wenn ich heimkehre, duftet es nach selbstgebackenem Kuchen, ein Blumenstrauß lacht mir entgegen und Kerzenschein lässt mich zur Besinnung kommen. Annette ist eben romantisch. Aus meiner Sicht ergänzen wir uns zu einer konstruktiven Symbiose. Die Dynamik der Jugend und die Erfahrung des Alters. Mein Glück. Die Schwächen des einen werden wechselseitig kompensiert mit den Stärken des anderen. Ich schätze ihre Kritik und Bodenständigkeit in meiner Ideenfülle. Ich brauche ihr unerschütterliches Vertrauen in unsere Arbeit. Egal, welche Probleme kommen – sie lässt sich nicht unterkriegen. Nicht einmal von mir. Wat willste mehr??

Die Waiapí

Ich bin mit »The Tree« am 4. Februar 2000 in Brasilien gelandet. 43 Tage hat sich Annette um mich (hoffentlich) gesorgt. Zwar stehen wir während der Atlantiküberquerung in telefonischer Verbindung. Aber die Unberechenbarkeit des Meeresgottes ist bekannt und gefürchtet. Mir geht es gut, aber Annette ist ein Nervenbündel, als wir uns in Fortaleza in die Arme fallen.*

»Ich möchte mit dir zu den Waiapí-Indianern gehen«, schlage ich ihr vor. Annette bleibt die Luft weg. Wollte sie doch seit ihrem 14. Lebensjahr zu den südamerikanischen Indianern. Eine Art Wiedergutmachung des 500-jährigen Unrechtes. Jungmädchenträume eben.

Ich lernte die Waiapí im Zusammenhang mit dem Bambusfloß kennen. Sie sind ein vergleichsweise kleines Volk. Nur anderthalbtausend Seelen in einem intakten Wald- und Schutzgebiet an der nordöstlichsten Grenze von Brasilien südlich von Französisch-Guayana, im Bundesland Amapá. Mit Geldern aus der Bundesrepublik Deutschland wurde ihr Land vor drei Jahrzehnten vermessen und zum Schutzgebiet erklärt. Woran es ihnen mangelt, als ich ihnen 1992 zum erstenmal begegne, ist die medizinische Versorgung. Da steht zwar ein morscher Minischuppen am Eingangsdorf. Aber dass er etwas mit Medizin zu tun haben sollte, verrät allenfalls ein alter India-

* »Mit dem Baum über den Atlantik«.

ner, der mit schmuddeligem Verband vor der von Scharnieren befreiten Tür hockt. Drinnen ein verrostetes Bett, ein fast leeres Regal. Darin immerhin noch ein anderer schmutziger Verband und ein Liter Desinfektionsmittel.

Viele der älteren Indianer haben vorher bereits in der brasilianischen Zivilisation gelebt. Goldsucher und vordringende Zivilisation hatten sie vertrieben. Nun sind sie zurückgekehrt. Wer hier sein altangestammtes Leben wieder aufnehmen will, muss den roten Lendenschurz tragen, ein Bananenfeld anlegen und sich aus dem Wald versorgen.

Unser deutschstämmiger Freund Rugatto hat uns die Erlaubnis der Indianerschutzbehörde beschafft. Und Hosti Jose, einen Baum von einem Mann (»Jose ohne Akzent, das kommt von Josef!«). Auch deutschstämmig, immer lachend, mit tausend Sommersprossen und Räuber-Hotzenplotz-Hut. Ihn gab er uns als Portugiesisch-Dolmetscher, Fahrer, Mann für alles mit.

Nach acht Stunden Autofahrt stehen wir am Eingangsdorf des Schutzgebietes. Annette ist hin und weg. Diese andere Lebensweise, die rotbeschurzten Indianer mit ihren langen schwarzen Haaren, die Frauen mit bezaubernden Kindern, die wohltuende Zurückhaltung und die Kulisse des berstenden Grün sowie der Duft des Regenwaldes um uns herum machen sie sprachlos.

Caulbi Waiapí wird uns an die Seite gegeben. Er wurde mit zehn Jahren von Siedlern adoptiert und mit deren Sohn gleichwertig großgezogen. Als die Siedler starben,

überließ er sein Erbe dem Stiefbruder und ging zurück in den Wald. Er wollte wieder bei seinem Stamm nach alter Väter Sitte leben. Mit dem, was der Wald für seine Kinder bereithält. Da er die Welt der Weißen und die seines Volkes kennt, ist er Vermittler zwischen den Welten.

Caulbi fährt uns mit seinem Boot über die Flüsse, zeigt uns sein Land, stellt uns die Häuptlinge vor, zeigt Annette, wo sie aufpassen muss, was lecker schmeckt, was giftig ist. Später erzählt sie mir, dass sie, wie sie so hinter dem Indianer durch den Wald lief, dachte: Mensch, da passiert doch gerade, was du dir immer erträumt hast!

Staunend saugt sie alle Eindrücke in sich hinein. Die Vielfalt und die explosive Dichte des Waldes; Pflanzen, die uns nur eine schmale Durchfahrt lassen; Lianen, die uns ihre kräftigen Arme reichen; Schmetterlinge, Kolibris, Papageien, Affen, Orchideen. Kaimane schieben sich ins Wasser; eine Boa auf einem überhängenden Ast; springende Wasserspinnen, die gefährlich sind und nur aus guter Entfernung beobachtet werden dürfen. Urwald eben. Vieles sehen wir erst, wenn Caulbi oder Hosti es uns zeigen.

Endlich findet Annette die Sprache wieder: »Rüdiger, das ist das Schönste, das ich in meinem Leben gesehen habe.« Ihre Augen schimmern feucht vor Glück. Anscheinend kennt sie noch keine Korallenriffe. »Lass uns nicht zurückfahren, lass uns hier übernachten, im Wald, zwischen Fluss und Feuer in den Hängematten.« Gesagt, getan. Wir essen mitgebrachte Maniokfladen, trinken das kühle Wasser des Flusses und lauschen Caulbis Geschichten. Köstlich.

»Habt ihr inzwischen eine bessere medizinische Versorgung als damals bei unserer ersten Begegnung?«, will ich wissen.

»Nein. Es ist immer noch schlecht. Wenn bei uns jemand ernsthaft krank wird müssen wir irgendwoher per Funk einen Wagen ordern, die Boote benutzen und den Kranken nach Macapá bringen lassen. Oft klappt das nicht. Oder es vergeht zu viel Zeit.«

Wir überlegen, hier eine kleine, solide Krankenhilfsstation zu bauen. Diese Idee muss jedoch mit allen Häuptlingen besprochen werden. Also werden diese in einem großen Indianerdorf tiefer im Wald zusammengerufen. Wir sollen dabei sein. Es wird hin und her überlegt. Acht Häuptlinge an einem Tisch. Dahinter die Söhne, alle mit Pfeil und Bogen, geschminkt, mit feierlichem Gesicht. Ein Häuptling hat ein paddelähnliches Holzstück vor sich liegen. Annette macht Fotos. Man entscheidet sich für eine Krankenstation im Dorf von Caulbi. Wir sagen zu, unser Bestes zu versuchen. Später erzählt Hosti, dass die Häuptlingssöhne ihre Giftpfeile bei sich hatten und das »Paddel« als Schlagkeule dient. Wenn wir uns dumm benommen hätten, hätten wir schlechte Karten gehabt. »Und ich dachte die ganze Zeit, wie dekorativ das doch alles ist und wie ich die beste Perspektive bekomme«, lacht Annette. Sie kann sowieso an den unmöglichsten Stellen lachen.

Caulbi ist glücklich. Er führt uns stolz in sein kleines Dorf. Die schätzungsweise 30 Personen leben in Hütten aus Palmblättern. Es gibt Felder mit Bananen und Maniok. In Hunderten von Dosen keimen Pflanzen. »Das sind Obstbäume. Dupuacu, Cajá, Tangerina, Cajú und Castanhas«, erklärt Caulbi uns seine kleine Baumschule. Sofort geht es an die Planung. Die schlammige Straße zu unserer künftigen Krankenstation wird Probleme machen. In der Regenzeit ist sie nicht passierbar. Aber Hosti ist Zimmermann. Und er will unbedingt mit den Indianern arbeiten. Ihm vertrauen wir die Umsetzung des Baues an.

Inzwischen ist die Station längst gebaut. Das erste Hilfsprojekt unserer Menschenrechtsorganisation TARGET (dazu mehr im folgenden Kapitel). Und sie ist Annettes und mein erstes gemeinsames Projekt. Wir sind glücklich. Zur Einweihung der Station an Ostern 2001 nehmen wir Annettes Kinder Roman und Sophie mit. Es ist gut, wenn die zwei in unsere Arbeit hineinwachsen. Schließlich lebe ich

TARGET

nicht ewig und ich muss vorsorgen. Roman liebt den Wald wie Annette, Sophie findet eine Indianerfreundin, Inara, die fast gleichaltrige Tochter des Häuptlings. Inara wird mir beim Urwaldmarsch 2003 noch sehr nützlich sein.

Die Station wird von den Indianern bestens angenommen und auch die Indianerschutzbehörde hält ihr Wort. Die Funasa übernimmt die Versorgung mit Krankenpfleger, Arzt und Medikamenten. Regelmäßig kommt ein Zahnarzt vorbei. Ein vorbildliches Beispiel von gelungener Zusammenarbeit, die wir zu einem Großteil Hostis Voraussicht und Verhandlungsgenie zu verdanken haben. Er hat uns eine tolle Station gebaut.

Über die medizinische Versorgung hinaus ist »CTA« zum Begegnungszentrum geworden. Hier treffen sich die Angehörigen der verschiedenen Dörfern zum Klönen und zum Austausch wichtiger Informationen. Hier kommt auch die Indianerschutzbehörde zu Versammlungen mit den Waipapí zusammen. Ein kleines politisches Zentrum also.

Im Sommer 2003 feiern wir die Vergrößerung der Station. Hosti hat sein Meisterwerk gebaut. Die Indianer bedanken sich mit einem großes Fest. Wir hocken zusammen ums Lagerfeuer.

»Ihr beschenkt uns so reich. Was können wir denn mal für euch tun?«, fragt Dorfchef Caulbi.

Da erzähle ich ihm von meinem Traum. »Ich möchte mich ohne Ausrüstung von einem Hubschrauber im tiefsten Regenwald aussetzen lassen und will sehen, wie ich allein wieder herausfinde.«

»Was heißt ›ohne Ausrüstung‹?«, fragt der Häuptling. »Du wirst doch eine Flinte, ein Haumesser, ein Feuerzeug, eine Hängematte mitnehmen.«

»Nein, gar nichts. Ich will versuchen, wie ein Tier klarzukommen.«

Die Indianer staunen, sind begeistert, schenken mir ein Training. Annette dokumentiert es mit der Kamera. »Eine kleine Hommage an die Genialität des Regenwaldes«, nennt sie es.

Beim Abschied hält Caulbi eine Rede. »Wir haben bemerkt, dass du Paulo, unseren Nasenbären, so gern magst. Den schenken wir dir. Der besorgt dir unterwegs das Essen. Dann bist du die Sorge schon mal los.«

Paulo ist tatsächlich meine große Urwaldliebe. Während des gesamten Trainings trottet er ohne Leine neben uns her, schläft in unseren Hängematten. Ein echtes Kuscheltier.

Und er ist ein zoologisches Wunder. Er frisst den ganzen Tag, von morgens bis abends – und wird nicht dicker. Mit seinem ausgeprägten Geruchssinn wittert er Honig auf dem Baum und Larven in der Erde. Alles, was er isst, kann der Mensch ebenfalls zu sich nehmen. Der Gedanke, Paulo als Nahrungsbeschaffer mitzunehmen, ist verlockend.

»Aber denk dran!«, warnt Caulbi. »Gib ihm immer die Hälfte ab. Sonst kriegt er Depressionen.«

Und ein anderer Indianer fügt hinzu: »Und wenn er dir nicht genug ranschafft, zieh ihm das Fell über die Ohren und friss ihn auf.«

Da müssen sie selbst lachen.

Ich entscheide mich, ohne den kuscheligen Bären zu gehen. Die Indianer sind glücklich, denn sie lieben Paulo genauso. Dabei ist die Ablehnung bei mir purer Egoismus. Paulo hätte das Talent, mein Abenteuer zu einen Spaziergang zu degradieren.

Wie der Marsch dann wirklich wurde, habe ich im Buch »Abenteuer Urwald« aufgeschrieben. Dies war nur eine Kostprobe, zum Ködern.

TARGET

Nichts in der Welt ist stärker als eine Idee,
für die die Zeit gekommen ist.
Manfred Köhnlechner

Das neue Jahrtausend ist da. Die Yanomami haben relativen Frieden. Ich brauche neue Aufgaben. Meine Adrenalindrüsen verkümmern. Ich bin 65, brauche *action* und suche nach einer neuen Herausforderung. Da schenkt mir eine Zuhörerin bei einem meiner Vorträge das Buch »Wüstenblume«. Es wird zum erneuten Markstein meines Lebens, zur Wende schlechthin. War der Kampf im Regenwald eine Art Gesellenstück, wage ich mich nun an die Meisterprüfung. Zusammen mit Annette.

In »Wüstenblume« erzählt Waris Dirie, somalisches Topmodel, was ihr durch die Genitalverstümmelung angetan wurde. Selten erschüttert mich ein Buch wie dieses. Wahrscheinlich ergreift es mich so, weil ich den Brauch bereits aus meiner Danakil-Wüstenzeit kenne. Damals begegnet uns Aischa, eine junge Nomadenfrau, die ihr Schicksal erzählt. Ich schreibe über sie ein Kapitel in dem Buch »Durch die Wüste Danakil«. Aber damals bin ich überzeugt, dass man diesen Brauch nicht ändern kann. Schon gar nicht als Fremder. Deshalb weiß ich: Waris Dirie erzählt die volle Wahrheit. Keine Silbe ist gelogen. Ich habe Tränen ohnmächtiger Wut in den Augen. Spontan kommen mir Ideen. Ideen, wie ich *survivalmäßig* diesem Brauch entgegentreten will.

Für die Realisierung dieser Pläne suchen wir Verbündete. Wir wenden uns an deutsche Organisationen, die bereits dagegen Front machen, die die erforderliche

Grundkenntnis mitbringen. Sie sollen die politische Hintergrundarbeit leisten. Ich will als Aktivist für Menschenrechte vor Ort der Verbrechen gehen und für Furore sorgen. Annette wird leichter Zugang zu den Frauen finden als ich. Dafür bringe ich reichlich Erfahrungen aus der Yanomami-Zeit und den Reisen durch islamische Länder mit.

Diese Organisationen finden wir nicht. »Das ist Frauensache«, meinen die einen. »Deine Vision ist absolut unrealistisch«, die anderen. »Damit erreichst du allenfalls, dass Fundamentalisten unser Büro in die Luft jagen.«

Gesucht haben wir Mitstreiter. Gefunden habe ich viel Angst und Vorurteile. Reichlich Zeit für Diskussionen. Sitzung hier, Kongress dort, Workshop woanders. Akademische Diskussionen, ob man nun *Ethnie* sagt oder *Stamm*, ob es Frauensache oder Männersache ist, ob in Somalia 98 % der Frauen verstümmelt sind oder 97 %.

Endlose Diskussionen sind mir zuwider. Grundsätzlich jedem widersprechen, zumindest einen Einwand einstreuen, um sich selbst ins rechte Licht zu setzen, Bedenken äußern, um sich als gewissenhaft und verantwortungsbewusst zu präsentieren und kundzutun, dass es nur einen richtigen Weg gibt, nämlich den eigenen. Neue Ideen, andere Wege, werden als Konkurrenz gefürchtet. Genau dazu habe ich keine Zeit mehr. Wer so alt ist wie ich, muss die Restzeit exakt disponieren. Da ist Ranklotzen angesagt und nicht Danebenkleckern. Ich muss gerade jetzt, wo mein Restleben überschaubar wird, die Zeit optimal nutzen. Da kommt mir meine Fähigkeit, mich kurz zu fassen, sehr entgegen. Also nix mit Kongressen. Progress statt Kongress.

Mit den konsultierten Organisationen komme ich also nicht weiter. Sie kämpfen gegen Verstümmelung und verstümmeln unsere Strategie.

Das Handicap auf *meiner* Seite ist die Ungeduld. Manchmal hat sie mir geschadet, manchmal hat sie genutzt. Die altersbedingt zunehmende Erfahrung hat die Flops inzwischen um einiges gemindert.

Schließlich sind es meine Freunde bei *Greenpeace* und *amnesty international*, die mir den entscheidenden Rat geben: »Gründe deinen eigenen Verein!«

Das muss ich erst einmal sacken lassen. Nie habe ich Derartiges in Erwägung gezogen. Ich bin kein Vereinstyp. Klar, ich war in der Bäcker-Innung. Und ich habe als Aktivist für die *Gesellschaft für bedrohte Völker* gearbeitet. Aber ein eigener Verein, mit Vorstand, Mitgliederversammlung und eigenen Drucksachen … – das muss ich erst verdauen. Überraschenderweise erfolgt die Verdauung schnell. Durchfallmäßig schnell. Eben wegen meiner begrenzten Lebenszeit.

Sommer 2000. Innerhalb von 30 Minuten habe ich sechs Vertrauensleute zusammen. Wir gründen TARGET. Das ist englisch und heißt *Ziel*. Wir wollen ge*ziel*te Aktionen für Menschenrechte verwirklichen. Ein Ziel bleiben die Indianer, Hauptziel wird der Kampf gegen die weibliche Genitalverstümmelung (Female Genital Mutilation, FGM).

Mit von der Partie:

- Annette,
- Klaus Denart, Freund und Reisegefährte, Gründer von *Globetrotter Ausrüstung*, Hamburg,
- Bertel Bühring, Chef von Radio GONG in Würzburg,
- Burkhard Bühre, Rechtsanwalt in Oldenburg,
- Harald Benz, Annettes Lieblingsbruder aus Offenburg,
- Ingeborg Oettinger, meine Schwester aus Nürnberg.

Einer Rechtsanwaltskanzlei im Nachbarort Trittau gelingt das Kunststück, innerhalb weniger Wochen die Anerkennung als Menschenrechtsorganisation beim Amtsgericht in Ahrensburg zu erreichen. Ebenso schnell erfolgt beim Finanzamt in Bad Oldesloe die Bestätigung unserer Gemeinnützigkeit.

Jetzt, wo das unter Dach und Fach liegt, wollen wir ranklotzen. Die Arbeit kann beginnen. Wir Gründer sind uns einig, vorerst keine weiteren Mitglieder aufzunehmen.

Wohl aber möchten wir einen großen Förderkreis aufbauen. Wegen meiner vielen jugendlichen Anhänger hat Bertel die Idee: »Ab 15 Euro pro Jahr kann man Förderer werden. Wer kann, gibt mehr.« Das setzen wir um. Keine Kündigungsfristen. Mit Erfolg.

Wir wollen den Büroaufwand so gering als möglich halten. Unser Schwerpunkt soll die Arbeit vor Ort in Afrika und Brasilien sein. Post gibt es von uns neben der Versendung der Spendenbescheinigungen nur einmal im Jahr: unser Jahresschreiben im November. Darin stellen wir unsere Arbeit der letzten Monate vor. Eine Art Bilanz. Eine vergleichsweise unaufwändige Aktion, um die Spendengelder nicht in Druckkosten, Porto, Layout etc. zu investieren. Deshalb haben wir auch nur ein einziges Informationsblatt. Ich habe gelernt, auch auf das Internet zu vertrauen. Unter www.target-human-rights.com gibt es mehr Informationen.

Wir suchen Berater. Joschka Fischer weist uns zwei Mitarbeiter des Arbeitsstabes Menschenrechte im Auswärtigen Amt zu. Sie helfen, Kontakte zu knüpfen, optimieren unsere Korrespondenz. Ich lerne, wer mit *Exzellenz* oder *Eminenz* anzusprechen ist. Eine falsche Anrede, und der Brief landet im Papierkorb.

Soweit Verstümmelung Muslime betrifft, ist deren meist gehörte Begründung: »Das steht so im Koran.« Das bestätigte uns auch das Gesundheitsamt in Djibouti. Und natürlich ist das nicht wahr. Ebenso wenig wie die Begründung der Christen: »Das steht in der Bibel.« Es will mir nicht in den Kopf, wenn Gläubige fünfmal täglich die Einmaligkeit, Einzigartigkeit und Unfehlbarkeit Allahs/Gottes preisen und ihm dann unterstellen, die Frauen falsch geschaffen zu haben, weshalb man sich anmaßen dürfte, korrigierend an ihnen herumzuschnitzen.

Wir rufen eine »Pro-Islamische Allianz gegen weibliche Genitalverstümmelung (PIA)« ins Leben. Zusammen mit höchsten islamischen Würdenträgern soll es von allen Moscheen bis ins letzte Dorf, bis zum letzten Nomaden verkündet werden:

Frauenverstümmelung ist mit dem Koran und der Ethik des Islam nicht zu vereinbaren. Sie ist Gottesanmaßung und Diskriminierung des Islam.

Bis hin nach Mekka. Nicht mehr und nicht weniger.

Das ist TARGET's Ziel.

Schon bei der Idee sträuben sich Behaarten ihres Hauptes Zierde. Ein Gefühl, das mir als Glatzkopf versagt geblieben ist. Um mitzuhalten, konkurriere ich normalerweise mit Gänsehaut und Pickeln. Diesmal habe ich keine Probleme. »Ein religiöses Tabu«, höre ich. Oder: »Du als ›Ungläubiger‹«. Oder: »Du kennst doch die Muselmanen. Alles Terroristen.« Durchaus diskutable Bedenken. Aber nichts, das uns schockt oder bremst. Im Gegenteil. Es motiviert, allen das Gegenteil zu beweisen. Wir sind von der Durchführbarkeit unserer Strategie überzeugt.

Dass wir die PIA-Kampagne gemeinsam *mit* dem Islam durchführen wollen, hat zwei Gründe. Zum einen schulde ich dem Islam Dank wegen der hohen Ethik der Gastfreundschaft. Zweimal rettete sie mir und Freunden das Leben, als sich bei der Durchquerung der Danakil-Wüste unsere Gastgeber mit ihren Körpern zwischen die bewaffneten Angreifer und uns stellten.

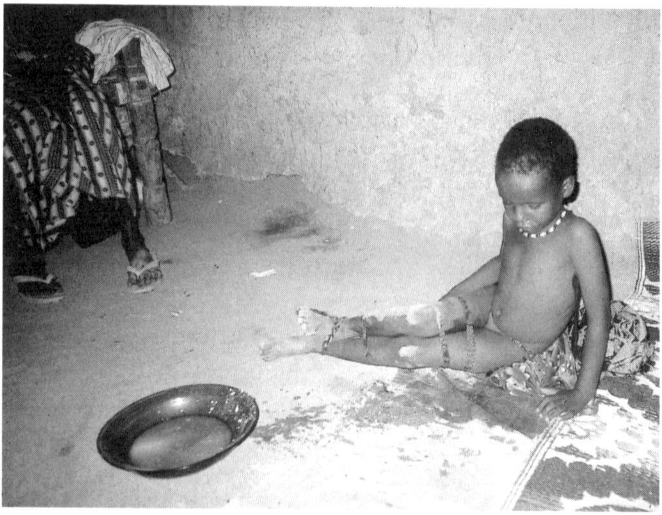

»Wenn ihr unsere Gäste töten wollt, müsst ihr durch uns durchschießen. Aber dann habt ihr die Blutrache am Hals.«*

Zum anderen ist es so, dass der Islam in den betroffenen Ländern die größte Religion ist. *Wenn* es einer Kraft gelingt, FGM zu beenden, dann dem Islam. Ihm traue ich in diesem Falle mehr zu als der UNO oder dem Militär. Und das, ohne eine einzige Silbe des Koran ändern zu müssen.

Annette und ich sind fest davon überzeugt, dass wir mit unserer Idee die weltweit größte Sympathiekundgebung für den Islam seit dem Propheten auslösen könnten. Das spornt uns an.

Wir fliegen nach Äthiopien und Djibouti, um Bilder als Beweismittel zu beschaffen. Wir werden Augenzeugen

* Nachzulesen in meinem Buch »Überleben in der Wüste Danakil«.

dessen, was uns Waris Dirie in ihrem Buch bereits geschildert hat. Es ist unvorstellbar, das Schlimmste, das wir beide je in unserem Leben zu sehen bekommen. Und es sind keine Einzelfälle. Dieses Verbrechen wird 6000 mal pro Tag begangen. Hauptsächlich in der Sahelzone. Aber auch weltweit durch Emigranten. Die UNO schätzt, dass 130 Millionen Frauen verstümmelt werden.

Natürlich rechnen wir mit Widerstand und Feindschaft. Menschen aller Religionen können Fanatiker sein. Bestimmt versprechen sie sich von ihrem fanatischen Engagement einen Vorzugssonderplatz im Himmel. Den wollen wir ihnen nicht streitig machen. Wir bemühen uns, sie zu verstehen. Sofern sie *mit* TARGET kämpfen.

Für den Fall der Ignoranz und Feindschaft habe ich Aktionen in petto. Ich will einen Fünf-Minuten-Film mit

dem Horror der Verstümmelung auf Moscheen projizieren. Ich will vor der UNO in New York die Fahnen all der Länder, die weiterhin verstümmeln, auf Halbmast ziehen. Und ich habe 41 weitere Aktionen geplant. Stündlich kommen mir neue Ideen. *No action, no satisfaction*, schreit mein Körper. Und, nach Bertolt Brecht: »Wer kämpft, kann verlieren. Wer nicht kämpft, hat schon verloren.«

Und da erleben wir das erhoffte Wunder, erfahren das genaue Gegenteil. Und zwar von Anfang an. Wohin wir uns wenden, wir finden Unterstützung. Unter den Nichtmuslimen ist das zu erwarten: das Auswärtige Amt, das Deutsche Orient-Institut, die Islamexpertin Professor Annemarie Schimmel.

Doch dann auch bei den Muslimen! Der erste ist Dr. Nadeem Elyas, der Vorsitzende des Zentralrates der Muslime in Deutschland. Auf Anhieb findet er die Allianz-Idee gut. »Für mich als Saudi und Arzt und für die weitaus größte Mehrheit der Muslime ist weibliche Genitalverstümmelung genauso unvorstellbar wie für Sie in Deutschland.«

Er vermittelt uns einen islamischen Rechtsgelehrten in Hamburg. Wir formulieren den Slogan von der »Unvereinbarkeit der weiblichen Genitalverstümmelung mit den hehren Zielen des Islam«.

Dieses Wohlwollen erleben wir von nun an ausschließlich. Es begegnet uns kein einziger Feind im islamischen Lager, sondern nur Freunde, Kooperation.

Dennoch finden wir Gegner. Und zwar ziemlich heftige. Je besser die Idee, desto reger die Gegner. »Lob kriegt man geschenkt. Neid muss man sich erarbeiten« – dieses Sprichwort bewahrheitet sich. Aber sie kommen nicht aus dem Islam, sondern – man mag es kaum glauben – aus den Reihen der Nichtregierungsorganisationen in Deutschland.

Diese Peinlichkeiten und Kuriositäten aufzuzählen, ist nicht Anliegen dieses Buches. Ich werde darüber zu gegebener Zeit berichten, wenn ich mein Buch über TARGET schreibe. Haarsträubend und pickeltreibend, was sich da ereignet.

Die Resonanz auf unsere Idee mit dem Förderkreis findet großen Anklang. Über Vorträge, Fernseh- und Rundfunk-Reportagen, Anhänge in meinen Büchern, Zeitungsberichte und unsere Homepage können wir den Zuspruch kaum bewältigen. Annette arbeitet 80 Stunden pro Woche. Bei dem Pensum werden Erinnerungen an meine Bäckerlehre wach. Sie optimiert das Büro, die anfallenden Daten. Viele unterstützen uns mit persönlichem Engagement: Hans-Georg Cramer, seines Zeichens Steuerberater in Delbrück, übernimmt kostenlos die gesamte Buchführung für TARGET! Hanns-Peter Ahmann aus Paderborn gestaltet uns perfekte PC-Programme – eine unglaubliche Arbeitsoptimierung. Und Jochen Querbach aus Kamp-Bornhofen wird unser graphischer Gestalter. Er liefert sämtliche Druckvorlagen startklar. Marco Trauth aus Neuhemsbach entwickelt uns unsere eigene Homepage ruediger-nehberg.de, Roman target-human-rights.com.

Nach drei Jahren müssen wir das Büro aus meinem Haus auslagern, in den Nachbarort Trittau verlegen. Zur Zeit teilen sich zwei Frauen eine Halbtagsstelle. Annette schafft es allein nicht mehr.

Zu meinem 70. Geburtstag haben wir bereits die stolze Zahl von knapp 7000 Förderern. Ich freue mich über die zahlreichen Jugendlichen, die wir erreichen, ich bin überrascht von der Großzügigkeit vieler Spender und begeistert von deren Ideenreichtum, mit eigenen Aktionen unsere Arbeit zu unterstützen. Was wären wir ohne sie!?

Schon nach anderthalb Jahren können wir von den Spendengeldern im Regenwald Brasiliens die Krankenstation für das Volk der Waiapí-Indianer bauen. Mit einheimischen Helfern rodet Hosti Jose, unser Baumeister vor Ort, ein Stück Wald, verwandelt Baumstämme mit der Kettensäge in Bretter und die Bretter zu einem Vorzeigehaus, unserem *Posto de Saùde.*

Das, was eine Krankenstation werden sollte, wächst schnell zu einem indianischen Zentrum und muss bereits nach einem Jahr vergrößert werden. Davon mehr im vorigen Kapitel »Waiapí«.

Nach Äthiopien schicken wir eine *fahrende* Krankenstation, einen großen Unimog und einen Toyota als Begleitfahrzeug. Annettes Bruder Harald, TARGET-Gründungsmitglied, macht die Fahrzeuge einsatzbereit. Mit viel Herzblut und Können. Zwei Medizinerinnen sollen den betroffenen Mädchen und Frauen medizinisch bestmöglichst beistehen.

TARGET's Erfolg kommt nicht von ungefähr. Da ist zum einen eine gewisse Glaubwürdigkeit, die mir der 20 Jahre währende Einsatz für die Yanomami eingetragen hat. Und es sind die Erfahrungen, die mich der Kampf für die Yanomami gelehrt hat. Wie verschafft man sich Gehör? Wo findet man Mitstreiter? Und es ist die unkonventionelle Art, ein Thema anzugehen. Nicht den Hauptweg gehen, den andere schon hundertmal vorgetrampelt haben. Nicht auf Pfaden schleichen, wo man heute schon weiß, was einen morgen erwartet. Sondern einen eigenen Weg wagen, demokratisch verantwortbare Spektakel inszenieren, bewusst Risiken in Kauf nehmen. Und mit Bildern arbeiten. Der Kampf für die Indianer hat mich gelehrt, wie wichtig Bilder als Beweismittel sind. Bilder haben eine andere Beweiskraft als Worte. Bilder über FGM sind Mangelware, erfahre ich allerorten. Bei Bedarf kauft man sie bei Agenturen. Davon wollen wir unabhängig sein.

Mit dem Islam!

Nichts sieht hinterher so einfach aus
wie eine verwirklichte Utopie.
Wernher von Braun

Wir treffen uns mit afrikanischen Glaubensführern. Ich bin skeptisch. Werde ich, der Fremde, bei ihnen überhaupt Gehör finden? Schließlich kennt »man« die Urteile und Vorurteile gegen den Islam. Doch ich erlebe eine beglückende Überraschung. Keine der angesprochenen Autoritäten reagiert mit Ablehnung oder gar Feindschaft. Sultan Ali Mirah vom 3-Millionen-Volk der Afar in der Danakil-Wüste erlaubt uns, auf TARGET's Kosten alle 60 Clan-Führer zusammenzutrommeln.

»Es gibt zwei Probleme, weshalb wir immer noch verstümmeln. Problem Nummer 1: Das Thema ist absolut tabu, wir sprechen nicht darüber. Problem Nummer 2: Ich habe kein Geld, um alle meine Führer zu einer gemeinsamen Konferenz einzuladen.«

Das Geld aber hat TARGET inzwischen. Es ist der Beweis für das große Vertrauen der Spender in uns, in unsere Strategie und in den Islam.

So kommt es zu *TARGET's erster Wüstenkonferenz.* Es sind nicht nur die 60 geladenen Gäste gekommen. 1200 Menschen versammeln sich im Schatten zweier großer Bäume oder in der prallen Sonne. Vor allem Frauen und Mädchen, die Hauptbetroffenen.

Dass man Annette und mir überhaupt das volle Vertrauen schenkt, verdanken wir unserem Freund Ali Mekla Dabala. Er ist ein Afar, in einem der afrikanischen Kriege geflohen, lebt in Osnabrück, ist Deutscher geworden. Wir

haben uns auf einem Vortrag kennen und schätzen gelernt. Ali wird schnell zu einem wertvollen Freund. Er spricht sechs Sprachen fließend, hat ein ausgeprägtes diplomatisches Geschick und genießt unser volles Vertrauen. Inzwischen haben wir ihn zum *TARGET-Sonderbotschafter* ernannt. Der »Titel« wird seinem Wert dennoch nicht annähernd gerecht. Ali verdanken wir den ersten Erfolg. Weil wir seine Vertrauten sind, vertrauen uns auch seine Landsleute. Ihre zwei Hauptsorgen kann er zerstreuen.

»Rüdiger ist kein christlicher Missionar. Er gehört keiner christlichen Wertegemeinschaft an. Dafür kann ich mich verbürgen. Und er ist auch nicht gekommen, um Geld bei euch abzuzocken. Im Gegenteil. Er bringt euch Geld. Jeder geladene Gast bekommt zu essen, ein Tagesgeld und seine Reisekosten erstattet.«

Es folgen zwei Tage der Diskussionen. Dann die Abstimmung. Sie bedeutet eine Wende im Leben der Afar. Keine Gegenstimme, keine Enthaltung. Alle sind für die

Abschaffung der Verstümmelung. Ein historisches Ereignis. Ali, Annette und mir kommen die Tränen vor Glück. Es ist der 1. Februar 2002. Dieses Datum werden wir nie vergessen.

Während ein Fest improvisiert wird, formulieren der Kadi, die Imame, der Sultan das neue Gesetz. Frauenverstümmelung wird zur Sünde erklärt, zur Widernatürlichkeit. Es wird eine Anzeigepflicht eingeführt.

Schließlich unterzeichnen Kadi (Richter) Darassa, Sultan Ali Mirah und Repräsentanten des *Obersten Rates für Islamische Angelegenheiten* dieses neue Gesetz. Es wird in die Stammes-Scharia eingeschrieben, vom Sultan per Stempel versiegelt. Damit ist es für jeden Afar verbindlich, verbindlicher als jedes Landesgesetz aus fernen Hauptstädten.

Dafür geben wir ihnen ein Versprechen. »Wenn ihr euch daran haltet, schicken wir euch eine fahrende Krankenstation!«

Dieses Versprechen können wir dann zwei Jahre später, im Sommer 2004, einlösen.

Als wir am nächsten Morgen unsere Unterkunft in der Nähe des Versammlungsortes verlassen, erleben wir eine Überraschung. Da stehen die sechs Repräsentanten des *Obersten Rates für Islamische Angelegenheiten* mit einem Brief. Ein Dankschreiben! Ein Dank »für das, was ihr für unser vergessenes Volk getan habt«.

Das haben wir kaum verkraftet, da kommt eine Frau auf Annette zu. Sie hält ihre beiden Hände vor den Körper. Darin trägt sie etwas, das mit einem weißen Tuch bedeckt ist.

»Die will uns bestimmt ein frisch gebackenes Brot schenken«, vermutet Annette. Das Wasser läuft uns im Mund zusammen. Da hebt die Frau das Tuch hoch. Zum Vorschein kommt ein Baby. Knallrot und soeben geboren.

»Das habe ich heute Morgen zur Welt gebracht. Es ist das erste Mädchen unseres Volkes, das nicht mehr verstümmelt werden muss. Ich werde es Anna-Fatuma nennen.«

Wir schämen uns nicht unserer Tränen. Mitten in der heißen Wüste haben wir Gänsehaut.

Für zwei andere Mädchen übernehmen wir die Patenschaft. Die eine ist drei Monate vor unserem ersten Besuch pharaonisch verstümmelt worden. Da war sie sechs Jahre alt. Der Schock hat sie die Sprache verlieren lassen! Stumm sitzt sie in der Ecke des Raumes und knautscht von morgens bis abends ein Tuch durch die Hände. Es dauert viele Wochen, bis sie wieder zu sprechen beginnt. Das andere Patenmädchen ist ihre beste Freundin. Zu zweit macht das Lernen mehr Spaß. Wir geben den Familien einen bescheidenen monatlichen Geldbetrag. Bedingung: Beide Mädchen müssen täglich zur Schule. Wenn sie fehlen, gibt's kein Geld.

In den vergangenen zwei Jahren haben sie bisher keine Stunde gefehlt. Die ehemals Stumme wurde unter 50 Schülerinnen Zweitbeste. Ihre Freundin Beste. Sobald sie älter sind, werden wir sie einen Beruf erlernen oder studieren lassen und für ihren Lebensunterhalt aufkommen.

Verständlich, wenn solche Erfolge motivieren. Allen Ortes erleben wir nur offene Herzen und Türen. Wir fliegen nach Ägypten, treffen uns mit Religionsminister Professor Dr. Mohamed Zakzouk. Juli 2002. Die Deutsche Botschaft hat das Treffen vermittelt. Um hundertprozentig pünktlich zu sein, sind wir vor der vereinbarten Zeit da. Der Minister unterbricht seine Sitzung. »Die kommen auch ohne mich klar.«

Minister Zakzouk spricht perfekt Deutsch. Er hat in München Philosophie studiert, hat eine deutsche Frau, ist gegen Verstümmelung. Er ist für mich ein wichtiger Ratgeber. »Ihre Idee ist großartig. Aber ich bin der falsche Mann. Sie müssen zum Grand Sheikh. Ich werde Ihnen das Gespräch vermitteln.«

Eine halbe Stunde später erhalten wir, eskortiert von Bodyguards, eine Privataudienz bei seiner Eminenz Dr. Muhammad Sayyid Tantawi, dem Großsheikh von Al-Azhar in Kairo. Der Großsheikh ist für die Sunniten die Autorität, wie es der Papst für die Katholiken ist.

Al-Azhar, heilige Moschee und Universität, seit Jahrhunderten weltbekannter Ort der Islam-Forschung, Zentrum des intellektuellen Islam. Wir möchten vom Großsheikh ein Statement, wie er zum Hadith* Nr. 4391 steht. Dort heißt es: »*Beschneide, aber übertreibe nicht, weil es für die Frau und ihren Ehemann gut ist.*« Dieser Hadith wird von den Verstümmlern immer wieder gern zitiert und als Rechtfertigung genommen. Auch auf der Afar-Konferenz.

* Hadithe sind Überlieferungen von tatsächlichen und unwahren Äußerungen des Propheten, aufgeschrieben nach seinem Tode.

Tantawi ist kein Mann langer Worte. »Das ist eine der Überlieferungen, die ich für nicht authentisch halte.« Das gibt er uns schriftlich unter unser Dokument.

Annette will es filmen. Nie wieder werden wir eine solche Gelegenheit erhalten. Als wir über den Dolmetscher um diese Erlaubnis nachsuchen, kriegt der einen Schweißausbruch. »Sie wollen hier filmen? Das soll ich den Großsheikh fragen?«

Ja, er soll. Und Annette darf! Der Großsheikh schreibt: *»Die Beschneidung von Frauen ist ein Brauch und keine religiöse Pflicht. Sämtliche überlieferten Hadithe zur Frauenbeschneidung sind nicht authentisch. 13. 07. 2002. Der Grand Sheikh von Al-Azhar, Muhammad Sayyid Tantawi«.*

Er unterschreibt das Gutachten. Mir kommen Bedenken.

»Eigentlich könnte den Text *jeder* geschrieben haben. Schließlich hat er es auf *unser* PIA-Dokument geschrieben und nicht auf Azhar-Papier«, raune ich Annette zu. Und ehe sie antwortet, wende ich mich direkt an den Großsheikh.

»Dürfen wir Sie um einen Stempel bitten?« Ich frage es diesmal ohne den schwitzenden Dolmetscher. Direkt und mit meinem Alltagsarabisch.

»Meinetwegen. Holen Sie ihn sich bei meinem Sekretär.«

So kommen wir zu unserer ersten *Fatwa*, dem ersten Rechtsgutachten.

Februar 2004. Die nächste Überraschung erleben wir in Mauretanien. Großmufti Hamden Ould Tah ist beeindruckt von unserem Projekt. Annettes Filmszene mit Großsheikh Tantawi aus Kairo tut ihre Wirkung. Ohne Umschweife gibt auch er uns ein Rechtsgutachten. Dabei wollten wir ihn zunächst nur höflich um einen Termin bitten, wollten die Idee ausführlich vorstellen. »Sie haben sie doch gerade erklärt. Da gibt es für mich keine Diskussion. Frauenverstümmelung ist unvereinbar mit den Prinzipien des Islam.«

Er diktiert seinem Schreiber: *»Die Beschneidung der Frau ist eine Tradition vorislamischer Völker. Die Verstümmelung ist kein religiöses Gebot. Die Verstümmelung der Frau in der von den Pharaonen praktizierten Weise der Zerstörung der weiblichen Genitalien ist unakzeptabel in der ganzen Welt. Die Beschneidung, die keine Komplikationen für die Gesundheit der Frau verursacht, unterliegt der Kompetenz des Arztes.«*

Nicht genug damit, dass wir das Rechtsgutachten erhalten. Hamden Ould Tah, der ranghöchste Religionsführer, gestattet uns, seine *Fatwa* auf ein fünf Meter großes Transparent zu schreiben und es in seinem Heimatort Chinguetti vor dem siebtgrößten Heiligtum des Islam zu spannen, einer uralten Pilgermoschee. »Von dort starteten früher die Karawanen nach Mekka. Die Pilger brauchten ein halbes Jahr. Heute bevorzugen sie das Flugzeug. Es ist viel billiger.«

Mohamed Amara, der Bürgermeister von Chinguetti, ist bei der Überreichung der Fatwa zugegen. Er hat uns die Begegnung vermittelt. »Das ist erst die zweite Fatwa, die der Großmufti einem Fremden ausgestellt hat«, flüstert er uns zu.

Da meldet sich der Großmufti wieder zu Wort. »Ich wäre gern dabei, wenn Sie das Transparent spannen. Aber ich habe hier in Nouakchott zu viel zu tun.« Die Reise würde für ihn eine große Strapaze bedeuten. Der Mufti ist 73 Jahre alt.

So spannen wir das Transparent dann in Chinguetti ohne ihn. Für uns ein erhabener Moment. Annette greift heimlich meine Hand unter dem Boubou, dem landesüblichen blauen Gewand – made by Seidensticker in Bielefeld – und drückt sie vor lauter Glück. Ihre Hand wird von einem langen Schleier verdeckt, den sie sich um die Schultern geworfen hat. Schließlich ist das hier kein Ort, Zärtlichkeiten auszutauschen.

Für Bürgermeister Mohamed Amara ist das Hissen des Rechtsgutachtens eine Art Premiere.

»Noch nie hat hier jemand auch nur ein Plakat aufhängen dürfen«, verrät er uns. Für Annette und mich hat die Zeremonie sogar Generalprobencharakter. Was uns hier am siebtgrößten Heiligtum des Islam gelungen ist, das Spannen des Rechtsspruches gegen Verstümmelung, möchten wir am Allerheiligsten in Mekka wiederholen. Groß, unübersehbar, als Bekenntnis zur Unvereinbarkeit von weiblicher Genitalverstümmelung mit der Ethik des Islam.

Noch jemand ist beeindruckt: der Mufti von Chinguetti. Er lädt uns zu einem Tee ein. »Ich möchte Ihnen

ebenfalls ein Rechtsgutachten ausstellen.« Er kniet auf dem Teppich und schreibt:

»*Ich bin völlig der Meinung des Großmuftis Hamden Ould Tah, was die weibliche Verstümmelung betrifft. Die Verstümmelung der Frau ist kein islamisches Gebot. Ich versichere, dass diese Gesundheitsschädigung eine Sünde ist.*

Abd Er-Rahiim Haji, Mauretanien«.

Auch dies filmen und fotografieren wir. Wir brauchen Belege und Argumentationshilfen. Nicht zuletzt wegen der vielen so genannten und tatsächlichen Gegen-Verstümmelung-Kämpfer. Denn in einem sind sich beide Gruppen überraschend einig: »Niemals wird euch das mit Mekka gelingen!« Einige fügen hinzu: »Eher schneidet man euch die Kehle durch.«

Na bitte. Zusammen mit Annette habe ich schließlich zwei Kehlen. Da bleibt immer noch eine übrig, die unsere Vision aus vollem Hals weiter verkünden kann.

Manche bezweifeln sogar die Zuständigkeit Mekkas. Andere verweisen auf die Unnachgiebigkeit der saudischen Wahabiten, die in Mekka das Sagen haben. »Es sind die konservativsten Muslime überhaupt.«

»Umso besser«, entgegne ich solchen Ja-aber-Menschen gern. »Wenn wir gerade sie von der positiven proislamischen Kraft unserer Aktion für das Ansehen des Islam in der Welt überzeugen können, wird der Effekt umso nachhaltiger sein.« Uns können die Einschätzungen der Skeptiker nicht beirren, nur anspornen. Wenn man immer nur das tut, was bereits da war, wird sich nichts wirklich verändern.

Der Meinung über Mekka ist auch Amara. »Euer Ziel ist fantastisch. Aber diesbezüglich macht ihr euch unrealisierbare Illusionen. Ich sage euch das nur, damit ihr nicht zu sehr enttäuscht seid, wenn es nicht klappt. Mekka ist *haram*, Mekka ist tabu.« Und nach kurzer Pause fügt er aus Überzeugung hinzu: »Im Übrigen hat der Islam gar keine Werbung nötig.« Es beruhigt mich, dass er darüber selber lächeln kann. Dennoch muss ich ihm widersprechen.

In den eigenen Reihen braucht der Islam tatsächlich keine Werbung. Aber in der nichtislamischen Welt. Dort, wo man »Islam« in erster Linie mit Fundamentalismus, Terror und Bin Laden definiert. Und wir möchten mit unserer Allianz-Kampagne nicht nur den Frauen helfen, sondern gleichzeitig ein Gegengewicht zu diesen Leuten bilden.

Immerhin ist Amara so beeindruckt von unserem Engagement und der Zeremonie vor dem Heiligtum, dass er Annette und mich spontan zu Ehrenbürgern seiner Stadt ernennt! So richtig mit historischem Schlüssel und Urkunde. »Was nun, wenn ich nachts komme, das Stadttor aufschließe und euer ganzes Geld klaue?«, gebe ich zu bedenken. Schließlich bin ich ein ehrlicher Dieb.

Amara lacht verschmitzt. »Nicht nötig. Du kannst doch nun jederzeit kommen. Bei helllichtem Tage. Du hast den Schlüssel.« Schlitzohr, mauretanisches.

Dann nimmt er Annette beiseite. »Ich habe es eben gar nicht glauben wollen! Der Mufti von Chinguetti hat sich heute zum zweitenmal in seinem Leben fotografieren lassen. Das erste Mal war es, als die Europäische Gemeinschaft seinen Fingerabdruck nicht mehr akzeptierte und er ein Passfoto benötigte.«

Inzwischen haben sich auch die Afar unter Sultan Abdelkader Mohamed Humad aus Djibouti unserer Pro-Islamischen Allianz angeschlossen. Sie nehmen mit dem Sultan unsere Einladung zu einer Konferenz an und beschließen am 7. August 2004 im kleinen Ort Tadjourah, die Verstümmelung zu beenden.

Der Sultan und sein Berater Humad Barkat Siraj überreichen uns den Stammesbeschluss auf einem Bogen Pergament. Sein Rechtsgutachten endet mit dem Appell »... an alle Menschen, dem Beispiel zu folgen und den Brauch sofort abzuschaffen«.

Annette hat sofort eine Idee. »Wir werden seine Fatwa auf eine große Messingtafel gravieren lassen und sie hier mitten in Tadjourah für jedermann sichtbar aufstellen.«

Als wäre das nicht schon genug, schiebt sie gleich eine Idee hinterher. »Und wir werden ein dekoratives Dokument drucken lassen. In der Mitte seine Verfügung und drum herum Fotos von der Tagung. Das verteilen wir an jeden einzelnen Afar-Haushalt.«

Ali Mekla hört das, während ich noch überlege, wie man das zu bewerkstelligen hat. Offenbar errät er meine Gedanken. »Kein Problem. Das übernehme ich, zusammen mit der Menschenrechtsorganisation ADEC, die sich hier um den Sultan gebildet hat.«

Ich kann entspannen. Was Ali sagt, ist schon so gut wie

erledigt. Einen besseren Mitstreiter als ihn kann man sich nicht wünschen. Ohne ihn wäre TARGET nur halb so viel wert. Das beweist sich immer wieder.

»Übrigens habe ich bereits meine Fühler nach Eritrea ausgestreckt«, fährt er fort. »Dort leben ja auch Afars. Und über den Sultan und über Eritreer, die in Deutschland leben, müsste man die Sultane und Clan Chiefs auch dort an einen Tisch bringen.«

Während Ali sich nach der Konferenz gleich zurück nach Djibouti begibt, um unsere *Fahrende Krankenstation* aus dem Zoll zu holen und nach Äthiopien zu seinem Volk zu bringen, müssen Annette und ich zurück nach Hamburg. Da liegen bereits neue Nachrichten vor: die Auswertung unserer Tagung in Mauretanien vom Vormonat, dem Juli 2004.

Acht ranghohe Autoritäten haben wir wegen ihrer aktiven Mitwirkung zu Ehrenmitgliedern ernannt, mit Urkunde und eigens für sie geprägter Silbermünze. Für uns ist ihre Mitgliedschaft nicht nur ein großes Kompliment und ein Vertrauensbeweis.

Sie wird TARGET's Glaubwürdigkeit in der islamischen Welt immens stärken. Und sie macht uns unendlich glücklich.

Kritiker

Kritiker gleichen Eunuchen.
Sie wissen genau, wie man es macht.
Aber sie können es nicht.
N.N.

Wer sich in die Öffentlichkeit begibt, wird zu ihrem Eigentum. Das muss man wissen. Und wie jedes Eigentum wird man dann entweder gemocht oder gleichgültig oder schonungslos behandelt. Man wird gelobt, man wird ignoriert, man wird kritisiert.

Lob geht mir, na klar, runter wie Öl. Vor allem, wenn Argumente folgen. Lob bestätigt mir, mit meinen Ideen und dem Engagement nicht allein dazustehen, ideelle Unterstützung zu haben, etwas zu tun, das andere auch erstrebenswert finden, es sich aber selbst nicht zutrauen.

Anders die unsachliche Kritik. Sie ist ein Phänomen, gegen das man machtlos ist. Sie basiert entweder auf mangelnder Information oder auf Gegnerschaft. Oder auf Neid. Das ist schnell zu differenzieren. Ist Neid erkennbar, macht mich die Kritik besonders stolz. Denn Neid ist ein Kompliment. Er bestätigt den Erfolg. Lob kriegt man geschenkt. Neid hingegen muss man sich hart erarbeiten.

Zum Beispiel der »Sportspiegel«, ein Miniblättchen im Irgendwo: »*Der Hamburger Konditor Rüdiger Nehberg und seine Gefährtin Christina Haverkamp haben die 4000 Kilometer von Dakar (Senegal) bis Fortaleza (Brasilien) in 50 Tagen geschafft. Mit einem Bambusfloß. Und warum das alles? Um gegen die Verfolgung der Indianer ein Zeichen zu setzen. Typisch deutsch – jeder blödsinnige Egotrip muss durch Philosophie veredelt werden. 1992 protestierten Hinz und Kunz dieser Welt gegen die Columbus-Folgen. Selbst ein seekranker Kuchenbäcker also. Dabei müsste doch gerade einer seiner Profession wissen: Getretner Quark wird breit, nicht stark.*« Immerhin ein guter Schlussspruch

Ähnlich die Reaktion einer deutschen Menschenrechtsorganisation nach Ausstrahlung des ARD-Filmes »Der Dschungelläufer«.

»Lieber Rüdiger …, bitte verwende zukünftig den Begriff ›Ethnie‹ und gib dies bitte den JournalistInnen weiter. Der Terminus ›Stamm‹ wird wegen der eindeutig rassistischen Einfärbung längst nicht mehr gebraucht … Wir bezweifeln die Nachhaltigkeit deiner Hau-Ruck-Aktionen in Äthiopien … Du führst die Mädchen in voyeuristischer Art und Weise vor … Du verkürzt das Thema zum Nachteil der Betroffenen, die sich zu Recht bloßgestellt fühlen … Annette stigmatisiert Afrikanerinnen …«

Diesmal ein Fall für unsere Rechtsanwältin. Sie kontert: »… weisen wir insbesondere Ihre unwahren Tatsachenbehauptungen in vollem Umfang als haltlos zurück. So sind beispielsweise Behauptungen, man habe tendenziöse Darstellungen zum Nachteil der Betroffenen veröffentlicht, vollkommen verfehlt, aus der Luft gegriffen und geeignet, meine Mandantschaft nicht nur zu diskreditieren, sondern darüber hinaus auch dieser dauerhaft zu schaden. Der Sachverhalt ist Ihnen insoweit bekannt … Ihre offen zutage tretenden Ressentiments (Zitat: ›… im Unterschied zu mir, die ich weder bekannt noch prominent bin …‹) hintanstellen werden.«

Solche Kritik also macht mich glücklich. Neid als schlagender Beweis für Erfolg, als eine besonders aufrichtige Form der Anerkennung und Ansporn, genau wie bisher weiterzumachen. Zumal dann, wenn man die Briefschreiberin kennt und niemals so erfolgsarm werden möchte wie sie.

Unvergessen auch Leipzig. Evangelischer Kirchentag. Ich bin zu einer Podiumsdiskussion eingeladen als jemand, der mit Kirche nichts am Hut hat. Clemens Bittlinger, Liedermacher und Pfarrer, hat mich darum gebeten. Wir kennen uns. Ich bewundere ihn wegen seines Mutes, gegen das, was ihm stinkt, aufzutreten. Auch dann, wenn es gegen die eigene Kirche ist. Er füllt riesige Säle. Junge Leute liegen ihm zu Füßen. Oft treten Christina und ich gemeinsam mit ihm auf. Wir zeigen Bilder von unserem Kampf im Regenwald. Clemens umrahmt sie mit seinen Liedern. Eine schöne Symbiose.

Der Talk auf dem Kirchentag reizt mich umso mehr, als auf der pro-kirchlichen Seite Professor Dr. Ernst Bender sitzt, ehemaliger Richter beim Bundesverfassungsgericht, Präsidiumsmitglied und zeitweise Präsident des Deutschen Evangelischen Kirchentages. Ich fixiere mich voll auf ihn, denn die weiteren pro-kirchlichen Gesprächsgäste sind eher unbedeutende Ja-Sager.

Ich habe mir ausgerechnet, dass ich maximal zehn Minuten Gesprächsanteil bekomme, und lasse mich auf die erste Frage gar nicht erst ein. Ich muss die kurze Zeit nutzen. »Mich würde vor allem und vorab interessieren, wie Sie, Herr Professor Bender, als höchster Richter der Bundesrepublik und oberster Schützer der Verfassung, als jemand, der sich strikt an Tatsachen und Beweisen orientiert, um Recht zu sprechen, es mit seinem Gewissen vereinbaren kann, einer Institution wie der Kirche vorzustehen, deren grundlegende Behauptungen auf Wunschdenken basieren, teilweise gelogen und zum Großteil unbeweisbar sind.« Ein Riesenschachtelsatz. Manchmal kann ich nicht anders.

Allerseits Atemlosigkeit. Bender empört sich. »Das ist überhaupt keine Frage, die hierher an die Öffentlichkeit gehört. Bitte Musik.«

Das ist an Clemens gerichtet, denn er untermalt auch diese Podiumsdiskussion.

»Ich fände es besser, wenn auf diese direkte Frage auch eine direkte Antwort folgte. Das macht ja den Wert der Diskussion aus.«

Bender weigert sich. Aus einem Gesprächspartner wird ein Gegner. Ich bin stolz, die Frage ausgesprochen zu haben. Geistesgegenwärtig hat Clemens Bittlinger umdisponiert. Passend zur Situation singt er seinen Hit »Am besten, wir halten uns raus«. Das Lied der Feiglinge, der Wegschauer, der Weggucker.

Auch *nach* dem Lied hält Bender eine Antwort für unangemessen. Als ich erneut »wider den Stachel löcke« (Frankfurter Allgemeine Zeitung), erhält er überraschend Unterstützung aus dem Publikum. Ich werde ausgebuht. Nicht nur die 1000 Menschen im Saal, auch draußen die unkritischen Lämmchen vor den großen Bildwänden stimmen ein. Ich nenne sie »Schafe ohne eigene Meinung«.

Danach verstehe ich mein eigenes Wort nicht mehr. Der Weg nach Leipzig hat sich gelohnt.

Ehrungen

Eine Laudatio ist ein Nachruf zu Lebzeiten.
Carl Zuckmayer

»Na, immer noch Indianer?«

Oder: »Fällt dir nichts anderes mehr ein?«

Bemerkungen, die vor Spott triefen, Mitleid erkennen lassen. Ich höre sie hier und da und immer öfter. Aber sie gehen mir zum einen Ohr rein und zum anderen wieder raus. Wäre ich von meinem Kampf und der Chance auf Sieg nicht überzeugt, müsste ich mir behindert vorkommen. So hake ich solche Berufs-Ignoranten als unqualifiziert ab und werfe ihre so genannte Freundschaft samt Aussagen in den Müll. Zumal, als mir deutlich wird, dass es immer solche sind, die noch nie im Leben selbst vor Ort von Verbrechen waren und etwas riskiert hätten.

Selbst bei Zeitungen werde ich das Thema Yanomami kaum noch los. »Schon wieder du und deine Waldtypen! Haste nich' mal was Neues?«

Ausdauer, das Am-Ball-bleiben, es zählt nicht. Wichtig ist einzig das Neue, das Exklusive, das möglichst Negative. Getreu der Journalisten-Devise, dass nur schlechte Nachrichten wirklich gute Nachrichten sind.

Gut, dass ich meine Vorträge habe! Da treffe ich die richtigen Leute. Die, die meiner Kragenweite entsprechen. Die, die meine Ausdauer zu würdigen wissen, die stehend applaudieren, die mir die Hand drücken möchten. Das empfinde ich als Ehrung.

Oder als Udo Lindenberg mir und der Yanomami-Arbeit ein Lied widmet. »I'm on my way«, tauft er es. Er textet und komponiert es anlässlich der gelungenen Baumstammreise über den Atlantik. Am liebsten wäre er mitgekommen. Aber er steckt selbst inmitten mehrerer Projekte, hält sich für nicht seetauglich. Überraschend ruft er mich mitten auf dem Atlantik an. 6. Februar 2000. Er hört das Plätschern unter meinem Baum und ist völlig aus dem Häuschen.

I'm on my way

von Udo Lindenberg
aus der CD »Der Excessor«

Einsame Reise über den Ozean.
Haie, Stürme, Meer und Wind,
2000 Meilen nach Brasilien,
wo Himmel und Hölle zu Hause sind.

I'm on my way.
Aus dem Dschungel der großen Stadt
fahr ich rüber zum Regenwald,
wo man Schwestern und Brüder hat
im Amazonasdschungel.

Moloch Großstadt – Urwald Brasilien,
ganz weit weg und doch so nah.
Und in Rio feiern sie Geburtstag,
Tanz und Tränen, 500 Jahr,
Goldgräber, Totengräber,
weißer Mann fällt den Baum,
bedrohte Völker uns're Freunde,
Lasst ihnen ihren Lebensraum.

I’m on my way.
Aus dem Dschungel der großen Stadt
fahr ich rüber zum Regenwald,
wo man Schwestern und Brüder hat
im Amazonasdschungel.

I’m on my way.
Mit dem Floß übers weite Meer,
durch Wind und Wetter,
Blitz und Flammen.
Stadtindianer und Yanomamis
gehören zusammen.

I’m on my way.

Von Dieter Glogowski erhalte ich den »Weitsichtpreis« des Jahres 2001. Er ist mit 10 000 Mark dotiert. Orden, Titel Ehrungen waren eigentlich nie mein Ding. Aber heute fühle ich mich doch geehrt, weil diese Anerkennung ein deutliches Kompliment ist und den vielen Spöttern zeigt, dass Ausdauer sich lohnt. Nicht so sehr finanziell – das Geld stecke ich in die Waiapí-Krankenstation –, sondern auch, weil die Indianer tatsächlich Frieden erhalten haben.

»Rüdigers Bericht soll euch zeigen, dass Engagement sich lohnt, dass Visionen Realität werden können. Ich möchte Rüdigers Begeisterung auf euch übertragen. Wer mit offenen Augen durch die Welt geht, wird überall Möglichkeiten entdecken, sich einzubringen, zu helfen, seinem Leben eine neue Dimension zu verleihen.« Glogowski weiß, wovon er redet. Er hat eigene Projekte in Tibet.

Eine ganz besondere Ehrung wird mir von einem Yanomami zuteil. »Wenn du tot bist, werde ich deine Asche essen.« Die Bedeutung dieses Satzes kann ermessen, wer den Totenkult der Yanomami kennt. Der Indianer sagt mir damit: Du bist unser Freund, du gehörst zu uns, wir lassen dich nie im Stich. Da wird einem doch warm ums Herz.

Ein Journalist verleiht mir den Titel »*Sir Vival*«. Darauf bin ich nicht weniger stolz. Das witzige Wortspiel entspricht meiner Art, das Thema *Survival* zu kombinieren mit Respekt gegenüber der Natur, fremder Völker Lebensart – ohne Verbissenheit und unabhängig von Geschlecht, Rasse, Religion, Alter oder körperlicher Verfassung. »Vor allem, weil Nehberg kein Theoretiker ist. Er lebt vor, wovon er schreibt und was er auf andere übertragen möchte.«

Auch das Prädikat der Hamburger Morgenpost freut mich, die mich anlässlich des 25-jährigen Jubiläums von Globetrotter als »Stargast« und »langjährigen Schutzheiligen der furchtlosen Weltentdecker« bezeichnet.

Unter der Überschrift »Erstbesteigung« witzelt die Titanic: »Messner besteigt Nehberg ohne Sauerstoffmaske! Arved Fuchs gab schon an der Achselhöhle auf.« Es ehrt mich auch, wenn mich Journalisten jungen Menschen als »Ikone« oder »Idol« vorstellen. Wenn ich erlebe, dass viele Jugendliche mir nacheifern, dass Mütter gern mit ihren Kindern in meine Vorträge kommen, dann hat das sogar einen Nebeneffekt: Ihre Bewunderung erzieht mich. Ich fühle mich verpflichtet, diesen Erwartungen zu entsprechen. Ein Anspruch an mich selbst. Würde ich nach den Vorträgen gern ein Glas Wein trinken, muss ich es mir versagen, wenn ich anschließend noch Auto fahre. Als Nichtraucher habe ich nicht mal Bock, eine Zigarette zu probieren. Das Gleiche gilt für Drogen aller Art. Ich brauche diese Stimulanzen nicht. Weder will ich extreme Höchstleistungen erbringen, noch muss ich Depressionen ausschalten und mir Halluzinationen vermitteln. Meine Aktionen produzieren das nötige Rauschmittel von selbst: Adrenalin – die körpereigene Droge. Manchmal spritzt sie mir zu den Ohren raus. Mehr brauche ich nicht.

Auch Annettes und meine Ernennung zu Ehrenbürgern von Chinguetti, Mauretanien, und die Ehrenmitgliedschaften bei TARGET von bislang acht ranghohen Islamführern ehren mich. Hier ist das ganz besondere Glücksmoment das damit ausgedrückte große Vertrauen zu uns, den Fremden, den so genannten »Ungläubigen«, denen man abnimmt, dass sie es ehrlich meinen mit der Zusammenarbeit mit dem Islam.

Aber Höhepunkt der Auszeichnungen ist 2002 die Verleihung des Bundesverdienstkreuzes am Bande. Eine ganze Stunde nimmt sich Schleswig-Holsteins Ministerpräsidentin Heide Simonis dafür Zeit. Fast bekomme ich ein schlechtes Gewissen, denn lebhaft kann ich mir ihren Tagesplan vorstellen. Da geht es manchmal um Fünf-Minuten-Gespräche, und nun raube ich ihr eine ganze Stunde.

Im Namen des Bundespräsidenten würdigt sie das kontinuierliche Engagement für bedrohte Völker und Natur.

»Deshalb haben wir bei Ihnen eine Stufe der Verdienstmedaillen übersprungen und fangen gleich mit dem Verdienstkreuz am Bande ab. Sie haben es nicht nur bei vager Betroffenheit belassen, sondern in harten Verhandlungen und mit enormem persönlichen Einsatz an Zeit, Geld und Gesundheit selbst angepackt.«

Dann würdigt sie TARGET.

»Das Besondere an Ihrem Verein ist, dass er den Dialog mit den islamischen Führern sucht ... Dauerhafte Veränderungen lassen sich nur mit den Menschen dort erreichen, mit Respekt vor ihren Werten und Traditionen.«

Die Ministerin spricht von einem »herausragenden Beispiel für einen gelungenen Dialog der Kulturen« und davon, »dass humanitäres Engagement und die Erfüllung individueller Träume keine Gegensätze sind. [Nehberg] verbindet seine Leidenschaft für extreme Natur-Erlebnisse mit dem Einsatz für Schwache, Unterdrückte und Vergessene.«

Sie fährt fort, dass ich gar nicht dem Bild des Menschenrechtsaktivisten entspräche, weil ich einen anderen Ansatz hätte. »Sie nennen es aktionsorientierte Arbeit und erreichen damit ein riesiges Publikum. Allerdings muss ich sagen, dass ich ›aktionsorientiert‹ bei einigen Ihrer halsbrecherischen Aktionen für ein krasses Beispiel norddeutschen Understatements halte.«

Mensch, freue ich mich nebenbei, da bin ich also doch schon ein richtiger Norddeutscher! Nun offiziell anerkannt.

»Ein weiterer Punkt unterscheidet Sie von vielen Menschenrechtsorganisationen: Sie haben ein sicheres Gespür für die Regeln der Medien … Und ob die Auszeichnung, die ich Ihnen jetzt überreichen kann, nun Ihren Ehrgeiz zufrieden stellt oder Ihre Seele streichelt, das ist in der Tat Geschmackssache. Verdient haben Sie sie allemal.«

Sie streichelt vor allem meine Seele. Ich bedanke mich artig. Sogar meine Krawatte applaudiert per Knistern. Und im Stillen überlege ich, ob nicht die Redenschreiber meiner Ministerpräsidentin mir behilflich sein könnten, wenn ich psychologisch attraktiv aufgebaute Briefe an meine islamischen Gesprächspartner zu schreiben habe.

Annette, Roman und Sophie sind mitgekommen. Auch Tochter Kirsten lässt sich diesen Moment im Leben ihres Vaters nicht entgehen. Eine richtige kleine Familienfeier. Schließlich hängt die Ministerin mir den Orden um.

»Eigentlich darf ich ihn gar nicht an eine Anzugskombination hängen. Die richtige Kleidung wären ein Frack oder ein Smoking gewesen.« Ich erröte. Mal wieder falsch gestylt.

Die anwesenden Journalisten sehen das anders. »Herr Nehberg mit Anzug und Krawatte?«

»Ja. Und die Krawatte habe ich mir gestern noch schnell bei C & A gekauft. Fünf Mark habe ich bezahlt. Extra für dieses Ereignis. Die andere Krawatte, die ich besitze, passte nicht so recht zu meinem Anzug. Nun besitze ich endlich eine *Zweit*krawatte!«

Man freut sich mit mir. Ich bin Besitzer zweier Krawatten, die Journalisten haben ihre Schlagzeile. »Nehberg mit Bundesverdienstkreuz und Zweitkrawatte!« Die haben gut schreiben. Wahrscheinlich haben sie 50 Zweitkrawatten und sogar drei Zweit*wagen*. Jedenfalls verdankt Deutschland mir und dieser Berichterstattung den soeben losgetretenen Trend zur Zweitkrawatte. Ursprung und Copyright: Rüdiger Nehberg. Bin gespannt, ob C & A mir dafür je Rabatt gewährt.

Nach TARGETs erster Wüstenkonferenz 2002 bekommen Annette und ich zwei ganz besondere Geschenke: Waris Dirie, mein Idol, mein Vorbild, meine Initialzündung, meine Was weiß ich noch nicht alles, hört von unserem Erfolg. Sie bittet um ein Treffen in Hamburg. So schnell kann nicht einmal ich laufen, wie ich mit Annette zu ihr will. Es ist ein beglückender Moment, wie sie uns umarmt und sich für unseren Einsatz für die gequälten Mädchen und Frauen bedankt. Die Tränen auf beiden Seiten sind ehrlich. Nur zwei Tage später gibt uns Karlheinz Böhm die Ehre. Auch er hat von unserem Einsatz in Äthiopien, seinem Land und seiner zweiten Heimat, gehört. Jetzt ist Annettes Idol, Vorbild, ach mir fehlen die Worte was sonst noch, unser Gast. Er bietet uns seine Unterstützung an und bestätigt unseren

eingeschlagenen Weg. Kann einer verstehen, wie glücklich wir sind? Fast nicht zum Aushalten.

Nur einen Orden gibt es unter den diversen Ehrungen – den habe ich mir selbst verliehen. Es ist der, den ich nach dem Training bei den Kampfschwimmern *nicht* erringen konnte (s. Kap. Survival). Ich war den Anforderungen ihrer Prüfung nicht gewachsen. Um das Versagen seelisch verkraften zu können, begründe ich es mir mit dem Altersunterschied. Sie sind Mitte 20, in der Blüte des Lebens. Ich bin um die 50, im Stadium des Welkens. Mit 50 ist auch von denen längst keiner mehr aktiv im Dienst, tröste ich mich. Da sitzen auch sie längst in der Schreibstube. Und nie vergesse ich, wie der Ausbilder seine Schüler fragte: »Wer von euch will Nehberg auf dem Tretboot begleiten?« Keine Meldung. Niemand. Das baut auf.

Um nicht ordenlos nach Hause zu kommen, modifiziere ich ihren Leitspruch »Lerne leiden, ohne zu klagen« und nähe ihn mir auf den Overall. Seitdem trage ich ihn stolz durch die Welt: »Lerne klagen, ohne zu leiden.«

»Nachfolger«

Viele sind zu allem bereit,
aber zu nichts zu gebrauchen.
Klo-Spruch

Es ehrt mich, es macht mich glücklich, wenn Leser meine Aktionen unterstützen, sie nachahmenswert finden oder ich sie zu eigenen Aktivitäten inspirieren kann. Ich habe Schwierigkeiten, wenn sie es dilettantisch machen und scheitern. Und Mitleid, wenn Schizophrene auf ihrer Homepage vollmundig Riesenaktionen zugunsten der Yanomami und Survival ankündigen, damit prahlen, alles bisher Dagewesene in den Schatten zu stellen, sich in Wirklichkeit vor Angst in die Hose machen, schon vorm Start aufgeben und ihren Homepage-Text sang- und klanglos löschen. Der *Kölner Express* titelte über einen solchen Kandidaten: »*Der Köllsche Weltumschwindler*«. Mehrfach war der selbst ernannte »Survival-Experte« nach eigenen Angaben bei den Yanomami gewesen, überfallen und ausgeraubt worden. Große Summen an Spendengeldern verschwanden in Räubertaschen. Sogar die brasilianische Polizei bereicherte sich angeblich durch Diebstahl an ihm – und nichts davon stimmte! Er hatte in Manaus bei Bekannten von mir im sicheren Zimmer mit Klimaanlage gesessen, sich die Finger in Gesprächen mit seinem Büro in Köln wund telefoniert, um die Geschichten über seinen »Pressesprecher« verbreiten und aufbauschen zu lassen. Bis sie sich als Fantasterei herausstellten. Wie sagte es Henri Troyat? »Manche Menschen bleiben nur durch ihr Scheitern in Erinnerung. Auch das ist Unsterblichkeit.«

Mancher Leser hat inzwischen die Omo-Reise in Äthiopien nachvollzogen. Andere sind von A nach B ohne Lebensmittel gewandert. Wieder andere haben sich auf dem Nil und dem Atlantik versucht. Leider mehrere mit tödlichem Ausgang. Sie vergessen, wie wichtig ausreichende Vorbereitungen sind, die richtige Selbsteinschätzung, die richtigen Partner. Und vielleicht auch erste Erfahrungen, um sich dann allmählich zu steigern, statt gleich ins tiefe Wasser zu springen.

Da ist jener Briefzusteller aus Eutin. Mehrfach hat er sich mit seiner 17-jährigen Tochter meinen Tretbootfilm vom ZDF reingezogen. Sie, die Wasserratte, schafft es, ihren Vater zu einer ähnlichen Atlantik-Überquerung zu überreden. Ihr Fahrzeug: ein Kunststoff-Paddelboot mit Segel. Rechts ein Ausleger. Er soll das Boot gegen Kenterung stabilisieren und ist gleichzeitig ihr Trinkwasser-Reservoir. Durch zwei Metallrohre ist er mit dem Boot verbunden.

Ein Test in der Ostsee ergibt Nachteile des Gestänges. Es liegt zu flach über dem Wasser, gerät ständig *unter* Wasser und bremst. Der Vater entscheidet sich, die Stangen höher zu legen. Das erfordert vier Schnitt- und vier Schweißstellen. Dabei belässt er es. Auf Winkelverstärkungen verzichtet er.

Erst Monate später sehe ich die Konstruktion auf einem Foto. Da wird mir der Schwachpunkt klar. Gerade Rohre hätten die Wellen nicht so leicht geknackt. Vier Schweißstellen jedoch, auf die sich ungeheure Hebelkräfte auswirken, im Handumdrehen. Das wird ihnen zum Verhängnis geworden sein. Die beiden tauchen nie wieder auf.

Das Bedauerliche: Mein Tretboot-Film war der Auslöser für ihre Reise. Und fast sind wir Nachbarn. Eutin liegt nur wenige Kilometer von Rausdorf entfernt. Es hätte sie einen Anruf gekostet und etwas Zeit. Bestimmt hätte ich sie auf den Schwachpunkt hinweisen und Verbesserungsvorschläge machen können. Zum Beispiel den, die Rohre unzerschnitten zu lassen, sie höher zu legen, auf ein Podest. So, wie ich es später bei meinem Baumstamm »The Tree« gemacht habe. Dann trickst man sogar Orkankräfte aus.

Als unbelehrbar hingegen erweist sich ein anderer Mann aus Dresden. Nennen wir ihn Markus. Immerhin lernen wir uns persönlich kennen. Er bringt Frau und Tochter mit, will zum Blauen Nil. Allerdings allein. Er will meine Leistung toppen.

Er ist arbeitslos. Die Ehefrau finanziert sein Vorhaben mit ihrem Einkommen als Kaufhaus-Detektivin. Ich zeige ihnen die Filme vom Blauen Nil und Omo-Fluss in Äthiopien, beantworte die nicht enden wollenden Fragen.

Meine Bücher kennt er auswendig wie andere die Bibel. Er war sogar schon in Äthiopien, hat den Nil gesehen. Nichts kann ihn halten. Auch nicht die Frau und die Tochter. Ähnlich also wie bei mir. Und dennoch mit einem Unterschied. Er will den Nil in seiner *gesamten* Länge und notfalls *allein* befahren. Aber das verrät er nicht. Das erfahre ich später, als er gescheitert ist. Partner hat er nicht gefunden. Da hatte ich damals mehr Glück: Es meldeten sich sehr viele; ich hatte die freie Wahl. Doch die Zeiten haben sich geändert. Vielleicht auch die Bereitschaft zum Risiko.

Markus verlässt also Deutschland allein. Sein Fahrzeug ist ziemlich identisch mit meinem. Unsinkbar, unzerstörbar. Nur blau statt rot. »Wegen *Blauer* Nil.«

Er schickt mir zum Abschied ein Foto. »Blue Nil Expedition« hat er in großen weißen Lettern darauf geschrieben. Ich rufe Markus an. »Nile schreibt man im Englischen mit e.« Er kann nur Sächsisch, ändert es im letzten Moment.

Kaum ist er fort, da ist er schon wieder zurück. »Es hat nicht geklappt. Das Wasser hat mich fertig gemacht. Nach zwei Tagen habe ich die Nerven verloren und dem Boot einen Tritt gegeben. Es ist allein weitergefahren.« Abenteuer, im wahrsten Sinne des Wortes. Betonung auf Aben*teuer*.

Zurück in Frankfurt, ruft er seine Frau an. »Ich werde es sofort erneut versuchen.« Das heißt, sie muss wieder viel Detektiv spielen, um seinen Traum zu finanzieren. Er lebt weiterhin von Gelegenheitsarbeit. Die Ehe kriselt.

Boot Nummer zwei ist fertig. Diesmal hat er zwei Partner gefunden: einen ledigen Mann und eine verheiratete junge Frau. Sie hat zwei Kinder und einen toleranten Ehemann, der sie mit den beiden fremden Männern ziehen lässt.

Die drei fliegen nach Äthiopien. Zwei Wochen später ist Markus erneut zurück. Er ruft mich an.

»Wir haben aufgeben müssen. Das Boot liegt in einem Dorf in der Nähe des Flusses.«

»Wie weit seid ihr denn gekommen?«

»Nicht weit.«

»*Wie* weit denn?«

»500 Meter. Oder zwei Kilometer. Ich weiß es nicht. Es ging alles so schnell.«

»Woran ist es denn gescheitert?« Ich muss die Antworten mühsam aus dem Telefon zerren.

»Wir sind gekentert. Die Frau ist ertrunken. Wir haben sie nicht mehr wieder gefunden.«

Puh. Nun verschlägt es mir die Sprache.

Die Staatsanwaltschaft Dresden beschuldigt ihn der fahrlässigen Tötung. Sie beschlagnahmt seine Fotos. Sie zeigen ein sich wiederholendes Motiv: Markus überall mit hochgerecktem Daumen und lachend. Zum Beispiel vor tosenden Wassern: Da ist sie ertrunken!

Markus mit hochgerecktem Daumen und einer Maschinenpistole vor der Brust auf einem äthiopischen Polizei-Motorrad: Hallo, ich bin ein toller Hecht!

Beim Anblick der Bilder zwingt sich unwillkürlich Mitleid auf. Markus hat ganz offenbar einen Krampf im Daumen. Kaum ein Bild ohne Daumen.

Die Dresdener Polizei zeigt mir diese Bilder. Ich erkenne die Schlucht unmittelbar unterhalb der Tississat-Fälle, am Ursprung des Blauen Nils. In der Trockenzeit rasen die Wassermassen im Zickzack durch eine Basaltschlucht. Manchmal ist sie nur drei Meter breit. Sie hat hohe zackige Wände mit Millionen Sägezähnen. Wer dort hineinfällt, kommt nicht wieder raus. Jedenfalls nicht lebend. Allenfalls als Hackfleisch und viele Kilometer flussabwärts. Und dort warten die Krokodile. Da toben Wassermassen durch die enge Schlucht, die selbst bei 20 Metern Breite noch höllisch wild und mit einem Floß nicht zu meistern sind. Sogar Extremsportler mit Kajaks hätten hier in der Schlucht zu Trockenzeiten kaum Chancen. Eine Flussstrecke wie ein Starmix. Schredder pur. Und die wollte Markus unbedingt mit seinem Floß meistern. Rein physikalisch aussichtslos.

»Er wollte unbedingt jeden Kilometer befahren, um mehr zu schaffen als Nehberg. ›Hier hat Nehberg getragen‹, war seine ständige Redensart.« So der überlebende Mitfahrer gegenüber der Polizei.

Die Anklage wird fallen gelassen. Die Teilnehmer waren alt genug, jeder konnte jederzeit zurücktreten. Alle drei haben sich, trotz ihrer Angst, entschieden zu fahren statt zu tragen. Tragisch.

»Ich werde weitermachen«, verrät er mir. Nachdem ich seinen krankhaften Ehrgeiz kenne, gehe ich auf Distanz. Fanatiker sind mir suspekt. Seine Ehe wird geschieden. Ich gratuliere Frau und Tochter.

Eines Tages steht er wieder überraschend vor meiner Tür. Unangemeldet, wie ich es am »liebsten« mag. Ich lege Wert auf respektierte Privatsphäre. Normalerweise hätte Annette ihn nicht reingelassen. Aber ich habe Geburtstag, den 68., und er steht mit einem Alpenveilchen in der Hand da. Also Small and Short Talk. Bestimmt wird er mir wieder sagen, dass er irgendwann erneut fährt.

»Was gibt's Neues?«, frage ich. Aber eigentlich höre ich gar nicht richtig hin.

»Viel.«

Mehr höre ich nicht. Also wird es *sooo* viel dann doch nicht sein. Ich sollte mich täuschen.

»Und was?«

»Ich war wieder da.«

»Am Nil?«

»Ja.«

»Wieder da oben?«

»Ja.«

»Allein?«

»Nein. Ich hatte zwei Äthiopier dabei.«

»Und? Geschafft?«

»Nein.«

»Boot verloren?«

»Schlimmer.«

»Sag nicht, wieder jemand ertrunken!«

»Schlimmer.«

»Wieso schlimmer?«

»Es sind beide ertrunken.«

Der eine hinterlässt Frau und zwei Kinder. Ich erfahre dann noch, dass Markus sich aus dem Staub gemacht hat. Im Dorf, in dem die beiden Ertrunkenen gelebt haben, hat er nur kurz gesagt, er müsse noch mal nach Addis, weil sie ein wichtiges Ersatzteil vergessen hätten.

»Die hätten mich sonst gelyncht.«

Und nach einer Pause: »Ich habe nur Pech.«

Die Antwort ist typisch. Wenn Unfähigkeit einen Decknamen braucht, nennt man sie Pech.

Später schreibe ich Markus eine letzte Karte. »Was hältst du davon, der Witwe mit den beiden Kindern monatlich etwas Geld zu schicken?«

Keine Antwort. Soweit Markus.

Okay. Auch mir sind schlimme Dinge widerfahren. Auch ich plane mich nie völlig zu. Getreu der bekannten Devise »Je genauer du planst, desto härter trifft dich der Zufall«, lasse ich dem Restrisiko eine ehrliche Chance. Aber *wenn* etwas passiert, trifft es entweder nur mich, weil ich allein reise. Oder ich habe vollwertige Partner, die selbstverantwortlich handeln und denen ich mich unterordne, wenn sie die besseren Argumente vorbringen.

Dann gibt es noch die anderen, die Positiven, die (manchmal auch nur vermeintlich) Konstruktiven, die, die sich Tag und Nacht über den Zustand der Welt den Kopf zerbrechen. Und die dann sogar das bahnbrechende Konzept entwickeln.

»Es ist so revolutionär, dass die Menschen es gar nicht begreifen«, heißt es in einem Fax. »Überall, wo ich das bisher vorgeschlagen habe, bekomme ich keine Antwort. Du bist meine letzte Hoffnung.«

Der Absender schwärmt: »… die Wüsten werden sich wieder begrünen, die Meere gewinnen ihren ursprünglichen Artenreichtum zurück, die Wälder werden sich wieder ausdehnen, die Erde allen Lebewesen ausreichend Platz bieten.« Er bittet um ein Treffen.

Sollte das Schicksal mich auserwählt haben, einem verkannten Genie zum Durchbruch zu verhelfen? Geht es ihm so wie mir mit der »Pro-Islamischen Allianz«, die auch alle für hirnrissig hielten? Ich weiß, es gibt viele unentdeckte Genies, Talente, die sich erst mit einem Eigenverlag Geltung und Respekt verschaffen können. Oder mit einem Terroranschlag Aufmerksamkeit erregen und sogar in die Nachrichten kommen. Karriere pur. Je nachdem eben.

Ich antworte ihm aus reinem Verantwortungsgefühl. Verantwortung für die Genesung unserer Mutter Erde. Verantwortung, um einen möglichen Terroranschlag zu vermeiden. Genies sind zu allem fähig.

»Erläutere mir dein Konzept bitte ein wenig näher«, faxe ich zurück.

Sofort kommt die Antwort. »Die heute Wissenschaft ist so weit gediehen, dass man alle Lebewesen klonen kann, Pflanzen gen-manipulieren kann und vieles mehr. Dann sollte es auch möglich sein, Menschen umzuzüchten.«

Aha, denke ich, Menschen mit mehr Verstand, mehr Verantwortung, weniger Egoismus.

»Es dürfte der Medizin ein Leichtes sein, den Menschen innerhalb von fünf Generationen auf eine Größe von 30 Zentimetern zu züchten. Das würde bedeuten, es wird nur noch ein Bruchteil der Nahrung benötigt. Mit einer Banane könnte man eine Person eine Woche lang ernähren. Felder könnten der Natur zurückgegeben werden, die Meere würden zu ihrem alten Fischbestand zurückfinden, Straßen und Häuser um 80 % verkleinert werden. Das käme auch den Rohstoffen zugute. Mit wenigen Kilo Metall ließe sich ein Auto bauen …«

Ich antworte. »Große Genies werden leider immer verkannt. Auch ich verkenne dich. Aber ich habe eine Idee. Schreib über dein Projekt einen Science-Fiction-Roman. Vielleicht findest du auf dem Wege Mitstreiter. Auch Jules Verne hat man nicht geglaubt, dass seine Visionen Wirklichkeit werden könnten. Inzwischen sind sie von der Realität längst überholt.«

Oder die Geschichte von Hans (35) und seiner Behörden-Kollegin Jeanette (37), die alles toppen möchten. »Sie ist die tollste Frau, die mir je begegnet ist. Jetzt wollen wir beide heiraten und das mit einer großangelegten spektakulären Hilfsaktion für deine Menschenrechtsorganisation TARGET verbinden.« So die interessante Ankündigung. Ich lese weiter, und da relativiert sich alles auf ein Nichts.

»Wir wollen unsere Hochzeitsreise nicht wie andere machen. Also nicht nach Hawaii oder in die Karibik. Wir möchten von Duisburg auf den Brocken im Harz. Nicht etwa mit der Bundesbahn, sondern survivalmäßig *alles zu Fuß*.«

»Alles zu Fuß?«, flachst Annette dazwischen. »Das ist doch gar nicht machbar, Herr Nachbar.«

Die letzten drei Worte hat er sogar unterstrichen. Teufel noch mal, denke ich, das ist ja wirklich spektakulär. Spektakulär bagatellhaft. Und lese weiter.

»Für jeden Kilometer lassen wir uns von unseren Verwandten und Freunden Kilometergeld zahlen. Alle wollen mitmachen. Sie meinen, so was hat es noch nie gegeben.«

Mon Dieu, was hat der nur für Verwandte? Aber wie der Herr, so's Gescherr.

»Allerdings mit einer Einschränkung«, geht es weiter. »Wir wollen im Hotel übernachten, denn die Jeanette mag nicht draußen schlafen. Doch das Hotel kostet Geld. Und damit das Kilometergeld nicht voll draufgeht, suchen wir Sponsoren.

Und damit sind wir bei unserem Hauptanliegen. 1. Kannst du uns Sponsoren beschaffen? Als Gegenleistung kann ich für sie Links auf meine Homepage setzen. 2. Kannst du uns in Duisburg eine Pressekonferenz organisieren? Möglichst mit Fernsehen und allem Drum und Dran. Sie können uns gern während des Marsches begleiten. Je mehr, desto lohnender für TARGET.«

Es folgen zwei Unterschriften und ein Nachsatz. »Die Bewirtungskosten für die Journalisten können wir uns ja teilen. Die Jeanette kann einen ganz tollen Mohnkuchen backen. Ihr übernehmt das andere.«

Das habe ich getan. Ich habe seinen Brief abgeheftet im Ordner »Besondere Leserbriefe«! Nur haarscharf ist er der schlimmsten Note, nämlich »Arschloch«, entgangen. Das ist ein durchgestrichener Kreis mit einem Punkt in der Mitte.

Ein weiteres bezeichnendes Beispiel leistet sich »CARE Österreich«. Da verkündet die vereinseigene Zeitschrift INSIDER vom Frühjahr 2004 Erstaunliches: »Erfolg in Äthiopien: Nie mehr Beschneidung!«

Dachte ich noch, man berichte über TARGET's Erfolg auf der Wüstenkonferenz, sah ich mich schnell getäuscht. »CARE hat mit 76 kirchlichen und weltlichen Würdenträgern eine dreitägige Versammlung in Äthiopien zum Thema FGM (Weibliche Genitalverstümmelung) abgehalten ... die Dorfältesten, Clanführer und Mullahs haben öffentlich erklärt, dass nie wieder Verstümmelung praktiziert werden soll!«

Wortgewandt lässt CARE den Eindruck entstehen, es sei CARE's und nicht TARGET's Verdienst, was da längst zwei Jahre zuvor geschehen ist.

Nachfragen bei Sultan Ali Mirah sowie dem politischen Führer Ismail und dem *Obersten Rat für Islamische Angelegenheiten* machen klar: Die einzige und entscheidende gesetzgebende Versammlung ist ausschließlich 2002 von TARGET initiiert und durchgeführt worden.

Um zu vermeiden, durch bewusst irreführende Publikationen gegenüber unseren Förderern in ein schiefes Licht gerückt zu werden und in letzter Konsequenz als Lügner dazustehen, die sich mit fremden Federn schmücken, hat TARGET Rechtsanwalt Burkhard Bühre von der Kanzlei Dr. Miedtank und Partner in Oldenburg eingeschaltet.

Dessen höfliche Anfrage: »Wann, wo und unter welcher Beteiligung welcher Würdenträger hat diese Versammlung stattgefunden?«

Dachten wir, erfolgsstolz Fakten verkündet zu bekommen – denn was wäre werbewirksamer? –, sahen wir uns, wie erwartet, getäuscht.

»In der letzten Dezemberwoche 2003. Es besteht keinerlei Zusammenhang mit der von TARGET im Januar/Februar 2002 organisierten Konferenz.« Kurz und bündig. Keins der erbetenen Details. Woher auch?

Bei nochmaliger Nachfrage heißt es dann kurz, prägnant und anwaltlich: »In Ermangelung jeglicher sachlicher (!!!) und rechtlicher Grundlage sieht meine Mandantschaft keinerlei Veranlassung, die von Ihrer Mandantschaft gewünschten Auskünfte zu erteilen.«

Mag sich der Leser hierzu seine eigene Meinung bilden.

Im Sinne der betroffenen Frauen ist es jedoch nur erfreulich, wenn andere Hilfsorganisationen die Aktionen von TARGET nachahmen. Gemäß der Weisheit »Nachahmung ist das ehrlichste Kompliment!«

Heimat

> Die Freiheit ist kostbarer als jedes Geschenk,
> das dich verleiten mag, sie aufzugeben.
> *Baltazar Gracian*

Meine Reisen haben einen wichtigen Nebeneffekt. Ich lerne Deutschland schätzen. Die Demokratie, die Redefreiheit, die Sicherheit, den Wohlstand, die Zuverlässigkeit, die Sauberkeit. Auch die Gemütlichkeit. Auch den Wasserhahn, der tatsächlich Wasser hergibt, wenn man ihn streichelt. Um nur einiges zu nennen.

Erst wenn man erfährt, dass diese Lebensqualität nicht selbstverständlich ist, dass den meisten Menschen dieser Erde solcher Luxus verwehrt ist und sie kaum eine Chance haben, das je zu erleben, würdigt man diese Errungenschaften der Zivilisation umso mehr. Man wird sich darüber im Klaren, dass auch bei uns vor hundert Jahren noch nicht denkbar war, was heute als Selbstverständlichkeit hingenommen und wovon gern immer noch mehr gefordert wird. Bis hin zur Maßlosigkeit, zur Selbstzerstörung. Wir vergessen, dass Millionen unserer Vorfahren im Kampf dafür in Kriege geschickt, gefoltert, gemordet wurden und wie ungeheuer wertvoll unser Lebensstandard ist. Und wie wichtig, ihn zu verteidigen. Aber das kann nur achten, wer Notzeiten erlebt hat. Oder wer die Fähigkeit besitzt, diese Errungenschaften durch Vergleiche mit weniger friedlichen und demokratischen Ländern zu begreifen und sich über den Erhalt der Demokratie Gedanken zu machen. Das heißt, auch an Wahlen teilzunehmen.

Auch auf meiner Wanderschaft als Geselle von Konditorei zu Konditorei durch viele Bundesländer habe ich zu vergleichen gelernt. 1957 verschlägt es mich nach Hamburg. Ich bin sofort begeistert. Die Offenheit dieser Metropole, das internationale Flair, Schiffe und Seeleute aus aller Herren Ländern, die romantischen Kanäle, die vielen Grünanlagen mitten in der Stadt, das weltstädtische Zentrum, das bunte Mit- und Durcheinander – das alles fasziniert mich von der ersten Stunde an. Ich stehe im Hafen an der Elbe, sehe den Schiffen nach und male mir aus, dass ich von hier aus in die ganze Welt reisen kann. Ohne Barrieren.

Die angebliche nordische Zurückhaltung, die Sturheit, die Pfeffersack-Mentalität, das Fischkoppdenken – ich kann es nicht finden. Oder es gibt sie und ich verkehre in den falschen Kreisen. Dann will ich es auch nicht ändern.

Und noch eins ist es, dass mich an Hamburg begeistert. Das ist die Fortbildungsmöglichkeit. Das Kursusangebot allein der Volkshochschule füllt einen ganzen Katalog, dick wie ein Weltstadt-Telefonbuch, und sprengt meine Vorstellungskraft. Ich werde zum Dauerkunden bei der VHS, belege neben meinem Beruf drei Kurse parallel. Kaum habe ich Feierabend, hocke ich irgendwo und lerne Arabisch, Italienisch, Französisch, Spanisch, mache den Jagdschein, um legal an eine Waffe zu kommen, lerne Funken, Navigation, mache den Sportboot-Führerschein, um nur einige von weit über hundert Fortbildungen aufzuzählen, die ich absolviere. Hamburg wird meine Heimat. Ich »erforsche« St. Pauli und St. Georg. Stadtteile mit heiligen Namen und weniger heiligem Treiben. Heuchelei pur. Im Gegensatz dazu dann anrüchige Namen wie »*Poppen*büttel«, wo rein gar nichts los ist. Schon gar nicht …

Ich werde sesshaft, mache mich selbstständig, betreibe 25 Jahre lang meine Konditorei mit Filialen, verkaufe schließlich alles, als meine Interessen sich verlagern. Weg von den Torten, immer mehr hin zu den Tortouren.

Ich lerne Schleswig-Holstein kennen. In Rausdorf bleibe ich hängen. Ein kleines Dorf in einem hübschen Tal. Ich erwerbe eine alte verfallene Mühle und baue sie um. Dazu ein See, ein Bach, zwei Hektar Sumpf. Und das alles nur 25 Kilometer vom Zentrum Hamburgs entfernt! Jetzt habe ich die Hektik der Großstadt und die Idylle des Landes kombiniert. Ein Doppelpack abwechslungsreichen Lebens. Ich bin glücklich.

Mit zwei Anrainern komme ich überein, meine Grundstücksgrenzen zu optimieren. Ich pflanze Tausende von Mischbäumen, baue Tümpel, lege stille Fluss-Seitenarme an, einen Plätscherbach. Das begeistert die Frösche, Muscheln, Ringelnattern, Reiher, Eisvögel, Eulen, Enten, Bisam. Der Erlensumpf wird zum Refugium für Rehe. Ich avanciere zum Landschaftsgestalter.

Irgendwo in dieser Wildnis ein Mini-Camp, mein Survival-Trainingslager: *Torten-Rudis Torture Training Trail.* Jahrelang vermittle ich hier mein Survival-Basiswissen an Interessierte, erfahre, was den weniger abenteuerlich gepolten Menschen interessiert, wo er seine Ängste hat, wie begeisterungsfähig Kinder sind. Ich drehe mit dem ZDF die Kinderserie »Abenteuer vor der Haustür«, 20 Vier-Minuten-Happen über Basis-Survival mit Jugendlichen*. Sie läuft viele Monate in der Nachmittagssendung LOGO. Die Kids sind begeistert. Die Redakteure auch. Irgendwann ein Anruf des Programmleiters. »Ich muss Ihnen mal was sagen. Das kam eben auf der Redaktionskonferenz zur Sprache, und es wird Sie sicher interessieren. Wir bringen ja wirklich ein großes Spektrum verschiedenster Beiträge. Und egal, was man sendet, hinterher gibt es Anrufe oder Briefe von Kritikern. Allen voran Lehrer, Psychologen und Sozialpädagogen. Gehört wohl zum Berufsethos der Besserwisser. Sind die Kritiken berechtigt und geht man darauf ein, melden sich sofort andere, die erneut was zu bemängeln haben. Aber – und nun kommt's – bei Ihrer Sendung hat noch nie jemand auch nur eine einzige Meckerei vorgetragen. Es kommt ausschließlich Zustimmung und die Frage nach Wiederholung. Das wollte ich Ihnen mal schnell gesagt haben.«

Mir geht das runter wie frisches Eiweiß, obwohl ein Löwenanteil des Erfolges der ZDF-Redakteurin Christine Schmidt gebührt. Sie hat vieles an der Serie optimiert.

Als mein Leben vom Kampf gegen die weibliche Genitalverstümmelung dominiert wird, beende ich auch die Phase der Trainings. Ich muss Prioritäten setzen, weil ein Tag nur 24 Stunden hat.

2000 kommt Annette nach Rausdorf. Zeitgleich wird meine Mühle Geburtsort von TARGET, unserer Menschenrechtsorganisation. Eine neue Ära beginnt. Das Untergeschoss wird zum Büro. Bis es nach drei Jahren aus allen Nähten platzt. Wir ziehen um in das nahe gelegene Trittau.

* Komplett-Video-Verlag, München, ISBN 3-89672-456-8.

Leben mit Risiko

Das »Leben mit Risiko« wird mein Markenzeichen. Dabei ist Leben immer ein Risiko und lebensgefährlich. Für mich wird ein genormtes, abgesichertes Dasein unvorstellbar. Zwar bereite ich mich auf meine Exkursionen bestmöglich vor. Aber unperfekt. Das Restrisiko soll eine faire Chance haben. Dafür belohnt es mich mit manchmal aberwitzigen Überraschungen, vergrößert meine Adrenalindrüsen, lässt das Fantasiezentrum meines Gehirns Purzelbäume schlagen, verströmt Glückshormone in den Kreislauf und erlaubt keiner einzigen Krankheit, meinen Körper zu entern und vorübergehend aus dem Verkehr zu ziehen.

»Was du erlebt hast, reicht für 20 Leben«, meint ein Vortragsbesucher. Er muss es wissen. Er ist mindestens schon 17. Jedoch die Aufregung des Aktivisten, auf seinem selbstgebauten Gefährt über den Atlantik zu düsen, einzutauschen gegen die Beschaulichkeit (immerhin bin auch ich im Rentenalter) einer Fünf-Sterne-Kreuzfahrt, stand und steht für mich nicht zur Debatte. Ich werde weiter powern mit dem heimlichen Ehrgeiz, es auf 25 Leben zu bringen.

Staunend stehe ich auch vor der Risikoangst junger Bewerber, die mit mir auf Abenteuer-Tour wollen. Versicherung hier, Versicherung dort. Sicherheitsdenken vor Erlebnisfülle. Als gäbe es das »besondere« Abenteuer ohne Risiko.

Aus rein materiellen Gründen war ich manchmal nicht besser als die Zauderer. »Was ist, wenn du mit deinem Baumstamm auf dem Atlantik mit einem Dampfer kollidierst?«, werde ich gefragt.

»Mein Holz ist unsinkbar«, antworte ich. »Selbst wenn es in der Schiffsschraube zu Kleinholz zerraspelt wird, bleibt immer noch genügend schwimmfähiges Material übrig. Das bündle ich zusammen – und weiter geht's.« Ich mime den, den nichts erschüttern kann.

Okay. Ich montiere einen Radarreflektor am Mast. Dann sehen mich die Schiffe rechtzeitig.

»Ja – und wenn die Schiffschraube kaputtgeht? Kannst du das bezahlen? Die Schraube, den Aufenthalt auf der Werft ...«

Aber deshalb zuhause zu bleiben oder mich zu versichern, stellt sich nie als Alternative zur Wahl.

Bei Versicherungen anzufragen habe ich mir längst abgewöhnt. Entweder haben sie meine Anträge wegen Unkalkulierbarkeit des Risikos abgelehnt (aber für was brauche ich die Versicherung denn sonst?) oder die Prämie so hoch angesetzt, dass ich mich dafür preiswerter selbst versichern kann. Mit gespartem Geld, guten Vorbereitungen und Umsicht. Zwar will ich dem Restrisiko, wie gesagt, eine faire Chance lassen. Aber ich will auch, solange es geht, dem unnötig vorzeitigen Tod ein Schnippchen schlagen. Deshalb bekommt mein Schutzengel jetzt wieder ein paar Streicheleinheiten. Und weiter geht's mit Future-Brainstorming.

Bin ich deshalb verantwortungslos? Das könnte allenfalls Maggy, meine Ex sagen. Denn als Ehemann und Vater entsprach ich nicht dem gesellschaftskonformen Ideal. Andrerseits hat sie mich mit dem Drang nach Unkalkulierbarem kennen gelernt und so eingehandelt. Ich war nie eine Katze im Sack.

Wenn jedoch andere, also Verwandte, Nachbarn, Kunden, Zufallsbegegnungen, mir Leichtsinn und Verantwortungslosigkeit vorwarfen, dann hat mich das nie beeindruckt. Ich empfand es immer als Ausdruck eigener Zaghaftigkeit, die mit Argumenten von »Verantwortung« kaschiert wurde. Mich überzeugt nur konstruktive Kritik. Warum also lange über Lebensphilosophien diskutieren? Sie wollen nicht so sein wie ich. Ich will nicht so leben wie sie. Das sind klare Standpunkte. Man verbündet sich mit Gleichgesinnten, nicht mit Gegensätzlichen. Alles andere ist Zeitverschwendung. Und dafür habe ich umso weniger Zeit, je knapper meine Restlebenszeit wird. Die verbringe ich im Kreise der wirklichen Freunde, im Kreise derer, deren Freundschaft sich immer wieder bewährt hat. Und das sind, dem Schicksal sei Dank, sehr viele. Annette und Klaus Denart sind nur zwei, aber herausragende Beispiele.

Wenn sich urplötzlich und altersunabhängig eine neue Vision in meine Hirnwindungen einschleicht wie ein Computer-Virus, schlagartig mein ganzes Denken beherrscht und ich im allerersten Moment befürchte, diese Idee zu realisieren sei unmöglich, dann hole ich mir Kraft bei meinen Vorbildern. Ich denke an Idole wie Gandhi, Nehru, Mandela oder Gorbatschow – um nur wenige zu nennen. Bestimmt haben auch sie in ihren Anfängen nie gedacht, das zu werden, das zu erreichen, was sie erreicht haben. Aber sie haben an sich geglaubt, haben eisernen Willen, Fantasie, Ausdauer mitgebracht, und sie haben ihre Ziele erreicht.

Der überforderte Schutzengel

Wer mit seinen Erinnerungen lebt, wird alt.
Wer mit Zukunftsplänen lebt, bleibt jung.
Bruno Munari

Eigentlich dürfte ich schon längst nicht mehr am Leben sein. Knapp zwei Dutzend bewaffneter Überfälle habe ich überlebt. Die Hälfte mit Survival, die Hälfte mit Glück. Vor allem in Äthiopien, in Brasilien, in Arabien. Manche dieser Geschichten erzähle ich in meinen über 20 Büchern.

Nur ein Beispiel. Dass ich beim Raubüberfall am Blauen Nil nicht, wie Michael, von den feindlichen Kugeln aus nächster Nähe getroffen wurde, war zunächst pures Glück. Es war einzig und allein der Zuständigkeitsbereich meines Schutzengels. Dass Andor Scholtz und ich, wir zwei Überlebenden, uns augenblicklich zur Wehr gesetzt haben, war Survival, wissend, dass auf Wunder kein Verlass ist. Und dass, »wer den Himmel auf Erden sucht, im Geographie-Unterricht geschlafen hat«. (Stanislaw J. Lee).

Und dass wir, trotz des Zielens auf die Angreifer, niemanden getroffen haben, war das dritte Glück. Die Angreifer flohen auch ohne Treffer auf der Stelle, noch bevor die Revolvertrommeln leer waren und wir nachladen mussten. Hätten wir, wie in der Notwehr-Panik beabsichtigt, nur einen von ihnen getroffen, hätten die Täter, als wir sie später fingen, behaupten können, wir hätten die Schießerei angefangen und sie hätten sich verteidigen müssen. 14 Aussagen gegen zwei – da hätten wir die schlechteren Karten gehabt. Diese Argumentation hat ihnen mein Schutzengel versaut. Deshalb liebe ich diesen unbekannten Flattermann, aber ich werde mich nie auf ihn verlassen und ihm alle Arbeit allein aufbürden. Wir teilen sie uns. Weder er noch ich können immer gleichermaßen wachsam sein. Wir sind ein eingespieltes Duo.

Der Mord an Michael hat mir die eigene Vergänglichkeit bewusst gemacht und mich gelehrt, so lange ich kann, intensiver zu leben. Er hat mir auch gezeigt, wie einsam man in Momenten schlimmsten Schmerzes ist, denn »das Wort, das dich tröstet, kannst du dir nicht selbst sagen«, wie es ein äthiopisches Sprichwort formuliert.

Dass mir der Schutzengel und das Glück auch weiterhin immer so wohl gesonnen sein können, ist eher unwahrscheinlich. Auch Schutzengel müssen mal schlafen, wollen gestreichelt werden, müssen ihr Gefieder mausern. Und in solchen Phasen bin ich auf mich allein gestellt. Deshalb nun vorübergehend ein ruhiges Leben zu führen, ist nicht mein Ding. Meine Pläne für die Zukunft sind so, dass ich sie nur realisieren kann, wenn ich die Restzeit nicht mit Pausen vertrödle. Und das Risiko wird fester Bestandteil vieler Unternehmungen bleiben. Aktionen ohne Risiko, das ist Sache anderer, der Politiker, der konventionellen Organisationen, der auf Sicherheit Bedachten. Warum auch nicht. Ich finde es gut, dass wir alle verschieden sind. Nichts wäre langweiliger als ein Einheitsbrei aus Menschen und Kulturen.

Dennoch: Mein Lebensende ist auch ohne Risiko absehbar. Ums Altern kommt niemand herum. Das hängt mit Biologie und Mathematik zusammen. Das Leben ist ein Prozess, den man immer verliert. Egal, was man tut. Egal, wer man ist. Das lehrte mich ein gewisser Thomas Bernhard. Aber letztlich kommt es nicht darauf an, wie *alt* man ist, sondern *wie* man alt ist.

Deutlich merke ich, wie die Kräfte mich verlassen. Gelenke knarren. Das wird mir in Namibia erschreckend klar. Ich habe mir ein billiges Fahrrad gekauft, made in India, und will das Land erradeln wie zu Zeiten meiner Jugend. Ich möchte Buschleute kennen lernen, schaue mir Snake Parks an, Straußenfarmen und warte auf Annette. Sie konnte ihren Urlaub nicht ganz mit meinem koordinieren und kommt ein paar Tage später.

»Scheiß-Fahrrad!«, fluche ich schon nach zwei Tagen, »hätte ich doch bloß ein paar Mark mehr ausgegeben!« Obwohl ich nur 10 Kilo Gepäck habe, ist ein Streben des Gepäckträgers gebrochen. Ich schiene ihn mit einem Ast. Bis zum nächsten Schweißgerät wird er halten.

Darüber denke ich gerade nach, da lockert sich das rechte Pedal nebst Zahnkranz. Die Kette springt ab wie eine Wüstenspringmaus. Zack. Und das nach 200 Kilometern! Made in India. Ich ziehe die Mutter bestmöglich fest. Das hilft nicht. Das Lager ist ausgeleiert. Statt aus Stahl scheint es aus Blei gemacht zu sein. So geht das täglich weiter. Ein Schaden ist notdürftig behoben, da meldet sich der nächste zu Wort. Das einzig Überzeugende bleibt die weinrote Lackierung des Rahmens.

Das Tretlager bleibt weiterhin mein Sorgenkind. Bei jeder Umdrehung hüpft es zwei Zentimeter nach vorn. Egal, wie fest ich es anziehe. Jetzt *knackt* es auch noch so gefährlich. Wahrscheinlich wird es gleich brechen. Ich fahre eine Werkstatt an.

»Schraube nicht gehen reparieren«, radebrecht der ölverschmierte Monteur auf Englisch. Ich kann ihn kaum erkennen, sein Overall unterscheidet sich nur wenig von seiner Hautfarbe. Ein Chamäleon in Menschengestalt. »Ich schweißen«, vermeldet der Overall da, und schon zischt die Flamme des Schweißgerätes. Mir ist es egal. Es kommt mir nicht aufs Aussehen an. Nach der Tour will ich das Rad sowieso gegen ein Holzkanu tauschen und mit Annette den Okavango nach Botswana runtertreiben.

Endlich ist das Tretlager wieder zu einer Einheit verschweißt. Es lebe das Chamäleon! Ich fahre weiter. Kaum bin ich dem Lärm der Werkstatt entkommen, da knackt es schon wieder. Unverändert. Aber jetzt soll es mir egal sein. Der Wackeleffekt ist behoben. Vielleicht löst sich das Kugellager auf. Hauptsache, die Kiste fährt. Kommt Zeit, kommt Rat, denke ich mir. Und der Rat kommt, als ich Annette in Grootfontein treffe. Jedes Mal, wenn *sie* mit dem Rad fährt, ist kein Knacken zu hören. Fahre ich, knackt es. Bis wir die Ursache ermitteln: Es ist mein Knie!

Nicht nur die Gelenke mahnen mich knarrend. Die Lymphdrainage ist ins Stocken gekommen. Altersflecken treten in Erscheinung. Die Ohren hören nur noch Vokale. Zum Glück verabschieden sich diese Kräfte taktvoll, Schritt für Schritt und nicht schlagartig. Oder gar schlag*anfall*artig. Während ich diese Lebensbilanz schreibe, sitze ich vor meinem Schauglas, dem Lebensindikator. Es ist voller geworden, ich entsprechend leerer. Ich kompensiere das mit Hörgeräten und Brille. Und mit Annettes jugendlicher Aktivität. Schade, dass ich immer ein Spätzünder war. Sonst hätte ich mit ihr mein mir gesetztes Programm viel früher begonnen, es längst abgewickelt, meine Vision Mekka erreicht. Ich könnte endlich mal einen Tag in Ruhe einschieben, den Schutzengel verwöhnen und ihn fit machen, bevor ich mir eine neue Herausforderung suchte.

»Für dein Alter bist du noch gut in Schwung«, tröstet mich Annette. »Alt ist man erst, wenn die Wohnung nicht mehr frisch gelüftet wird, das abgewaschene Geschirr Schmutzränder hat, deine Haare aus Nase und Ohren wachsen und du sie wuchern lässt …« Sie muss es wissen. Sie war Arzthelferin. Aber dennoch interessant, worauf andere alles achten. Morgen werde ich deshalb noch ein Fenster mehr aufreißen und einen Schuss mehr Pril ins Spülwasser geben. Und der Spiegel kriegt mehr Licht, damit ich störende Haare gleich rupfen kann.

Das Finale

Es ist besser, ein Jahr zu früh als zwei Jahre zu spät zu sterben.
Chinesisches Sprichwort

Ein Leben lang wird man damit konfrontiert, dass andere sterben. Verletzte, Kranke, vor allem Alte. Unbekannte, Freunde, Verwandte. Nie kam mir dabei in den Sinn, von ihnen auf mich zu schließen. Meine Zeit war noch nicht reif. Nichts gab mir Anlass, darüber nachzugrübeln. Nicht einmal die zwei Dutzend überlebten bewaffneten Überfälle. Bisher lag das Finale in noch zu weiter Ferne, um sich darüber bereits jetzt Gedanken zu machen. Erst heute, wo ich rechnerisch einer der nächsten Sterbenden bin, denke ich intensiver über dieses Ende nach und komme sogar unter Zeitdruck. Zu vieles gibt es, das ich noch erledigen möchte. Dabei habe ich nie etwas auf die lange Bank geschoben. Aber die Aufgaben häufen sich und der Zeitdruck lässt die Zeit scheinbar schneller verrinnen. Überhaupt ist »Alter« immer eine Frage der Relation. Ist man selbst noch Teenager? Oder ist man bereits Greis? Waren die Alten im eigenen Umfeld eher jugendlich oder waren sie schon mit vierzig senil? Hatten sie soviel Power, dass man ihnen das Alter gar nicht glauben wollte?

Wie relativ Alter sein kann, beweist die Befragung eines mit Annette befreundeten Schulleiters der »Klosterschule Unserer Lieben Frau« in Offenburg. Er wurde 50 und befragte, zusammen mit einigen Seminarleitern, Personen verschiedenen Alters, wie sie einen 50-Jährigen einschätzten. Hier die interessanten Ergebnisse.

10-Jähriger: »Oh, das ist furchtbar alt. Zweimal Großvater. Frauen sind mit 50 etwas jünger, aber nicht viel. 50 – das ist viel, viel. Wer so alt ist, der muss glücklich sein. So wie es eben alte Leute sind.«

20-jähriger: »50-Jährige haben eigentlich alles in der Hand. Sie sind Könige. Sie haben das Sagen, und sie lassen nicht locker. Sie sitzen auf der Macht. Deshalb ist für uns das Leben so schwer. Man sollte sie eigentlich alle pensionieren. Denn die haben lange gelebt. Jetzt sollten sie es genießen.«

30-Jähriger: »Oh, das ist weit weg von mir. Ich weiß nicht, ob ich mal so wahnsinnig alt werde. Aber 50-Jährige werden auch vernünftiger. Sie stürmen nicht mehr so. Ja, sie akzeptieren, dass sie einfach alt sind. Vielleicht ist das doch nicht so alt. Es ist nur so weit weg, ich kann es mir nicht vorstellen.«

40-Jähriger: »Da hast du nichts mehr vor dir; da muss bereits alles Heu in der Scheune sein. Eigentlich denke ich mir, dass man sich da aufs Altern vorbereiten muss. Etwas Neues kannst du da nicht mehr machen. Eigentlich ist da alles vorbei. Auch die Liebesfähigkeit ist sicher nicht mehr so groß.«

50-Jähriger: »Das ist ein gutes Alter. Man kann so richtig etwas schaffen, hervorbringen. Es ist vielleicht das beste Alter: reif, aber nicht alt. Und da hast du noch etwas vor dir. Ja, man ist sogar noch begehrt. Eigentlich finde ich das schön.«

60-Jähriger: »Ja, das war eigentlich noch schön. Mit 50, da war noch alles offen. Da hatte ich noch Möglichkeiten. Man war noch für etwas da. Eigentlich das Alter, wo man der nächsten Generation den Zugang zu den wichtigsten Stellen versperrt, ihr im Weg ist.«

70-Jähriger: »Ach, da war ich noch ein junger Schnaufer. Mit 50, da macht man noch Fehler, genauso wie vorher. Man ist eigentlich zu jung für die Verantwortung, die man hat. Grünschnäbel sind sie, die 50-Jährigen. Das einzig Schöne ist, dass man beruflich fest im Sattel sitzt und noch ankommt. Aber sonst jung, viel zu jung, noch nicht ernst zu nehmen.«

80-Jähriger: »Ach, das ist schon lange her. Vielleicht das beste Alter, im Zenith des Lebens. Ich erinnere mich: Da hatte ich das Gefühl, alles sei noch vor mir. Eigentlich noch fast ein Kind, obwohl man schon selber Kinder hat. Ich habe auch das Gefühl, das war die Zeit, wo noch alles sehr lange dauert. Mit 50, da hatte ich noch Zeit. Jetzt geht alles zu schnell.«

Soweit die Relativitätstheorie des Alters. Zurück zu mir. Als 70-Jähriger über mich, den 70-Jährigen.

Angst vorm Tod habe ich nicht. Vor allem keine Zeit, darüber lange nachzudenken. Er ist gerecht, denn er verschont niemanden. Keine Pflanze, kein Tier, keinen Reichen. Die kirchliche Mär vom Leben in Himmel oder Hölle hat bei mir nie verfangen. Ich werde sterben und verantwortungsbewusste Bakterien werden mich auflösen, kompostieren. Bis dieser Prozess abgeschlossen ist, werden auch Insekten sich ihren Anteil holen, sich an mir schadlos halten, wie ich es mitunter mit ihnen getan habe. Leben und leben lassen. Ich gönne ihnen das Festmahl. Am liebsten würde ich zuschauen und sie persönlich bewirten. Und nicht so unpersönlich, wie es dann sein wird.

Was ich sehr wohl habe, das ist die Angst vor *qualvollem* Tod. Zum Beispiel dem schleichenden und schmerzvollen Tod durch Krebs. Oder dem Tod durch Folter. Ich habe mich reichlich mit diesem Thema auseinander gesetzt und weiß, dass ich solchen Schmerzen nicht gewachsen sein möchte und werde. Folter widersteht keiner. Auch Diktatoren und ihre Folterknechte nicht.

Unter solchen Umständen möchte ich selbst bestimmen, ob und wann ich Schluss mache. Nicht Ärzte, Juristen, Politiker oder Kirchenleute sollen über mein Ende befinden. Ich selbst will diese Entscheidung treffen. Ich habe mein Selbsttötungspaket vorbereitet und vertraue meinen engsten Freunden, dass sie es mir bringen, wenn ich sie darum bitte und es nicht mehr selbst holen kann. *Ob* ich mich dann wirklich selbst töte, kann ich nicht definitiv sagen. Es fehlt mir die Erfahrung mit dieser einmaligen Situation. Schließlich kann man nicht alles trainieren. Aber ich möchte mir diese persönliche Freiheit offen halten. Wer mir das Recht des selbstbestimmten Todes verweigert, dem gönne ich von Herzen, dass er selbst unter Qualen umkäme und in der Hölle zu *Döner* verarbeitet werde. Well done, natürlich. Damit's länger dauert.

Hätte ich die Wahl, wäre mir ein Tod ohne Schmerz am liebsten. Wem nicht? Sterben von einer Sekunde auf die andere. Wie Michael. Kopfschuss von hinten und ohne Vorwarnung. Schlimm ist dabei nur der Anblick für die Umstehenden. Das ist dann nicht mehr mein Problem (wie eine Journalistin im Interview fassungslos einmal meinte: »Ja, aber dann wissen Sie ja gar nicht, wer es war!«). Und bloß nicht im Bett sterben. Das ist gegen meine Survivor-Ehre.

Auch über die Entsorgung meiner sterblichen Reste habe ich mir Gedanken gemacht. Für den Fall meines Tode im Bett hatte ich ursprünglich eine Vereinbarung mit dem

Anatomischen Institut der Hamburger Universität. Aufwärts strebende Medizinstudenten sollten mich aufarbeiten und staublos verschwinden lassen. Biomüll-Tüte und Entsorgung. Kein Grab, keine Urne, keine Inschrift. Außerdem preiswert. Auch für die Hinterbliebenen. Ich erspare ihnen das obligatorische Alpenveilchen zum Totensonntag. Alpenveilchen gehören in die Alpen oder in die Blumenläden. Aber nicht auf Rüdigers letzten Erdhügel.

Gegen die Überbeanspruchung der Medizinstudenten hat Annette Veto eingelegt. Und gegen meine Überzeugung habe ich die Verfügung annulliert. Damit hat sie sich selbst den schwarzen Peter meiner letzten Ruhegestaltung zugespielt.

Eine Rede durch einen Geistlichen wäre mir ein Horror, wäre Verrat an meiner Gesinnung. Keine heuchlerische Rede. Wer mir etwas zu sagen hat, möge das zu Lebzeiten tun und nicht nach meinem Ableben. Lieber einen geilen Dia-Vortrag. Locker vom Hocker, lustig und nicht frustig. Kurz und knackig, knackig wie mein Leben. Und schon gar keine anschließende Trauerfeier, sondern ein Fest mit engsten Freunden. Musikwunsch: »Spiel mir das Lied vom Tod«. Ein Jammer, es nicht mithören zu können. Deshalb spiele ich mir das Lied immer wieder zu Lebzeiten vor.

Was mir garantiert entgeht, ist der Nachruf. Einen Vorgeschmack habe ich allerdings erhalten, als ich während meines Urwaldtrips* als »verschollen« galt. Nicht schlecht, Journalisten! Nur weiter so!

Apropos »verschollen«. Zigmal haben die Medien die Verschollen-Nummer mit mir durchgezogen. Kaum gibt es mal ein paar Tage oder Wochen keine Nachricht von mir, schon heißt es: »Er ist verschollen!« Ein einziges Mal

* »Abenteuer Urwald«.

war es angebracht. Damals in der Danakil-Wüste. Zwei Monate sollte der Trip dauern und über vier hat er gedauert, ohne dass wir uns melden konnten. 60 Tage Gefangenschaft bei Kämpfern der Eritrean Liberation Front. Sie brachte unseren Zeitplan durcheinander. Aber all die übrigen Male waren die Meldungen Sensationsheischen der Medien, Hoffen auf mein Ableben, und wenn schon, dann bitte möglichst spektakulär. Mir sind solche Berichte eher peinlich. Vor allem, wenn sich Lesern der Eindruck aufzwingt, außer »Mal wieder verschollen« hätten meine Unternehmungen nichts zu bieten und meine Angehörigen manipulierten solche Gerüchte.

Natürlich möchte ich nicht sterben, bevor ich meine Mekka-Vision realisiert habe. Doch wer vermag schon mit des Geschickes Mächten einen ewigen Bund zu flechten? Ich gewiss nicht. Für diesen Fall kann ich nur hoffen, dass Annette und die anderen Mitstreiter die Restarbeit erledigen. Und dass die Förderer des TARGET-Fördererkreises ihr und den Mitstreitern das Vertrauen bewahren. Ohnehin ist Annette auch jetzt mindestens die Hälfte meiner Menschenrechtsorganisation. Mein Vertrauen hat sie auch posthum.

Okay. Das sind Gedanken, die einem mit 70 durch den Kopf gehen, sofern man mal Zeit hat zum Nachdenken. Ich bin Optimist und davon überzeugt, dass ich mit 100 den zweiten Band einer Lebensbilanz nachschieben kann. Die wird bestimmt erheblich umfangreicher ausfallen, weil ich jede noch verbleibende Sekunde intensiver nutzen werde.

Erstaunlich eigentlich, dass man erst im gehobenen Alter des Öfteren über das Finale nachsinnt. Dabei beginnt der Alterungsprozess schon mit der Geburt. Jeder gelebte Tag ist ein Tag weniger vom Lebenspaket. Milchzähne weichen den Zweitzähnen. Diese opfern sich für die Drittzähne. Man wächst, um dann zu schrumpfen. Haare sprießen, um irgendwann auszufallen. Hat mich früher noch jedes einzelne Haar beunruhigt, das ich verlor, so muss es heute schon der plötzliche Tod sein, der mich aus dem Konzept bringt. Das Ärgerlichste an solcher Vorstellung: Ich hätte nicht einmal mehr Zeit, darüber nachzudenken oder mich zu freuen. Aber wem wird schon die Gnade des Todes nach Wunsch zuteil?

Nicht nur der Verlag, auch mein Schauglas mahnt mich zu diesem Buch. Also schreibe ich. Was erledigt ist, ist erledigt. Rückblickend auf mein Leben verspüre ich vor allem Dankbarkeit. Dankbarkeit gegenüber den Kräften, die mich in die Welt gesetzt, die mich beschützt, beraten, getadelt, geleitet, geformt, verändert haben. Das sind die vielen Lebensabschnittspartner. Das sind Freunde ebenso wie Feinde. Es sind die Vorbilder und es sind die Widerlinge, die mich lehrten, nie so zu werden wie sie, die abschreckenden Beispiele. Es sind meine Schutzengel und das Glück. Und es ist der Umstand, dass ich gerade in diese Epoche der Menschheit geboren wurde. In ein Land voller Demokratie, Wohlstand, Frieden, Sicherheit, Entfaltungsmöglichkeit für jede und jeden. In eine Klimazone, in der es sich leben lässt und wo nicht Wirbelstürme, Flutkatastrophen, Erdbeben oder Dürren, Besitz und Leben täglich aufs Neue bedrohen. Oder Diktatoren und andere Fanatiker.

Erst wer andere Staatsformen erlebt hat, wird den nordwesteuropäischen und nordamerikanischen Wohlstand zu schätzen wissen. Man muss gehungert haben, um den Brotkrümel unterm Tisch aufzuheben. Man muss gehungert haben, um auch Insekten als Nahrung zu würdigen. Oder Birnen, Bohnen und Speck – norddeutsche Spezialität. Brrrh. Aber zumindest genau die richtige Gelegenheit, darüber nachzudenken, wie mörderisch der Weg bis zu diesem Wohlstand gewesen ist. Wie viele Millionen Menschen dafür sterben mussten, ehe er erreicht wurde. Opfer, denen jede eigene Meinung bei Todesstrafe verboten war, die nie satt zu essen hatten, die im Staatsauftrag in Kriege geschickt, gefoltert, gemordet wurden. Welcher unserer Vorfahren seit Adam und Eva hatte je so viel, so lange Frieden wie wir heute?

Und dieses höchste aller Güter sehe ich in Gefahr. Bedroht durch eine immer mehr ausufernde Maßlosigkeit, Sucht nach immer mehr Luxus und Privilegien. Bedroht durch eine rücksichtslose Anspruchshaltung, die kein Staatssystem auf Dauer verkraften kann.

Zwar macht es gewaltige Hoffnung, zu erleben, dass es zu einer Europäischen Union gekommen ist, dass historische Feindschaften besserer Erkenntnis gewichen sind, dass Feinde zu Freunden wurden. Niemals hätte ich das in den Nachkriegsjahren zu hoffen gewagt, was nun Realität geworden ist.

Ähnlich positive Gedanken mögen die Väter des Globalisierungsgedanken inspiriert haben. Ob er sich realisieren lässt wie die EU, bezweifle ich. Denn es sind die reichen Staaten, die die Strategie der Globalisierung bestimmen. Wer verzichtet schon freiwillig auf seinen Besitzstand? Wer lässt ihn sich mit Gewalt abjagen? Niemand. Egoismus, Arroganz und Habgier werden über Verstand und Logik triumphieren. Der bedrängte Reiche wird zur Gegengewalt greifen und anspruchsbeflügelte Habenichtse hinter die Schranken zur Dritten Welt verweisen.

Hierher passt die kleine Geschichte von der angeblichen UNO-Umfrage. Sie ging mir als Mail zu. »Geben Sie uns bitte Ihre ehrliche Meinung zur Lösung der Nahrungsknappheit im Rest der Welt ab!«

Die Befragung stellte sich, nicht unerwartet, als Flop heraus.

In Afrika wussten die Befragten nicht, was »Nahrung« ist. Osteuropa wusste nicht, was »ehrlich« heißt. Westeuropa kannte das Wort »Knappheit« nicht. Die Chinesen wussten nicht, was »Meinung« ist. Der Nahe Osten fragte nach, was denn »Lösung« bedeute. Südamerika kannte die Bedeutung von »bitte« nicht, und in den USA wusste niemand, was »der Rest der Welt« ist.

Und auf meinen, Rüdigers, Vorschlag, hörte sowieso niemand. Dabei war er so simpel wie überzeugend. Er lautete: Jedem Menschen einen eigenen, höchstpersönlichen Bandwurm implantieren. Bekanntlich wachsen die Tiere täglich um einen halben Meter, der dann abgestoßen und vom Körper ausgeschieden wird. Biologisch betrachtet: schieres Protein. Das Vorratslager im eigenen Darm! Leben von der eigenen Substanz. Das Perpetuum mobile der Ernährung.

Zurück zum Ernst des Lebens. Dabei hätten wir Schlaumeier das erforderliche Wissen, die Welt ins Lot zu bringen. Wer zum Mond fliegt, kann auch das. Die Reduzierung der Überbevölkerung nach der Ein-Kind-Methode Chinas wäre ein Weg. Besitzstandsicherung statt ungebremstem und unverantwortlichem Wachstum ein weiterer. Stattdessen wird der Geburtenrückgang bei uns beklagt, werden Sonderprämien für erhöhte Vermehrung gezahlt, »damit die Renten stimmen«. Und damit man für die nächsten vier Jahre wiedergewählt wird. Vier weitere Jahre, um weiter zu raffen. Vier weitere Jahre, um Maßlosigkeit und Dekadenz als Fortschritt und Wohlstand zu verkaufen. Genug Zeit, um weiter Opportunismus, Vierjahresdenken und Verantwortungslosigkeit zu frönen. Leben auf Pump, Leben auf Kosten der Zukunft, der Kinder.

Das macht mir Angst. Überbevölkerung, Klimakatastrophen, Völkerwanderungen, Kulturkonflikte, Weltterrorismus – sie werden unseren Nachkommen noch herbe Probleme aufhalsen. Obwohl ich Optimist bin, bin ich davon überzeugt, dass Habgier und Egoismus der Wohlstandsländer stärker bleiben werden als die Vernunft. Wer hört schon auf den *Rat der Weisen*? Wer befolgt schon die Empfehlungen der ehemaligen Bundespräsidenten Richard von Weizsäcker und Johannes Rau oder anderer Philosophen? Wer drückt für mich unseren Bundespräsidenten Horst Köhler an sein Herz wegen seiner unkonventionellen Courage? Man nickt Zustimmung, man klatscht. Dann hat man genug getan. An Uneinsichtigkeit und Selbstherrlichkeit sind schon ganz andere Weltreiche zugrunde gegangen. Sie alle hielten sich für unbesiegbar. Bis Katastrophen ihnen Denken, Handeln und die Verantwortung abnahmen. Vielleicht werden meine Nachfahren irgendwann feststellen müssen, dass meine Lebensperiode die einzige war, in der Deutschland eine solch unvergleichbare Blütezeit erleben durfte.

Ich will hier nicht den Besserwisser raushängen lassen. Ich nehme mich keinesfalls aus von diesem Anspruchsdenken. Auch ich bin froh, ein Traumgrundstück zu besitzen, reisen zu dürfen, gut zu verdienen. Auch ich möchte mir nicht die Butter vom Brot nehmen lassen. Aber ich weiß, dass sich mein Wohlstand unter anderem auf der Ausbeutung Schwächerer gründet. Ich muss mir nur den Kaffeepreis anschauen. So lange ich lebe, ist er nie wesentlich gestiegen, während mein Einkommen sich um viele hundert Prozent verbessert hat. Das des Kaffeepflanzers jedoch nicht. Seines ist eher weniger geworden.

Jammern ist das eine. Gegen den Strom zu schwimmen, die Alternative. Die Lösung, die ich für mich gefunden habe, lautet Engagement. Ich will nicht die ganze Welt verbessern. Das kann ohnehin niemand. Aber zumindest fordere ich für mich, das Prinzip Verantwortung dem Prinzip Resignation überzuordnen.

Um Desillusionen vorzubeugen, habe ich mich auf Machbares beschränkt. Ich setze mir Schwerpunkte und vermeide Verzettelungen. Ich hatte mir die Rettung der Yanomami auf die Fahnen geschrieben und nicht die aller Indianer. Schon innerhalb Brasiliens wäre das schwer gewesen. Jedes Indianervolk hat eine andere Vorgeschichte, Bedrohung, andere Landesgesetze, Gouverneure, eine andere Mafia.

Das gilt auch für mein neues Projekt. Ich kämpfe gegen die weibliche Genitalverstümmelung. Und nicht gleichzeitig gegen die Penisbeschneidung, die Tellerlippen, die Giraffenhälse und die angespitzten Zähne. Das überlasse ich den Tausenden anderer, die sich ebenfalls so gerne gegen diesen oder jenen Missstand stark machen würden. Wie gesagt »würden«, denn dass sie es dann doch nicht tun, hat seinen Grund: »Es hat ja doch keinen Zweck.«

Dass ich meine Ziele lieber als Einzelkämpfer oder im Verbund mit überschaubaren Partnern und Hintermannschaften ansteuere, liegt daran, dass ich ungebundener, eigenverantwortlicher, flexibler, stärker, schneller bin. Je größer der Club der Mitstreiter, desto ausufernder die Diskussionen, die Einwände, die Besserwisserei, die Vetos.

Genau deshalb stand für mich nie zur Diskussion, in die Politik zu gehen. Ich bin nicht machtbesessen und habe nicht die dafür erforderliche Bereitschaft zur Unterordnung bis hin zur Selbstverleugnung, die Politikern abverlangt wird. Zu durchschaubar ist das System des Koalierens und Opponierens. Zu sehr sind Politiker der Parteidisziplin verpflichtet. Zu sehr rangieren Parteiinteressen vor Sachverstand, muss Rückgrat getauscht werden gegen Parteibuch, gegen die eigene Ansicht, gegen den Zeitgeist, der prompt jeweils um 18 Uhr des anstehenden Wahltages endet. Horrorvorstellungen.

Mein geringes Vertrauen in das Gros der Politiker bedeutet keinesfalls, dass ich nicht wählen ginge. Demokratische Wahlen sind eine der ganz großen Errungenschaften der Menschheit. Von ihnen träumt jeder Unterdrückte. Man muss Diktaturen erlebt haben, um Demokratie angemessen zu würdigen. Diese Errungenschaft möchte ich keinesfalls durch Nichtteilnahme an Wahlen gefährden. Ich möchte nicht durch mein Schweigen genau denen zuarbeiten, die unserer Demokratie schaden und die auf jeden Fall zur Wahl gehen. Also gehe ich auch. Aber ich bin ein typischer Wechselwähler, die größte Gefahr für etablierte, selbstgefällige Machthaber. Das ist *eine* Variante meiner Art, politisch aktiv zu sein.

Als Einzelkämpfer oder im Kleinstteam bin ich nur meiner eigenen Disziplin verpflichtet und komme besser voran. Ich schätze mich glücklich, wenn ich mein Anliegen durch Aktionen über die Medien verbreiten und ein wenig dazu beitragen kann, Politikern den Boden zu bereiten, auf dem ihr Mut wächst, die für ihre Kreise unpopulären Maßnahmen zu ergreifen. Und ich nehme gern politische Unterstützung an, wenn sie mir geboten wird. So verhalf mir Willy Brandt zu dem Gespräch mit Papst Johannes Paul II. Rita Süssmuth und Norbert Blüm schrieben mir jeweils Geleitworte für eins meiner Indianerbücher. Und Joschka Fischer bereitete den Weg zur Privataudienz bei seiner Eminenz dem Großsheikh von El-Azhar. Schließlich sind es Politiker wie Michael Gorbatschow, Nelson Mandela, Mahatma Ghandi, Kofi Anan, die zu meinen Vorbildern zählen. Oder Richard von Weizsäcker, der Philosoph, und Horst Köhler, der Geradling-Unkonventionelle.

Die meisten »kleinen« Vorbilder lerne ich an der »Front« kennen. Solche, die nicht auffallen, die im Stillen wirken. Eine katholische Ordensschwester, die trotz zwölfter Malaria, abgemagert bis aufs Skelett, nur für Gotteslohn und wider alle Intrigen aus eigenen Kreisen immer wieder in die

Elendsviertel der Großstädte oder in die tiefen Regenwälder geht, um den Entrechteten ihre Hilfe in Form von Alphabetisierung anzubieten, nötigt mir allerhöchsten Respekt ab. Einen Respekt, den ich gegenüber Kirchenfürsten nicht annähernd empfinde.

»Gibt es irgendetwas, das du bereust?«, fragt mich Hans-Dieter Schütt von *Neues Deutschland* in Berlin. Darauf habe ich eine klare Antwort.

»Ja. Ich bereue, dass ich nicht eher gelernt habe, Abenteuer mit Sinn zu verbinden und dieses mein heutiges Leben zu führen. Ein Leben von ganz anderer Dimension und einer zutiefst empfundenen Erfüllung. Zu lange habe ich mich auf den harten Pfennigkampf in der Bäckerei eingelassen. Zwar hatte ich schon früh den Ehrgeiz, etwas ganz anderes zu machen. Aber die üblichen finanziellen Verpflichtungen gegenüber Kreditgebern verzögerten den Weg in die mir entsprechende Freiheit.«

»Welchen Rat kannst du anderen mit auf den Weg geben?«

»Da muss ich nicht lange überlegen. Es ist der Rat, dass grundsätzlich alles erreichbar ist, das man auf den ersten Blick für unerreichbar, aber erstrebenswert halten mag. Man muss sich nur vorstellen, dass irgendwann alles, das es bereits gibt, im Kopf eines einzigen Menschen entstanden ist. Sei es ein Haus, ein Dorf, eine Partei, eine Religion, eine Grenze. Egal was. Und diese eine Person hatte dann die richtige Strategie, die passenden Partner und die erforderliche Ausdauer. Manchmal auch kriminelle Energie. Sie hatte die Kraft, Rückschlägen zu trotzen, Widerstände zu überwinden. Und sie hatte Glück.«

»Aber du hast ja nicht nur Erfolge gehabt. Ehe es soweit war, gab es viele Niederlagen. Immerhin hat dein Einsatz für die Yanomami 18 Jahre gedauert. Das heißt, du hattest 18 Jahre Misserfolge.«

Interessant, wie man alles interpretieren kann.

»Als wenn Rom an einem Tage erbaut worden wäre! Oder *Neues Deutschland.* Meine Stärke ist, dass Niederlagen mich nie haben resignieren lassen. Im Gegenteil. Sie haben meine Fantasie beflügelt, meine Kreativität gefördert. Ich habe sie als Befehl gewertet, dem misslungenen Versuch einen draufzusetzen. Und das dauerte seine Zeit. Schließlich sind die Gegenparteien ja auch nicht fantasielos.«

Was mich trotz diverser Niederlagen immer wieder ermutigt hat, weiterzukämpfen, waren die vielen großen und kleinen Zwischenerfolge. Sei es die gelungene Fahrt mit dem Tretboot über den Atlantik. Oder die Konsultationen der UNO, der Weltbank, des Papstes. Oder der Zustrom neuer Mitstreiter, die Solidarität der großen Menschenrechts- und Naturschutzorganisationen, die Sympathiekundgebungen durch Besucher meiner Vorträge, das Vertrauen der vielen Spender. Auf jeden Fall hatte ich auch unendliches Glück und immer den richtigen Partner an der Seite.

Und noch eins kann ich jedem mit auf den Weg geben. Einen Rat, unabhängig von Alter und Geschlecht. Denk nicht ein Leben lang darüber nach, dass man etwas unternehmen *sollte.* Fang *heute* an! Denn *heute* beginnt der Rest deines Lebens. Morgen fehlt dir schon wieder ein Tag. Womöglich der entscheidende. Und, frei nach Ida Ehre: »Bleibe jung, damit du alt werden kannst!« Oder – mit Heinrich Böll: »Wie alt man geworden ist, sieht man an den Gesichtern derer, die man jung gekannt hat.«

Karawane der Hoffnung

Die gefährlichste Weltanschauung ist die derjenigen,
die die Welt nicht angeschaut haben.
Alexander von Humboldt

Februar 2004. Wir sitzen auf Kamelen und lassen uns durch die goldfarbenen Sanddünen der Sahara in Mauretanien tragen. Ich genieße den weichen schaukelnden Gang meines Dromedars und komme ins Träumen. Da hat Annette, die ihre Stute neben mich gedrängt hat, mal wieder eine Idee. Nie kommt man zur Ruhe.

»Der Großmufti sagte gestern, man müsse vor allem die Menschen in der abgelegenen Wüste erreichen. Die, die kein Radio, kein Fernsehen, keine Zeitung haben. Was hältst du davon, sein Rechtsgutachten ›Der Islam sagt NEIN zur weiblichen Genitalverstümmelung‹ per Karawane vom Atlantik bis Mekka zu tragen?«

Vor Freudenschreck falle ich vom Kamel. Das Tier bleibt brav stehen. Ich rappele mich auf, halte es am Zügel.

»Die Idee ist der helle Wahnsinn!«, bringe ich nur hervor und bin neidisch, dass ich nicht selbst auf den Gedanken gekommen bin. Wenn ich auf die Frau nicht Acht gebe, läuft sie mir bald den Rang ab.

Amara, Bürgermeister der Wüstenstadt Chinguetti, hat sich zu uns gesellt. Er hat Annette und mich gestern zu Ehrenbürgern seiner Stadt ernannt. »Was ist los? Warum bist du vom Kamel gefallen?«

Ich erzähle ihm von Annettes frischgeborener Idee, als wäre der Plan bereits unumstößlich. Ein Dolmetscher verklickert ihm den Grund. Fast ergeht es ihm wie mir. Ich kann ihn gerade noch vorm Sturz bewahren.

»Eine großartige Idee!«

Und so, als hätten er und Annette den Plan längst gemeinsam ausgeheckt, weiß er auch gleich das Motto für das Vorhaben. »Nennt sie ›Karawane der Hoffnung‹!«

»Die Fatwa des Großmufti musst du unübersehbar auf einer Fahne durch die Wüste tragen. Ich als Bürgermeister von Chinguetti werde dafür sorgen, dass alle Bürgermeister-Kollegen und Imame derjenigen Oasen, die du besuchst, dir mit sämtlichen Frauen und Mädchen entgegen kommen und dich als Gast empfangen.«

»Und in jeder Oase überreichst du dem Imam eine Fahne für die jeweilige Moschee.« Annette wieder. Bloß nicht mal fünf Minuten die Klappe halten. Immer noch einen draufsetzen.

Ich lasse den Rausch der Idee eins werden mit meinem Körper, meiner Seele. Ob der Mufti das überhaupt gestattet? Ich, der so genannte »Ungläubige«, der ich aber gar nicht bin, soll im Namen des Islam ein Rechtsgutachten durch die Wüste tragen? Auf flatternder Fahne?

Amara weiß mich zu beruhigen. »Der Mufti wird dich und die pro-islamische Idee sogar segnen. Er ist viel zu sehr von eurer Pro-Islamischen Allianz überzeugt. Und solange du in Mauretanien bist, wird dir kein Haar gekrümmt werden (wie auch, als Glatzkopf?). An den jeweiligen Grenzen müssen dich die Imame des nächsten Landes in Empfang und unter *ihren* Schutz nehmen.«

Mein Herz hämmert. Ich spüre das Blut wallen. Die Idee ist so fantastisch, dass ich kaum noch rational denken kann. Sie ist hundertprozentig nach meinem Geschmack. Mir ist klar, ein solches Vorhaben bedarf noch vieler Vorbereitungen. Kurz- und langfristiger. Die Hauptgefahr werden die vielen Rebellionsbewegungen in den zu passierenden Ländern sein. Mauretanien, Mali, Nigeria, Tschad, Sudan – kein Land, in dem uneingeschränkt Frieden herrscht. Auch als Pilger darf man nicht mit Schonung rechnen. Anders als Touristen oder Mitglieder verfeindeter Verbände, ist man als Pilger allenfalls der am wenigsten Bedrohte. Keinesfalls ist man tabu.

Amara sieht es gleich pragmatisch. »Darüber mach dir keine Sorgen. Wenn du auf der Hadsch nach Mekka getötet wirst, ist dir ein Platz an Allahs Seite sicher.« Er hat Recht. Was will man mehr?

Wir überdenken den Plan und kommen überein, die erste Etappe vom Atlantik bis an die Grenze von Mali zu machen. Danach entscheiden wir neu.

Plötzlich schaue ich die Sättel auf den Kamelen mit anderen Augen an. Zwei Stunden hält man es darauf aus. Aber Tage und Wochen? Niemals. Die Sättel sind Mist. Typisch für Länder, wo die Kamelführer gehen und nicht reiten. Es sind Folterbretter, die nur einen erkennbaren Zweck haben: Sie sollen einem das Geschlecht zerstückeln.

Die Sättel müssen zu allermindest waagerechter ausgerichtet werden und sie brauchen Steigbügel. Sonst sterben die Beine ab. Ich erfrage Preise für Kamele, Führer, Dolmetscher, Futter. »Wie lange sind wir unterwegs? Wie viel Wasser benötigen wir? Müssen wir uns bewaffnen?«

Honorarkonsul Hubertus Spieker, der mir die ersten Kontakte nach Mauretanien geschaffen hat, bekommt einen Termin bei Staatspräsident Maaouya Ould Sid'Ahmed Taya. Normalerweise sind solche Gespräche auf exakt 12 Minuten begrenzt. Er informiert ihn über das Vorhaben.

Aufgeregt ruft er mich anschließend in Rausdorf an. »Stell dir vor: Ich habe 47 Minuten gekriegt!!! Jetzt kennt mich jeder in Mauretanien: ›Das ist der, der 47 Minuten beim Präsidenten war‹. Das hat es schon seit langem nicht mehr gegeben. Als ich ihm dein Vorhaben erklärte, merkte man sofort, dass beim Präsidenten der ›alte Nomade‹ durchbrach. Am liebsten käme er gleich mit. Ich habe ihm auch von deiner Baumstammreise von Mauretanien nach Brasilien erzählt. Er wusste davon, weil seine Luftwaffe dich damals auf dem Meer gesucht hat. Du warst ja bei deiner Testfahrt vor der Küste des Landes spontan und ohne Verabschiedung in See gestochen. Die Marine, bei der du zu Gast warst, machte sich Sorgen. Die Offiziere meinten, du hättest mit dem Baum keine Chance. Und so geschah es, dass der Präsident persönlich ein Flugzeug losschickte, um dir gegebenenfalls zu Hilfe zu kommen. Wir kamen von Hölzcken auf Stöckscken, wie man in Westfalen sagt, und schließlich ließ er seinen Sekretär kommen und diktierte ihm ins Protokoll … Na rate mal, was?«

Mir blieb schon vorher die Sprache weg. Und nun sollte ich spontan etwas raten und sprechen?

»Er will mit!«

»Nicht ganz so gut, aber fast.«

»Er schickt mir El Gezirah mit, den arabischen Fernsehsender.«

»Nein. Er sagte, wir könnten über seine ganze Armee frei verfügen! Zu Boden und in der Luft. Wir kriegen Militärschutz, wenn wir durch die Aufständischen-Gebiete gehen. Wir dürfen ihn beim Wort nehmen. Rüdiger, du hättest den Mann erleben müssen.«

Großmufti Hamden Ould Tah und vier weitere Koryphäen des Islam aus Mauretanien sind Ehrenmitglieder bei TARGET geworden! Zusammen mit Sultan Ali Mirah und dem Sultan von Djibouti haben wir nun acht solcher Persönlichkeiten gewinnen können, die uns, unserer Strategie und dem Islam vertrauen, die Verbrechen der weiblichen Genitalverstümmelung in den Griff zu bekommen.

Mohamed Said Ould Ahmed, unser Dolmetscher und TARGET-Vertreter in Nouakchott, hat einen Packen Zei-

tungsberichte über unsere Konferenz geschickt. Allein wegen dieser umfangreichen Resonanz hat sich die Veranstaltung schon gelohnt. Aber es geht weiter in seinem Brief. »Bitte den Justizminister, das geplante Gesetz gegen Verstümmelung beschleunigt durchzusetzen. Sobald das geschehen ist, will der Großmufti seinen und des Justizministers Beschluss in allen Moscheen, von allen Kanzeln verkünden lassen.«

Ich unterbreche den Brief, gönne mir einen Espresso. Dann lese ich weiter. Und da kommt der Hammer aller Hammer. »Der Großmufti hat eine Alternative zu deiner Vision Mekka entworfen. Mekka hält er für unnötig schwierig und deshalb zu zeitraubend. Er schlägt vor, die 15 höchsten Gelehrten des sunnitischen Islams in der ganzen Welt, die so genannten Ulemas, zu einem Symposium einzuladen, um FGM zur Sünde zu erklären. Der Ulema (Hamden Ould Tah) ist davon überzeugt, dass ein solcher Beschluss dieselbe Wirkung wie Mekka hätte.«

Den letzten Satz hätte er sich sparen können. Das ist mir bereits in derselben hundertstel Sekunde klar, als ich den Satz zu lesen begonnen habe. Ich vollführe einen Freudensprung bis unter die Decke, verschütte meinen kostbaren Espresso, kann Annette die Neuigkeit kaum sagen, ohne Freudentränen zu vergießen.

»Wenn das zustande kommt, setzt sich der Islam ein Denkmal!« Davon bin ich überzeugt. Ich garantiere dem Großmufti, für alle Reisekosten der Geistlichen aufzukommen.

Am nächsten Tag trage ich die Idee der Tagung und der Karawane in der Hamburger Senatskanzlei vor. »Ob der Hamburger Bürgermeister das zur eigenen Sache machen kann? Darf ich meine muslimischen Freunde ins Rathaus einladen? Was kostet ein Leibwächter?«

Kaum weiß ich die Fragen in angemessener Ruhe und sachlicher Reihenfolge zu formulieren.

»Das muss ein Stück Hamburger Geschichte, ein Stück deutscher Geschichte, ein Stück Versöhnung mit dem Islam werden!«, begeistere ich mich und muss aufpassen, dass mich meine Gesprächspartner noch für voll nehmen. Gott sei Dank kennen sie mich. Schon manche andere Aktion habe ich zusammen mit den jeweils regierenden Ersten Bürgermeistern gewuppt. Die Fahrten mit den drei Fahrzeugen über den Atlantik, die Hamburger Survival-Rallye. Auch da hat man mich sicher zuvor im Stillen für verrückt erklärt. Aber ich habe es durchgezogen. Ich kehrte nach den Atlantiküberquerungen quicklebendig zurück in die Hansestadt. Die Rallye war Stadtgespräch. Diese Erfolge sprechen jetzt für mich. Sie sind mein bester Anwalt. Ich steigere mich in eine Euphorie, die mich selbst erschreckt.

Aber ich habe Glück. Niemand zweifelt an meinem Geisteszustand. Alle erkennen die Einmaligkeit, die historische Chance. Hamburgs Erster Bürgermeister Ole von Beust macht mit. Er übernimmt die Schirmherrschaft.

Dass die Konferenz der islamischen Autoritäten bis zur Drucklegung dieses Buches dann doch noch nicht zustande gekommen ist, darf nicht überraschen. Nicht einmal mich, den Ungeduldigen. Zu viele Gesichtspunkte müssen bedacht werden: Sind die Gäste dem Terror verbun-

den? Wie schnell können sie ihr Visum bekommen? Wie ausgefüllt ist ihr Terminkalender? Sind zwei Monate Vorlaufzeit für die Einladung ausreichend oder eher zu wenig und unhöflich?

In Gesprächen mit der Senatskanzlei wird mir klar, dass wir uns etwas mehr Zeit lassen sollten. Der Plan darf nicht an kleinen vermeidbaren Unwägbarkeiten scheitern. Er muss professionalisiert werden. Man kann ihn nicht wiederholen, wenn er einmal danebengegangen ist. Um ihn so sicher wie möglich zu machen, werden wir führende Muslime Deutschlands einbinden und auch das Deutsche Orient-Institut unter Professor Udo Steinbach und Dr. Aziz Alkazaz, den Erstunterzeichner unserer Pro-Islamischen

Allianz-Urkunde. Für den Leiter des Obersten Rates für Islamische Angelegenheiten in Nonakcholt gibt Professor Steinbach mir ein eigenes Empfehlungsschreiben mit:

Hamburg, 18.01.2005

Im Namen Allahs,
des Allerbarmers,
des Barmherzigen

Verehrter Sheikh, Leiter des Obersten Rates für Islamische Angelegenheiten, Friede sei mit Ihnen und Allahs Gnade.

Als in der Forschung der Region des Mittleren Ostens spezialisiertes Institut sind uns die Beziehungen zwischen Deutschland und der arabisch-muslimischen Welt sehr vertraut. Aufgrund dessen können wir Ihnen, verehrter Herr, versichern, dass Herr Rüdiger Nehberg zu den Personen gehört, die der islamischen Religion respektvoll gegenüberstehen und diese in Europa verteidigen. Er ist stets bemüht, in allen seinen Aktivitäten und Versammlungen den Islam vor Vorurteilen zu schützen. Wir bestätigen dies aufgrund unserer tatsächlichen Erfahrungen, da wir an zahlreichen seiner Pressekonferenzen und Versammlungen teilgenommen haben, die er in der Stadt Hamburg und anderen deutschen Städten durchgeführt hat. Wir haben auch seine Filmreportagen und Berichte verfolgt, die im Deutschen Fernsehen gezeigt und in Zeitungen und anderen Medien veröffentlicht wurden. In ihnen war nie etwas enthalten, was eine Schädigung des Islam dargestellt hätte, sondern dort wurde dieser vielmehr durch Beweise und Belege verteidigt. Es wurde dabei klar und deutlich unterschieden zwischen alten Traditionen, die dem Islam fremd sind, und den wahren Geboten des Islam.

Bitte genehmigen Sie, verehrter Herr, den Ausdruck unseres höchsten Respekts und unserer Hochachtung.

Prof. Dr. Udo Steinbach
Leiter des Deutschen Orient-Instituts

Hilfreich wird, dass wir inzwischen auf acht hochrangige muslimische Koryphäen verweisen können, die Ehrenmitglieder bei uns geworden sind. Wir können auf TARGET's Erfolge in Äthiopien, Djibouti und Mauretanien verweisen. Von Ergebnis zu Ergebnis wird klarer, dass die Kampagne »Ethik des Islam« nicht nur prädestiniert ist, den Brauch der Verstümmelung zu stoppen. Sie ist geeignet, gleichzeitig eine weltweite Woge der Sympathie für den Islam auszulösen. Vielleicht die größte seit dem Propheten. Sie kann Gräben zwischen den unterschiedlichen Kulturen zuschütten, die Fanatiker aller Seiten mit Blut und Terror aufgerissen haben.

Titel unseres TARGET-Jahresschreibens 2004: »*Partner Islam*«. Unsere »Vision Mekka« ist näher gerückt. Ich sehe TARGET's Banner bereits über der Heiligen Stadt flattern. Für jeden Gläubigen unübersehbar: »Weibliche Genitalverstümmelung ist mit der Ethik des Islam unvereinbar, ist Sünde und Diskriminierung des Islam.« Das ist der Moment, wo ich Moslem werde. Aus tiefer Dankbarkeit. Inscha' Allah!

Mein Glück kennt keine Grenzen. Solche Pläne beleben, schütten mich voll mit Hormonen der Freude, schenken mir tiefste Erfüllung. Da bleibt nicht einmal mehr Zeit für irgendwelche Alterswehwehchen, für Krankheiten oder gar den Tod. Ich hoffe, er hält sich daran. Sonst ist es Verrat.

Verräter hole ich mir nach in die Hölle. Und verarbeite sie zu Döner. Well done.

Nachsatz

Bei Drucklegung des Buches war die Karawane noch nicht unterwegs. Aktuelles ist nachzulesen auf unserer Homepage www.target-human-rights.com. Vielleicht hat mich ja zwischenzeitlich der Schakal gefressen.

Andere über mich

Erkennen kannst du dich nur
in den Augen des anderen.
N.N.

Autobiografien sind wie Werbekampagnen. Das Positive wird bis zur Unerträglichkeit aufgebläht, das Negative bis zum Verschwinden verniedlicht. Um dem vorzubeugen, habe ich einen Journalisten und mehrere Lebensbegleiter gebeten, ihre Blickweise auf mich niederzuschreiben.

Anmerkung des Autors: Die Berichte derjenigen, die schlecht über mich geschrieben haben, habe ich nicht ins Buch aufgenommen.

Journalist Hans-Dieter Schütt

Ach, Gott. Die Deutschen. Hingerissenes Volk zwischen Fernweh und Todessehnsucht, zwischen Rastlosigkeit und Sendungsbewusstsein. Wie heißt es inzwischen so schön? Setzen Sie sich irgendwo auf der Welt an eine Kreuzung, und warten Sie maximal 24 Stunden – garantiert kommt ein Deutscher daher. Zu Fuß, auf dem Rad oder auf dem Zahnfleisch. »Eine Schar abenteuerlicher, freiheitsliebender Menschen mir sonderbar brennenden Augen«, so beschrieb B. Traven die seltsame Spezies derer, die inzwischen gern auch den erkalteten Mief ihres rheinischen Nestes verlassen und sich irgendwo in irgendein internationalistisches Demutsgehabe verlieren: Einmal kurz nach Bali und dann 40 Jahre lang Vorträge an der Pinneberger Volkshochschule über den Zauber Südostasiens. Oder die beliebte Dia-Show vom letzten River Rafting: Da war man nun ein Jahr lang brav, höchstens mal eine schiefe Krawatte kurz vor Bürobeginn, oder zum Würstchen mittelscharfen Senf. Sonst kaum ein höherer Herzschlag. Aber zum Glück gibt's den Nervenkitzel per Katalog: Schlauchboot-Fahrten auf reißendem Wasser, zwischen steilen Felsen, in finsteren Schluchten (natürlich mit Versicherung!). Ein Branchen-Boom beweist – den Niedergang: Der Abenteuer-Ersatz hat Hochkonjunktur – weil im Leben die wirklichen Abenteuer längst nicht mehr vorkommen. Der größte aller Nervenkitzel: ein Spritzer kaltes Wasser in die innere Leere. Typisch für den Boom sind jene, die 499 Mark zahlen, an einem Donnerstag losfliegen und am Montagmorgen wieder im Büro hocken, als sei gar nichts geschehen. Die zwischendurch aber mit der »Peter Stuyvesant World Action Tour« am Kariba-Stausee in Simbabwe waren. Auf Wildlife Safari. Halt die Welt an. Ich will kurz aussteigen. Das suizidale Kurzabenteuer. Da fällt einem nur Indira Ghandi ein, die in ihrer Verwunderung über die Invasion deutscher Heilsucher einst meinte: »Wissen die denn nicht, dass ein Fisch, den man in ein neues Gewässer setzt, derselbe Fisch bleibt?«

Wer nun ist, da wir beim eigentlichen Thema, der Unvereinbarkeit von Abenteuer und Deutschsein angelangt sind, dieser Rüdiger Nehberg? Auch so ein spinnerter Schlafsack-Romantiker? Geschäftstüchtiger Überlebenskünstler? Möchtegern-Nomade, der in Weltbürger-Manier permanent den teigknetenden Kuchenbäcker aus sich raustreiben will?

»Ein besonders harter Typ«, schrieb vor Jahren ein Magazin, sei dieser Hamburger Konditormeister. »Um gegen alle Fährnisse auf seinen Extremreisen gewappnet zu sein, quält sich der Tortenmacher das ganze Jahr mit schauerlichen Exerzitien: Er planscht bei Minustemperaturen in Eislöchern, schnorchelt für jeden Gegner unsichtbar mittels Röhrchen im Schlamm, futtert schon aus Standesbewusstsein jeden ertappten Mehlwurm und erlebt unbeschreibliche Gefühle, wenn ihm eine seiner Riesenschlangen die Halsschlagader bis zur Bewusstlosigkeit abdrückt …«

Rüdiger Nehberg ist der bekannteste Abenteurer Deutschlands, ein Marktführer sozusagen. Und dies noch immer. Wer die Welt nach merkantil verwertbaren Trends einteilt, mag einwenden, die große Zeit des Herkules im Fernwehgeschäft sei längst vorbei. Aber wer noch einen Funken Begeisterung hat für alternatives Leben und dabei nicht bloß in ideologischen Dimensionen zu denken vermag, der findet Anregungen in jener Kultur, die der wieselige Rüdiger Nehberg vorlebt. Ohne missionarischen Eifer, ohne Vorbild-Syndrom, ohne Militanz. Wer Nehberg auf Foren und Vorträgen erlebt, erlebt vor allem Publikum: vorwiegend junge Leute, die auf überraschende Weise süchtig sind nach Erlebnis-Intensität, nach Wissen über fremde Kulturen, nach Abenteuer mit Sinn. Und Nehberg erweist sich als geschickter Verkäufer seiner selbst, der Präsentationsmodernismen (große Diashows, Panorama-Wände, Superton-Untermalungen) ablehnt; er konzentriert alles, was er sagt und zeigt, auf die Wirkung des behandelten Gegenstandes, er erzählt zwischen Report und Schnurre, er bleibt in Verbindung mit dem Publikum, wird nicht zum herausgehobenen Moderator eines perfekten farbigen Kommunikations-Experiments. Irgendwie ist er ein Mann der kleinen Brötchen geblieben, und dies ist unbedingt als Kompliment zu verstehen.

Der Mann baute sich einst in Hamburg eine bürgerliche Existenz auf – die ihm Fessel war und freilich zugleich auch Schlüssel. Das tägliche Einerlei schürte den Ausbruchswillen, aber das erfolgreich geführte Geschäft mit dem Kuchenhunger der Leute ermöglichte ihm wiederum den finanziellen Freiraum, den der Mensch meist braucht, will er jene Idee, die er von sich selbst hat, ohne soziale Zwänge in die Tat umsetzen. Der Bäcker aus Wandsbek durchquerte Wüsten, schlug seinen Pfad durch den Dschungel, nahm per Tretboot, Bambusfloß und massivem Baumstamm den Ozean. Und zwischendurch, neben dem Handwerkerdasein, besuchte er geradezu manisch Lehrgänge wider die Langeweile und das lähmende Nichtwissen: massenhaft Sprachen. Waidwerk und Weben. Kleines Steuer-ABC. Töpfern. Verkaufspsychologie. Tauchen. Angstüberwindung. Drehbuchschreiben. Geometrisches Zeichnen. Gesunde Ernährung. Medizin. Weit über hundert solcher Lehrgänge.

Und was er bei jeder neuen Abfahrt ins Abenteuer hinterließ, war ein Testament mit der Inschrift »Für Witwe Maggy«.

Eine sonderbare Seele mit dem Drang, Erster zu sein. Der Erste, der mit einem Hartschaum-Boot den Blauen Nil befuhr. Der Erste, der seine Konditorei-Kunden per Fragebogen zur Kritik an den dargebotenen Brezeln einlud. Der Erste, der in der Danakil-Wüste flimmernde Luft zu Wasser machen wollte. Der Erste, der Kundenkindern durch Marzipanmodellier-Kurse ein inniges Verhältnis zu ihrer Bäckerei von morgen verschaffte. Der Erste, der in Deutschland »Survival« einführte, die Kunst des Überlebens, die er in Bestsellern verkaufte: Tipps von der Ausrüstung bis zum sanften Selbstmord, vom Feuermachen bis zum Regenwurm-Rösten. Alltag eines Abenteurers.

Bis Nehberg Anfang der 80er Jahre in Brasilien auf die Yanomami-Indianer stieß. Eine Reise, die sein Leben veränderte. Vorbereitet hatte sich der Unbehauste mit einem 1000-Kilometer-Marsch von Hamburg nach Oberstdorf, ohne Nahrung, ohne Geld, ohne Unterkunft. Rüdiger Nehberg wurde fortan zum Botschafter der Solidarität für ein untergangsgeweihtes Volk jenseits der Zivilisation. Von nun an zog es den Rastlosen, der inzwischen seine Konditorei verkauft und das Abenteuer zum Lebenserwerb gemacht hat, in regelmäßigen Abständen zu den Yanomami. Nehberg wird zum Chronisten eines Völkermordes. Doch der *»stern«* schrieb, was den plötzlich ernster gewordenen Aktivisten auch fürderhin an Misstrauen begleiten sollte: »Es fällt auf Anhieb nicht leicht, den fesselnd erzählenden Pfadfinder-King im neuen Gewand der Selbstlosigkeit zu sehen. Ein wenig gleicht Rüdiger Nehberg dem Starlet, das vorsätzlich durch Busen und Beine

Karriere gemacht hat und dann klagt, dass niemand ihm die Rolle der Heiligen Johanna gibt. Nehberg beherrschte das leichte Rollenfach als Schlangenbändiger, Würmerfresser und Medienfutter, als Marzipan-Bildhauer für Tenorhochzeiten, als Ehrenvorsitzender idealistischer Raselbanden inzwischen so meisterlich, dass es ihn wohl langweilen muss. Drängt es ihn nun, sich ehrbar zu machen?«

Nehberg lacht darüber, und er kann sehr ansteckend lachen. Er mag nicht unterscheiden, was bei den anderen Neid, Unverständnis, Gehässigkeit oder ernsthafte Anfrage ist – er lebt sein Leben; er lebt seine Freiheit auf keines anderen Kosten, und sein Selbstbewusstsein bezieht er aus dem Wissen, dass die meisten seiner Tage interessanter, weit weniger stromlinienförmig sind als die so vieler anderer Leute und vor allem seiner Kritiker. Zugleich verbirgt er Traurigkeit nicht, Traurigkeit darüber, dass sein Aktionismus im Dienste der Menschenrechte kritisch beäugt wird, aber andrerseits doch jeder weiß, dass in einer Welt des Jahrmarkts nur eine Chance hat, wer sich entsprechend laut und spektakulär Gehör verschafft.

Keine 30 Kilometer östlich von Hamburg: Rüdiger Nehbergs Mühle in Rausdorf. Die Klingel zum Anwesen besteht aus einem Schweineknochen an einer Reißleine. Zieht man daran, dröhnt drinnen eine Glocke, als habe man den Kölner Dom vor sich. »Weil ich schwerhörig bin«, ruft der Hausherr von oben.

Wände und Holzdecke des stimmungsvollen Refugiums sind gespickt mit Mitbringseln von Expeditionen: Dolche, Macheten, Speere, Pfeile, ein Haigebiss. Und mittendrin zwei Mausefallen. »Das sind Alarmanlagen. Erfindung eines jungen Fans. Wenn sie zuschlagen, zünden sie zwei Platzpatronen.«

In einem Regal kleine Erfindungen, vom Wecker bis

zum kleinsten Raketen-Abschussgerät der Welt. Es wiegt zwölf Gramm.

Auf einer Pinnwand aus Lederhaut stecken Garn, Rasierklinge, Kompass, Mundharmonika, Trillerpfeife, Kondom. Und eine Kapsel Zyankali. Unter den vielen Souvenirs, die ein Abenteuerleben dokumentieren und die Augen jedes Gastes auf Entdeckungsreise schicken, befindet sich auch ein Schachspiel, gebastelt in eritreischer Gefangenschaft, aus Kork, Sesam, Pfeffer, Palmblättern; das Brett selbst besteht aus Ziegenfell. An einer der Wände ein Gorbatschow-Foto. Darunter die Zeile: »Friedensnobelpreisträger«. Nehberg stolz: »Das schrieb ich 1989 unters Bild, da war er das noch gar nicht.«

An den Stiegen hängen Fotos, zeugen von Theateraufführungen im Hause – Nehbergs Tochter ist Schauspielerin, die Mühle war eine Zeitlang kabarettistische Spielstätte für junge Theaterleute auf der Suche nach dem eigenen Stück, der eigenen Bühne, dem eigenen künstlerischen Ich.

Durch die Sprossenfenster blickt Nehberg auf sein 50 000 Quadratmeter großes Grundstück. Mit den Seen und Teichen. Hinten im Sumpf leben Ringelnattern, Eisvögel, Fischreiher und Bisam. Durch den Bach wandern Aale, von der Elbe herauf. Über eine Million Mark hat er in Haus und Land gesteckt. Als er vor Jahrzehnten auf das Thema Survival kam, war es zufälligerweise genau dieses Grund- und Waldstück, auf dem Nehberg zum ersten Mal mit einem Partner herumtollte, der das Survival-Training von der US-amerikanischen Rangerausbildung her kannte. Nach dem Bestsellererfolg seines ersten Survival-Buches hatte er plötzlich ziemlich viel Geld in der Hand, und da fiel ihm dieses Stückchen Welt »hinter Hamburg« wieder ein. Jetzt gehört es ihm. Ein Naturparadies.

400 Jahre alt ist die Mühle, seit langem nicht mehr bewohnbar, als Nehberg auf diese Idylle stößt. Er baute den

Teich neu, gestaltet das Gelände zu einem abwechslungsreichen Biotop; die Behörde hat sogar mitgeholfen, das Gelände »ökologisch zu optimieren«. Weil die Aale aus der Elbe, die das Wehr umgeht, nicht mehr weiter flussaufwärts kommen. Sumpf wird angelegt, eine Flachzone für die Brut. 6000 Bäume pflanzt Rüdiger Nehberg rundum …

Rüdiger Nehberg ist kein Politiker, kein Schriftsteller, kein analytischer Grübler; aber er ist auch kein Egomane des Abenteuergeschäftes. Er lebt anregend, er eröffnet seinem Publikum Blicke auf die bestehende Welt; er ist einer von jenen, die glücklich sein können, wenn sie nur an einem lebenden Baum vorbeigehen. Das, was wir sinnentleert oder gefährlich leichtfertig als Fortschritt bezeichnen, stellt er in Frage. Es ist, als erzählten seine Reisen auch von einer Flucht aus einer Welt, in der der Mensch über die Natur, über das Kommen und Gehen alles Lebendigen, über Ebbe und Flut die messbare Zeit gesetzt hat, die Stunde, die Sekunde. Die Toleranz, die uns der natürliche Lebensrhythmus gibt, scheint aufgehoben. Die Maschine duldet keinen Rhythmus, sie kennt nur den Takt. Aber ein Leben, das ausschließlich dem Takt gehört, zerstört sich selbst …

Rüdiger Nehberg ist umstritten wie alles Extreme. Er lebt aus sich heraus, er lebt sich aus, er lebt gut. Er kennt die Häme, und er genießt die Hochrufe. So viele Bücher er geschrieben hat: Da ist immer noch etwas, das sich jeder Definition entzieht; wie oft führt uns das Unerklärliche auf jene Seite des Lebens, wo es keine Schriftzüge mehr gibt. Missachten wir also bei allem Existentiellen seiner Gedankenwelt nicht: Wir haben es, wie bei Reinhold Messner, mit einem Märchenerzähler zu tun, der sich von anderen nur dadurch unterscheidet, dass er die Märchen, die er erzählt, vorher gelebt hat …

Bruder Volker

Mein Bruder Rüdiger ist zwei Jahre älter als meine Schwester Ingeborg und fünf Jahre älter als ich. Da er schon mit 15 Jahren seine Lehre als Bäcker und Konditor in Münster begonnen und unser Elternhaus verlassen hat, war unsere gemeinsam verbrachte Jugend nur kurz. In meiner Erinnerung an diese Zeit entdecke ich noch nichts Spektakuläres, nichts, was seine spätere Freude an extremen Abenteuern oder Ansätze für sein soziales Engagement angedeutet hätte. Wohl aber erinnere ich mich an seine Gabe und seine grenzenlose Lust, selbst erlebte oder erfundene Geschichten zu erzählen, die uns Jüngere aufgrund seiner übersprudelnden Fantasie und seiner gestenreichen Darstellung fesselten. Wenn uns dabei angst und bange wurde oder wir uns krummlachten, ging es dem Geschichtenerzähler am wohlsten – beinahe so, wie man es heute in seinen Vorträgen erleben kann.

Gerüchten, er habe seinem kleinen Bruder schon in früher Jugend heimlich Würmer oder Spinnen zum Essen oder Spielen mitgebracht, muss ich widersprechen. Wenn ich nicht wie er das Abenteuer gesucht habe, sondern wie andere unserer Vorfahren im Bankwesen geendet bin und heute gar auf Mallorca lebe, hat dies andere Gründe.

Denke ich an spätere Jugendjahre, fallen mir Dinge ein, die er uns von seinen Reisen mitgebracht hat. Da gab es einmal nach seiner Radtour in die Sahara kleine Gläser und Filmdosen mit Krabbeltieren, die sich als Skorpione entpuppten. Ein andermal beglückte er uns mit einer Kobra, die in unserem Elternhaus verständlicherweise nur kurz Asyl fand.

Bei der Fütterung seiner Ringelnattern konnte ich mich sogar persönlich auszeichnen. Ich zog mit Stiefeln und Küchensieb versehen durch die Feuchtwiesen unserer Umgebung und machte Jagd auf Frösche – erfolgreich. Als ich anschließend erleben durfte, wie die Ringelnatter den Frosch verschlang, sich dann über irgendetwas erschreckte und den Frosch wieder auswürgte und dieser dann munter ins Leben zurückhüpfte, wollte ich anderen Fröschen ähnliche Erlebnisse ersparen. In den Feuchtgründen wurde ich nicht wieder gesehen.

Um ehrlich zu sein, meinen Eltern und uns waren damals Geschenke des *Konditors* Rüdiger lieber als Geschenke des Abenteurers. Auf unserer Hitliste standen besonders zu Weihnachten seine unübertroffenen Dresdner Stollen, seine Zimtsterne und der so genannte »Schwiegermutterkuchen«.

Sein erstes soziales Engagement, das mich persönlich betraf, erlebte ich mit 27. Ich war unbeweibt und er der Meinung, dieser Zustand dürfe nicht länger anhalten. Er engagierte für sein dreijähriges Töchterchen Kirsten eine junge Cutterin als gelegentliches Kindermädchen. Sie logierte in einem Raum im Souterrain. Mich lud er ahnungslos nach Hamburg ein und quartierte mich im Nebenraum ein, so dass Kellerfee Eva und ich einander nicht ausweichen konnten. Und da Rüdiger im Leben seinen Willen immer durchzusetzen weiß und sich ungern widersprechen lässt, haben Eva und ich dann bald geheiratet.

Um weiter ehrlich zu bleiben: Wir alle in unserer Familie hätten es natürlich lieber gesehen, wenn mein Bruder Abenteuerreisen erst gar nicht unternommen hätte. Denn allen, die ihn mochten, verursachten seine Fahrten immer wieder Bauchschmerzen, die erst endeten, wenn er sich wieder von einem Punkt zivilisierten Lebens gesund zurück meldete.

Besonders tiefe Spuren der Erinnerung hat seine Fahrt durch Vorderasien zum Roten Meer hinterlassen, bei der wir zwei Monate ohne Lebenszeichen gewesen sind und ständig auf das Schlimmste gefasst sein mussten. Aber uns geht es bei unserem Abenteurer, der das Ungewöhnliche liebt und für den das Abenteuer lebenswichtig ist, im Grunde nicht anders als den Angehörigen von Menschen, die gefährliche Berufe oder Sportarten ausüben und sich dabei vielleicht noch viel öfter extremen Gefahren aussetzen müssen. Wenn man solche Menschen mag, muss man ihre Art zu leben akzeptieren. Rüdiger muss man zudem zugute halten, dass er alle seine Fahrten mit ganz besonderer Sorgfältigkeit vorbereitet hat. Ich denke, dass es nie eine Fahrt ins völlig Ungewisse gegeben hat.

Die Wahrnehmung meines Bruders in der Öffentlichkeit würde ich in zwei Phasen einteilen. In der ersten Phase lernte man ihn über seine Vorträge, Bücher und Auftritte in öffentlichen Medien als Abenteurer und Überlebenskünstler kennen. Für manche ist dabei besonders sein Umgang mit Dingen, die man ungestraft als unappetitlich bezeichnen kann, in Erinnerung geblieben. Wäre ich sein Berater in der Öffentlichkeitsarbeit gewesen, hätte ich ihm eher von diesen Bildern abgeraten. Aber wer weiß, vielleicht war es gerade der Umgang mit der Überwindung des Ekels, die Konfrontation mit Tabus, was seine Fans von ihm hören wollten und ihn bekannt gemacht hat. Der Erfolg seiner Bücher und Auftritte scheint eher *ihm* Recht zu geben.

In seiner jetzigen zweiten Phase ist das Abenteuer geblieben und sein Engagement für Menschenrechte und humanes Leben in den Vordergrund getreten. Wenn ich früher die meisten Dinge, die er anpackte, positiv und außergewöhnlich fand, bin ich heute von seinem sozialen Engagement und seinem Erfolg geradezu begeistert. Seine grenzenlose Fantasie, sein Gerechtigkeitssinn, seine Zielstrebigkeit und ungewöhnliche Schaffenswut (ich denke, dass es sein Leben lang für ihn nie Müßiggang, vielleicht nicht einmal Entspannung gegeben hat), seine absolute Zuverlässigkeit, sein Beharrungs- und Durchsetzungsvermögen, seine Fähigkeit, andere Menschen für seine Ziele zu gewinnen, sie manchmal auch auszunutzen – all das sind für mich die Triebfedern, die seinen Erfolg ausmachen. Seine Sehnsucht nach Abenteuer, die er zeit seines Lebens in sich getragen hat und tragen wird, war die ideale Ausgangsbasis, die ihn bekannt gemacht hat. Und dieser Bekanntheitsgrad war dann wohl die entscheidende Voraussetzung, seine Menschenrechtsziele mit solch ungewöhnlichem Erfolg umzusetzen.

Natürlich werde ich immer wieder auf meinen Bruder angesprochen. Als ich kürzlich in eine Geschwindigkeitskontrolle kam, waren 40 Euro fällig. Der Polizist ließ sich meine Papiere zeigen und stutzte. »Sind Sie verwandt mit *Rüdiger* Nehberg?«

»Er ist mein Bruder.«

Plötzlich kam der Staatsdiener ins Schwärmen. Er kannte alle seine Bücher, hatte einen Vortrag erlebt und war der große Fan. Das machte mir Mut.

»Können Sie dann vielleicht ein Auge zudrücken?«

Der Polizist überlegte. »Ganz ohne Bußgeld kann ich Sie nicht fahren lassen. Aber sind Sie mit 20 Euro einverstanden?«

Na klar war ich das!

Und ich freue mich – und nicht nur deshalb – einen so prominenten Bruder zu haben.

Exfrau Maggy

Herbst 1963. Wir haben geheiratet. Wir sind jung, verliebt, voller Freude und glauben an unsere gemeinsame Zukunft. Wir haben viele Pläne, verwirklichen sie mit der Kraft unserer Jugend. Probleme lösen wir gemeinsam.

1965 eröffnen wir unsere Konditorei. 1966 wird unsere Tochter Kirsten geboren. Unser Leben ist bunt – mit vielen Gästen und anregenden Abenden. Unser Haus wird zum Treffpunkt der Begegnung. Es gibt Dia-Vorträge von unseren Reisen und Diskussionen über die Veränderung der Umwelt.

Unsere vielfältigen Aktivitäten und das Geschäft lassen uns kaum zu uns selbst kommen. Zunächst unbemerkt, ist unsere Familie mehr und mehr in den Hintergrund getreten. Wir gehen getrennte Wege.

»Selbstverwirklichung« ist ein großes Thema unserer Zeit.

Trotz sicherlich guter Voraussetzungen haben wir es nicht geschafft, unsere verschiedenen Interessen unter dem »Dach Ehe« zusammenzuhalten.

Heute leben wir getrennt, achten einander und beachten die Lebensleistung des anderen. Ich bin aktiv ehrenamtlich tätig.

Lebenspartnerin Annette Weber

(Impulse teilweise aus »GEOwissen – Partnerschaft und Familie«)

Nicht die Jahre,
sondern die Untätigkeit macht uns alt.
Christine von Schweden

Paar: Annette und Rüdiger
Annette, 45
Arzthelferin/366-Tage Aktivistin für TARGET/
Managerin von Rüdiger
Rüdiger, 69
Sir Vival/Aktivist für Menschenrechte/
Abenteuer mit Sinn

Zahl der Kinder
2 von Annette
1 von Rüdiger

Wo sie wohnen
In einem 250-Seelen-Dorf in Schleswig-Holstein, mehr Pferde als Einwohner. In einer (von Rüdiger eigenhändig) umgebauten Mühle aus dem 16. Jahrhundert. Mit Naturschutzgebiet/Teichen/»Stinke«-Sumpf für Stefan Raab.

Wer noch im Haushalt lebt
Annettes Kinder Roman (19) und Sophie (14).
Katze Minouche (12) und Vogelspinne Spinny.

Wie lange die Beziehung besteht
Seit fast sieben Jahren.

Wo sie sich erstmals begegnet sind
Bei Rüdigers Dia-Vortrag in Annettes Heimatstadt in Süddeutschland.

Was sie an ihrem Partner besonders mögen
Annette: dass er ehrlich ist und so viel Power hat. Seine Zielstrebigkeit (auch wenn sie anstrengend ist). Rüdiger verrät es (vielleicht) in diesem Buch, das ich noch nicht gelesen habe.

Worüber sie sich streiten
Über ihre jeweilige Auffassung von Ordnung – siehe Schluss.

Rituale
Wenn Rüdiger von irgendwo her wieder nach Rausdorf kommt, koche ich ihm Spinat mit Kartoffeln und Spiegelei. Das ist für ihn Heimkommen.

Wie ergänzen sie sich?
Rüdiger ist die Luft, ich bin der Boden. Er hat Pläne, ich erde sie. Bilde ich mir zumindest ein.

Wenn ich mit ihm unterwegs bin, denke ich, dass mir nichts passieren kann. Und er denkt vielleicht, dass ich für ihn mit aufpasse. So geht eben alles gut. Logisch.

Wer fängt wen auf?
Jeder den anderen. Je nach Situation. Der gerade Stärkere stützt den Partner. Ich glaube, wir können uns gegenseitig richtig Mut machen. Und wir können einander trösten.

Ihr größter Traum?
Dass kein Mädchen mehr verstümmelt wird!!! – mit tausend Ausrufungszeichen.

Dass es allen in der Familie gut geht und sie sich wohl fühlen.

Alltag
Aufregend, spannend – und etwas ganz bestimmt nicht: alltäglich.

Alter?
Was ist das?

Der wichtigste Satz zwischen Ihnen?
Nur drei Worte– aber nicht *die* drei Worte, sondern O-Ton von Rüdiger:

»Schreib mal auf!«

Ich glaube, es gibt keinen Ort, an dem Rüdiger war/ist/sein wird, ohne dass da ein Notizblock nebst Stift liegt. Selbst im Geldbeutel hat er eine mit der Kneifzange der Größe angepasste Kugelschreibermine. Dieser Mann hat ständig eine Idee. Diese wird sofort notiert, um wieder frei für neue Einfälle zu sein. Egal, wo wir sind, egal mit wem wir dort sind, egal um welche Tageszeit, egal bei welchem Wetter. Die Ideenzettel sammelt Rüdiger täglich ein und verarbeitet alles irgendwie, z. B. zu diesem Buch.

Wie ist das, mit Rüdiger zu leben?
Dass wir zusammen sind ist die »Schuld« der Indianer. Ich wollte seit meinem zwölften Lebensjahr zu Indianern und ihnen irgendwie helfen. Eine Art Wiedergutmachung der Vernichtungsgeschichte. Als mein Bruder Harald mir dann Rüdigers Yanomami-Buch zum Geburtstag schenkte, ich glaube zum 30., und ich das Jahre später las, kam justament Rüdiger mit seinem Vortrag zu uns nach Offenburg. Roman als Survival-Freak (ich kannte das Wort nicht einmal) wollte da hin und ich hatte noch Fragen

zum Buch. Die sind mittlerweile beantwortet. Als ich dann nach der »Tree«-Aktion mit Rüdiger einem Indianerhäuptling durch den Urwald folgte und der uns alles Mögliche erklärte, war da so ein Rückblitzblick: Mensch, Annette, das wolltest du doch schon immer! Jetzt freue ich mich, dass wir die Krankenstation bei diesen Waiapí-Indianern gebaut haben. Und im Urwald fühle ich mich daheim. Mit der Entscheidung, zusammen zu leben und zu arbeiten, taten wir uns schwer. Im Sommer 2000 wagten wir dann den Schritt.

Eine Vokabel kennt Rüdiger bestimmt nicht: Langeweile. Und diese Vokabel, sollte ich deren Bedeutung jemals gekannt haben, hat er aus meinem Leben gründlich verbannt. Als Gegenpart bin ich mehr oder weniger erfolgreich dabei, etwas vom Wortsinn »Muse« in unser Leben zu etablieren.

Rüdigers Erfolgsrezept ist seine absolute Zielstrebigkeit. Das ist für alle, die mit ihm zusammen leben oder arbeiten, faszinierend und anstrengend. Faszinierend: seine Energie, seine ständig neuen Ideen und die allumfassende Vereinnahmung jeglicher Person, die mit dem Ziel zu tun hat. Anstrengend, weil es kein Entrinnen gibt. Während ich mir eine Woche Urlaub mit Sophie in Ägypten erlaube, ein Anruf von Rüdiger: »Die nächste Pressekonferenz wird ein Hammer werden!« Ruhe? Ausspannen? Für was denn das? Rüdiger lebt in seinen Aktionen und Projekten. Ich kann froh sein, wenn er bei unserer Rückkehr am Flughafen steht und nicht schon zur nächsten Aktion unterwegs ist, um wieder (ich zitiere seinen Freund Thomas Frankenfeld) »als Satellit sinnstiftend durch die Gegend zu schwirren«.

So liebe ich ihn. Auch wenn ich bestellt und nicht abgeholt am Flughafen warten werde.

Neulich fragte mich jemand, welche Rolle ich in Rüdigers Leben spiele. Das war gar nicht schnell zu beantworten. Ich glaube, dass ich bei Rüdiger einen ganz festen Platz in seinem Herzen habe und er das Zusammenleben und Zusammensein mit mir und auch mit den Kindern genießt. »Es ist so herrlich lebendig geworden mit euch« – sagte er neulich, als wir im Dunkeln nach Hause kamen, die Fenster hell erleuchtet waren (o. k., die Stromrechnung …) und Roman und Sophie im Haus rumwirbelten. »Sie bringt mir die Power der Jugend«, so im Interview zur Reportage »Rüdiger Nehberg – höchstpersönlich«. Ich weiß auch, dass für ihn meine Begleitung bei den Projekten sehr wichtig ist. Es ist gut, jemanden zu haben, dem man voll vertrauen kann und der in die gleiche Richtung denkt. Dass ich nicht immer seiner Meinung bin, schätzt er. Und wenn ich die, leider zu seltene, Möglichkeit habe, ihn zum Dia-Vortrag zu begleiten, ist das für ihn Entspannung pur. Und für mich schön.

Menschen aller Couleur lassen sich von Rüdiger faszinieren und er ist fasziniert von den Menschen. Wenn er in seinen Vorträgen das Publikum zwischen neun und 90 mit seiner sprühenden Erzählkunst an seine Lippen fesselt – wenn er den Indianern von seiner Urwaldmarsch-Idee vorschwärmt und sie sagen: Da machen wir mit! – wenn er begeistert kleinen Survival-Fans zeigt, wie man Feuer ohne Streichhölzer hinkriegt und sie Post schicken »an meinen Freund Rüdiger« – wenn Menschen berührende Dankesbriefe zu seinem Engagement für die Mädchen in Afrika schreiben – dann freut er sich zum Platzen oder Tränen laufen ihm übers Gesicht. Ich glaube, in solchen Momenten spürt er ganz tief, dass er seinen Weg gegangen ist und ihn weitergeht und ihn weitergehen muss. Und dass der Weg sich lohnt. Diese Momente erinnern mich neu, dass

Rüdiger vielen Menschen gehört und viel zu geben hat. Dass er Vorbild ist für die Kinder unserer Zeit, glaubwürdig, ehrlich, Hoffnungsträger gegen die schleichende »ist mir doch egal-Mentalität« und Resignation. Dann verzichte ich gern und weiß: Wenn ich ihn wirklich brauche, ist er da.

Unterschiede zum Schluss und zum Schmunzeln
Rüdiger möchte ein Bild von mir mit Spinne im Gesicht für dieses Buch, ich möchte lieber eines mit einem Kind auf dem Arm, fotografiert in unseren Aktionsgebieten.

Rüdiger ist ordentlich – und ich bin es nicht immer.

Rüdiger räumt auf – und ich kriege Panik wegen drohenden Verlustes mir wichtiger Dinge wie z. B. dem glücklich erstandenen, mit 1000-Jahre-Patina geschmückten Übertopf, den ich im Mülleimer zertrümmert wiederfand: »Der war doch alt«!

Wenn Rüdiger auf Reisen ist, genieße ich es, Schokoladenpapier beim Lesen im Schlafzimmer zu verteilen, daneben ein Glas Sekt … um alles am nächsten Morgen aufzuräumen. Rüdiger ist eben ansteckend.

Mehr verrate ich nicht.

Ganz zum Schluss
»Nicht dass wir einander anschauen – sondern dass wir in die gleiche Richtung schauen« ist vielleicht der wichtigste Grundstein unserer Beziehung. Mögen wir noch lange gemeinsam die Richtung sehen.

Annette Weber
Rausdorf, im Oktober 2004

Freund Klaus Denart

Von Luftschlössern und aufgedunsenen Schweinen

Welches ist Rüdigers herausragende Eigenschaft? Was mich immer wieder fasziniert ist, dass er ein unermüdlicher »Macher« ist; ein »Macher« wie kein Zweiter. Dieser Zwang, ständig etwas Konkretes machen zu müssen, setzt bewundernswerte Energien und Kreativität in ihm frei. Ich kenne Rüdiger seit 1968, genauer gesagt – wir sind seit der Zeit eng befreundet. Obwohl ich ihn kenne, wundere ich mich immer wieder: Woher nimmt Rüdiger bloß die Zeit?

1977 haben wir gemeinsam die Danakil-Wüste in Äthiopien/Eritrea, die heißeste Wüste der Erde, durchquert; mitten in den Bürgerkriegs-Wirren. Nachdem wir die 1500 Kilometer Sand, Lava, Salzseen hinter uns gebracht hatten, gerieten wir am vermeintlichen Ziel in die Hände der Eritrean Liberation Front (ELF). Die Freiheitskämpfer betrachteten uns als Spione. Sie brachten uns ins Hochland, an den Stadtrand der umkämpften Hauptstadt Asmara. Die ELF-Führer entschieden: »Ihr seid keine Spione. Das bedeutet, ihr seid unsere Freunde. Und als Freunde seid ihr herzlich willkommen, euch unseren Freiheitskampf anzusehen und darüber in Deutschland zu berichten.« Die Gastfreundschaft dauerte insgesamt sieben Wochen. Die ersten beiden Wochen waren noch interessant, weil wir täglich etwas Neues erlebten. Die Gastgeber zogen nachts mit uns zum Flughafen Asmara, um im Morgengrauen äthiopische Kampfjets zu beschießen. Sie zeig-

ten uns unterirdische Krankenhäuser und getarnte Schulen im Busch. Sie führten uns zu eroberten Kampfstätten, wo aufgedunsene tote Schweine in der Hitze bestialisch stanken. Und wir fanden abgeschnittene Finger menschlichen Ursprungs, die in einem Spiritus-Glas aufbewahrt wurden. Rüdiger nahm sie mit als Souvenir des Krieges. Aber irgendwann werden auch tote Schweine langweilig, wenn man viel lieber endlich nach Hause zurückkehren möchte, wo unsere Frauen uns vermisst gemeldet hatten, weil wir uns seit drei Monaten nicht mehr melden konnten. Rüdiger wurde sichtlich unruhiger. Tage vergingen in Ungewissheit. Wie lange würden die Rebellen uns noch mit ihrer Gastfreundschaft überschütten? Zu essen gab es wenig, und das Wenige, das die Rebellen hatten, das teilten sie mit uns.

Rüdiger musste etwas machen. Er rechnete wohl mit Monaten »Gefangenschaft«. Und was kann man in Gefangenschaft machen? Schach spielen! Also fing Rüdiger an, sich aus Körnern, aus Weizen, Hirse, Mais und getrockneten Erbsen König, Dame, Türme, Läufer und Bauern zu basteln. Die größeren Früchtchen fügte er mit Dornen zusammen, die kleineren klebte er drauf. Ich weiß nicht mehr, wie er sich seinen Kleber zubereitete, aber er funktionierte. Desto mehr Tage wir warteten, desto schöner und detaillierter wurde sein königliches Brettspiel. Es wurde so schön, dass er es durch das Kampfgetümmel der letzten Woche in Eritrea rettete. Noch heute steht dieses Schachspiel bei ihm zu Hause in Rausdorf.

Hier in Eritrea hatten sich ein rastloser Geist und Kreativität gepaart. Rüdiger ist ein begnadeter Bastler. Nein, nicht so einer, der ein Segelschiff im Maßstab 1:1000 detailgetreu nachbaut. Dafür fehlt ihm einfach die Ruhe. Bei Rüdiger muss es schnell gehen. Hat er eine verrückte Idee, so wird sie wenig später visualisiert: z. B. der Baumstamm, mit dem er über den Atlantik segeln will. Dafür braucht er einen Tag, um ihn mit Auslegern, Aufbau und beschrifteten Segeln im Miniformat zu basteln. Solch ein Modell braucht er, um daran sein Ideen-Feuerwerk so richtig zu entfachen.

Als wir TARGET e.V. gründeten und den Kampf gegen die weibliche Genitalverstümmelung ins Programm schrieben, da hatte er wenig später ein Foto von der großen Moschee in Mekka parat und spannte per Fotomontage ein Riesentransparent zwischen die Minarette. Auf Arabisch verkündete das Spruchband, dass die Genitalverstümmelung nichts mit dem Koran zu tun habe und deshalb zu verbieten sei. Die Leser von Rüdigers Büchern, die Besucher seiner Vorträge bekommen ja nur einen Extrakt seiner Ideen zu sehen bzw. zu hören. Keiner ahnt, dass er eine ganze Flut von Ideen produziert, theoretisch durchgespielt und wieder verworfen hat. Wer weiß schon davon, dass Rüdiger Kontakt zu einem (lebensmüden?) Piloten aufgenommen hatte, der Flugblätter gegen die Genitalverstümmelung über Mekka, dem größten Heiligtum des Islams abwerfen sollte?

Rüdiger baut Luftschlösser, aber jedes hundertste wird auch realisiert. Während andere jahrelang theoretisieren, hat Rüdiger längst die illegalen Goldgräber bei den Yanomami entlarvt und angeprangert. Während andere die furchtbare Genitalverstümmelung diskutieren, hat Rüdiger längst die Afar in der Danakil-Wüste davon überzeugt, diesen vorislamischen Brauch kraft Stammesrecht abzuschaffen.

Die Welt wäre anders, wenn es mehr Macher gäbe!

Eine andere große Eigenschaft, die ich bei Rüdiger schätze, ist, dass er, der eigentlich ein Einzelkämpfer ist, sich immer auch für die Pläne anderer begeistern kann und sie ideell unterstützt.

Für mich ist er ein Freund, auf den ich mich immer verlassen kann. Wir haben zwar sehr unterschiedliche Charaktere, trotzdem verbindet uns auf vielen Gebieten eine gemeinsame Wellenlänge.

Rüdigers Freund zu sein bedeutet, ihm bei seinen vielen überschäumenden Ideen mit Rat und Tat zur Seite zu stehen.

Klaus Denart
November 2004

Fragen von Journalisten

(verschiedenster Medien)

Viele Menschen hinterlassen Spuren.
Nur wenige hinterlassen Eindrücke.
NN

Survival und dieser ganze Scheiß – wofür soll das gut sein?
Dass wir das Gespräch sofort beenden, weil Ihre Fragen mir keine Antworten wert sind.
Bei wem möchten Sie sich bedanken?
Beim Papst. Er hat mir per Handschlag versprochen, kraft seines Amtes den Yanomami-Indianern in Brasilien gegen den Völkermord durch Goldsucher beizustehen. Als ich dann nie von irgendeiner Einlösung des Versprechens erfuhr, hat die Enttäuschung meine Kreativität enorm gesteigert. Sie führte, im Verbund mit vielen anderen Menschenrechtlern, zum Frieden im Indianerland.
Was bedeutet für Sie Liebe?
Stärkster Kitt gegen das völlige Auseinanderbrechen der Erde.
Was macht Sie glücklich?
Visionen und Pläne zu haben.
Was macht Sie sprachlos?
Rücksichts- und Maßlosigkeit.
Welche Eigenschaften schätzen Sie an anderen besonders?
Zuverlässigkeit.
Schenken Sie uns eine Lebensweisheit.
In jeder Situation ein Ass im Ärmel haben.
Glaube kann Berge versetzen, heißt es. Haben Sie das schon einmal erlebt?
Ja, als der *Oberste Rat für Islamische Angelegenheiten* des Afar-Volkes (3,5 Millionen Menschen, Danakil-Wüste,

Äthiopien) auf TARGET's Initiative hin einstimmig die Beendigung der weiblichen Genitalverstümmelung beschloss und den Brauch zur Sünde erklärte.
Ihre Lieblingsgeschichte in der Bibel?
Soll ich ehrlich antworten oder schummeln? Ich habe die Bibel nie gelesen.
Welchen Sinn hat für Sie das Leben?
Von der Fülle unseres Wohlstandes anderen abzugeben.
In welcher außer der heutigen Zeit möchten Sie gern leben?
Ausschließlich heute, weil es noch zu keiner Zeit so viel Demokratie, Wohlstand und Freiheit gegeben hat.
Wenn Ihnen am Lebensabend noch eine Stunde geschenkt würde, wie würden Sie diese verbringen?
Genau wie immer, denn ich habe jede Stunde meines Lebens gelebt, als sei es die letzte. Getreu der Devise: Heute beginnt der Rest des Lebens!
Was gefällt Ihnen an sich selbst?
Dass ich trotz allem, was ich in der Welt gesehen habe, Demokrat geblieben und nicht Anarchist geworden bin.
Was würden Sie, hätten Sie die Macht, gegen den Willen einer Mehrheit durchsetzen?
Wirtschaftlichen Stillstand statt fragwürdigen Fortschritt.
Welche Hoffnungen haben Sie aufgegeben?
Dass ich vielleicht doch wieder jünger werde.
Keine Revolution hat letztlich die Hoffnung derer erfüllt, die den Aufstand wagten. Leiten Sie davon ab, dass die ganz große Hoffnung lächerlich sei und nur der Hoffnungslose sich Enttäuschung erspart?
Ohne Hoffnung verkümmert man – zum Pessimisten. Und es passieren ja doch trotz aller Enttäuschungen immer wieder Wunder. Gorbatschow war für mich so eins. Lächerlich ist nur, wenn man meint, alle Hoffnungen, die man hat, müssten sich im eigenen kurzen Leben erfüllen.
Fürchten Sie sich vor den Armen dieser Welt?

Ich fürchte mich immer mehr vor denen, die andere zwingen, arm zu bleiben.
Womit rechtfertigen Sie, mehr Geld zu haben als andere?
Für einen Teil meines Geldes gibt es eine Rechtfertigung. Ich arbeite rund um die Uhr. Für den anderen Teil gibt es keine Rechtfertigung. Auch mein Wohlstand basiert auf der Ausbeutung der Dritten Welt.
Teilnehmer welchen historischen Ereignisses wären Sie gern gewesen?
Der Erschaffung Evas aus der Rippe.
Hat Heimat für Sie eine Flagge?
Nein. Meine Freunde in aller Welt sind meine Heimat.
Gibt es Landstriche, Bräuche, Städte, die Sie auf den Gedanken brächten, Sie seien für einen anderen Ort besser geeignet?
Nein, ich habe Deutschland trotz allem schätzen gelernt als das kleinere Übel.
Was empfinden Sie angesichts der Gewissheit, dass es Sie in 50 Jahren nicht mehr gibt?
Es wird mich schon viel eher nicht mehr geben. Gut so! Die Erde braucht Platz für den Nachwuchs und mich als Kompost, um den Nachwuchs zu ernähren.
Hoffen Sie auf ein Jenseits?
Nein. Ich werde Nahrung sein für Bakterien und Insekten. Aber ich lasse mich gern überraschen.
Was ertragen Sie nur mit Humor?
Ihre Fragen und Niederlagen. Humor spornt meine Kreativität an und erschreckt die Gegner.
Wovor haben Sie Angst?
Vor Fragen wie dieser.
Welche natürliche Fähigkeit hätten Sie gern?
Ach, mir würde es schon reichen, ohne Hörgerät und Brille auszukommen.
Von welcher Erfindung hätten Sie gern, dass es Ihre sei?
Vom Rad.

An welche abergläubische Regel halten Sie sich?
An gar keine. Aberglaube ist Mangel an Selbstvertrauen.
Wovor haben Sie Angst?
Ich halte es mit Karl Valentin. »Ich kenne keine Furcht. Es sei denn, ich bekäme Angst.« Furcht habe ich nur vor unserer Maßlosigkeit.
Wann haben Sie zuletzt geweint?
Als ich Augenzeuge weiblicher Genitalverstümmelung wurde und ein Mädchen traf, dass dabei vor Schock über Monate hinweg seine Sprache verloren hat.
Was trauen Sie der Menschheit nicht mehr zu?
Dass sie die ungebremste Fortschrittswut drosselt und die Reduzierung der Überbevölkerung in den Griff bekommt.
Worüber wundern Sie sich?
Dass ich so leben kann, wie ich möchte.
Was ist an Ihnen bewundernswert?
Das sollen andere beurteilen.
Wer oder was ist Ihre heimliche Leidenschaft?
Sag ich nicht, weil's sonst nicht mehr heimlich genug ist. *Die Woche* hat eine zu hohe Auflage.
Was ist Ihnen peinlich?
Ein Versprechen zu vergessen.
Wem möchten Sie auf keinen Fall in der Sauna begegnen?
Einer dicken hässlichen Nymphomanin mit einem Brotmesser.
Was sagen Ihnen Ihre Feinde nach?
Dass ihre Siege über mich meine Kreativität beflügeln.
Wofür oder bei wem müssen Sie sich unbedingt noch entschuldigen?
Bei meiner Tochter. Weil ich sie ungefragt in die Welt gesetzt habe.
Welche Ihrer Vorzüge werden verkannt?
Von Freunden keine. Von Feinden alle.

Was war Ihr größter Erfolg?
Survival zu einer Branche gemacht zu haben, die Yanomami weltweit ins Gespräch gebracht und an ihrem Frieden mitgewirkt zu haben. Und jetzt, mit dem Islam in kooperativer Weise die weibliche Genitalverstümmelung als unvereinbar mit der Ethik des Islam zu erklären.
Was war Ihre dramatischste Fehlentscheidung?
Bei der Ermordung meines Freundes Michael drei Sekunden zu spät die drohende Gefahr erkannt zu haben.
Was sind Ihre verborgenen Schwächen?
Die bleiben verborgen. Ich verrate sie nicht, weil sie mich angreifbar machen.
Wie würden Sie einem Blinden Ihr Äußeres beschreiben?
»Mach dir selbst ein Bild. Taste mich ab.«
Wer wird Deutschland in zehn Jahren regieren?
Die alte »Ethik« der Maßlosigkeit.
Welcher Politiker flößt Ihnen Vertrauen ein?
Der, der garantiert, dass er für Fehlentscheidungen haftet.
Wer soll Ihre Grabrede halten?
Niemand. Ich möchte nicht beerdigt werden.
Welchen Satz erhoffen Sie sich darin?
Keine Rede, kein Satz. Allenfalls der Gedanke: »Den beneide ich um sein pralles Leben.«
Was sind Ihrer Meinung nach die drei größten Fehler, die man im Leben machen kann?
1. Menschen blind zu vertrauen.
2. Nicht rechtzeitig Vorsorge fürs Alter getroffen zu haben.
3. Mit den Wölfen zu heulen.

Was bietet Ihnen Trost in schweren Zeiten?
Mein Leid mit jemandem meines Vertrauens zu teilen.
Wenn Sie drei Wünsche frei hätten, um fundamentale Dinge auf der Erde zu verändern, was würden Sie sich wünschen?
Natur- und Menschenrechte weltweit durchsetzen. Maximal zwei Kinder pro Frau. Dem Fortschrittswahn ab-

schwören und den Status quo der Entwicklung beibehalten.

Was kann der Einzelne zu einem friedlichen Miteinander beitragen?

An einer verbindlichen Weltethik mitwirken, andere Rassen und Lebensarten respektieren, solange sie auch mich achten. Mit gutem Beispiel vorangehen.

Wie war es für Sie möglich, bei den Afar in der Danakil-Wüste, wo Sie ja als Europäer wahrscheinlich als Ausländer gelten, Gehör und Vertrauen zu gewinnen?

Ich habe einen Afar-Freund, der als Vermittler agiert hat. Mir allein hätten sie nicht getraut. Außerdem bin ich in Demut, mit Respekt, ohne Besserwisserei und ohne jeden missionarischen Hintergedanken gekommen. Inzwischen gehöre ich dazu. Inzwischen genieße ich auch schon im Nachbarland Djibouti Vertrauen, und dort wird in Kürze die nächste Konferenz gegen weibliche Genitalverstümmelung stattfinden.*

Sie setzen sich mit solchen Aktionen ja auch indirekt für eine neue, wortgetreue Auseinandersetzung mit dem Koran ein. Denken Sie, dass in der Rückbesinnung auf den Kern einer »religiösen Lehre« große Friedenschancen liegen?

Ja, die hätte bei allen Religionen Chancen. Man muss nur die positiven Kräfte der jeweiligen Religionen aktivieren und sich durchsetzen gegen religiöse Fanatiker, die die Lehren verbiegen und missbrauchen.

Sie teilen auf Ihrer Homepage mit, »keiner Religion anzugehören« – trotzdem vermute ich, gibt es einen spirituellen Bereich in Ihrem Leben?

Ich glaube an die gewaltige Kraft der Schöpfung, wie auch immer man sie definieren mag. In diesem gigantischen Universumsgefüge bin ich ein mickriges Mosaik, das seine

* Ist im August 2004 erfolgt.

Zeit sinnvoll nutzen möchte, bevor es wieder von der Natur recycelt wird.

Angenommen, Sie treffen jemanden, der zu jeder Frage die absolute Wahrheit kennt. Welche drei Fragen würden Sie ihm stellen?

Wie reduzieren wir die Überbevölkerung? Wie retten wir die Erde? Wie kommt man zu dauerhaftem Frieden zwischen allen Völkern?

Sind Sie ein Held?

Nein. Ich bin ein Pragmatiker mit besonderer Bereitschaft zum Risiko.

Sind Sie ein Idealist?

Nur bedingt, denn Idealisten stehen in dem Ruf, es mit der Realität nicht so genau zu nehmen. Vielleicht bin ich ein »idealistischer Realist«.

Haben Sie ein Patentrezept, wie man alle Frauen der Welt erobern kann?

Nein. Das kann es gar nicht geben. Schon deshalb nicht, weil andere Kulturen ein völlig anderes Verhältnis zur Sexualität haben. Wer eine auf dem Lande lebende Muslimin anspricht, riskiert, dass sie getötet wird.

Welche Bücher haben Sie persönlich sehr beeindruckt und warum?

Waris Dirie, »Wüstenblume«: weil es mein Leben verändert hat (Gründung der eigenen Menschenrechtsorganisation TARGET gegen weibliche Genitalverstümmelung).

Ken Follett, »Säulen der Erde«: weil es mir den harten Überlebenskampf im Mittelalter klar gemacht hat.

Tahar Ben Yelloun, »Das Schweigen des Lichts«: weil es mir gezeigt hat, wozu Menschen in ihrer Qual fähig sind.

Ihr wichtigster Ratschlag für Menschen, die auf der Suche nach einem erfüllten Leben sind?

Mit wachen Augen durch die Welt gehen und handeln, wenn Handeln angesagt ist.

Nachwort

Das Problem ist nicht, schreiben zu können,
sondern mit dem Schreiben aufhören zu können.
Günter Grass

Recht hat er. Sein Rat sei befolgt.
Ende.

Nachwort zum Nachwort

Wer glaubt, alle seine Ziele erreicht zu haben,
hat sie zu niedrig gesteckt.
Herbert von Karajan

Deshalb auf ein Neues!
Denn heute beginnt der Rest des Lebens.

Tabellarischer Lebenslauf

1935	geboren. Kein Sternzeichen. Keine Religion – armes Schwein.
1951–1960	Radtouren um die halbe Welt.
1960	Erfahrungen mit arabischen Gefängnissen.
1965–1991	selbstständiger Konditor.
1968	Import des Themas *Survival* aus den USA.
1970/72/75	Befahrung des Blauen Nil in Äthiopien.
1976	Befahrung des Omo-Flusses in Äthiopien.
1977	Danakil-Wüste Äthiopien.
1980	Beginn des Einsatzes für die Yanomami. Bis 2000 fast jährliche Aktionen für die Yanomami.
1980	bis Lebensende Aktivist für Menschenrechte.
1986	Sperrmüllfloß-Reise auf der Elbe mit sechs Jugendlichen.
1987	per Tretboot über den Atlantik.
1988	als Goldsucher ins Yanomami-Gebiet.
1992	per Bambusfloß von Senegal über Brasilien, Karibik, bis vors Weiße Haus.
1995	Bau einer Krankenstation im Yanomami-Land.
1996	Wettmarsch durch Australien.
2000	»The Tree« – auf einer massiven Tanne von Mauretanien nach Brasilien.
2000	Gründung der Menschenrechtsorganisation TARGET gegen weibliche Genitalverstümmelung.

2002	Wüstenkonferenz in Äthiopien. Bundesverdienstkreuz am Bande.
2003	Urwaldmarsch ohne Ausrüstung.
2004	Wüstenkonferenzen gegen weibliche Genitalverstümmelung in Djibouti und Mauretanien.
2005	»Karawane der Hoffnung«.

Parallel 21 Bücher, 18 TV-Dokumentationen

Veröffentlichungen

Bücher:

1. **Drei Mann, ein Boot, der Blaue Nil**
   Die Erstbefahrung des Blauen Nil, Äthiopien.
2. **Drei Mann, ein Boot, zum Rudolfsee**
   Michaels Ermordung, Befahrung des Omo-Flusses, Äthiopien.
3. **Überleben in der Wüste Danakil**
   Viereinhalb Monate zu Fuß mit Kamelen. Überfälle, Gefangenschaft. Eine besonders spannende und abwechslungsreiche Reise.
4. **Die Kunst zu überleben**
   … in scheinbar aussichtslosen Situationen.
   Das Buch, das die europäische Survivalbewegung begründete.
5. **Yanonámi – Überleben im Urwald**
   Mein erster Besuch bei den Indianern in Brasilien.
   Die Wende meines Lebens.
6. **Im Tretboot über den Atlantik**
   Keine Erfahrung mit Navigation, Angst vor unberechenbaren Wassern, immer seekrank. Und dann nichts wie rüber.
7. **Über den Atlantik und durch den Dschungel**
   Auf 120 Bambusrohren von Senegal zum Weißen Haus.
   In den Klauen der brasilianischen Goldmafia.

8. **Medizin Survival**
   Überleben ohne Arzt. Nicht Erste Hilfe, sondern zweite und dritte. Von der Geburt bis zum Grab. Warnung: Wer das Buch gelesen hat, wird unsterblich.
9. **Survival-Abenteuer vor der Haustür**
   Der Bestseller für Jugendliche. Der Einstieg in die faszinierende Welt des Selbstbewusstseins, der Unabhängigkeit, des Reisens auf eigene Faust.
10. **Survival-Training**
   Ein systematischer 5-Tage-Kurs für Einsteiger.
11. **Die letzte Jagd**
   Als Menschenrechtsaktivist gegen den Völkermord an den Yanomami-Indianern.
12. **Der selbstgemachte Häuptling**
   Die Enttarnung des angeblichen Indianer-Häuptlings Tatunca Nara, in Wirklichkeit Günther Hauck aus Coburg, der laut BKA dringend verdächtigt wird, für mindestens drei Morde verantwortlich zu sein.
13. **Survival-Faustregeln für Abenteuer mit Sinn**
   Ein dünnes Heft mit einigen *Grundregeln* des Survival.
14. **Überleben ums Verrecken**
   Das ultimative Survivalbuch für Wildnis und Zivilisation. Wer es gelesen hat und dennoch stirbt, ist selbst schuld (und kann den Kaufpreis zurückverlangen).
15. **Echt verrückt**
   Mein Beitrag gegen die Überbevölkerung. Das Buch zum Totlachen. 30 aberwitzige wahre Geschichten.
16. **Survival-Lexikon**
   Mein Survivalwissen reduziert auf Sachlichkeit. Fast ohne Humor.
17. **Mit dem Baum über den Atlantik**
   Drei Abenteuerreisen: »The Tree«, der Wettmarsch durch Australien, Gefangen in Jordanien.

18. **Die Rettung der Yanomami**
    Der selbsterlebte Krimi im Regenwald hat ein Happy End. Nach 18 Jahren Power.
19. **Die Yanomami-Indianer**
    Eine Zusammenfassung aus den vier Yanomami-Büchern.
20. **Abenteuer Urwald**
    Zwei Abenteuergeschichten: Ohne Ausrüstung ausgesetzt vom Hubschrauber im brasilianischen Regenwald. Und die Geschichte über die Morde um Tatunca Nara (siehe Buch 12).
21. **Die Autobiographie**
    Ein meist heiterer Rückblick. Aber kein Lebensschlusspunkt.

Einige der Bücher gibt es in Spanisch, Italienisch, Finnisch, Koreanisch, Chinesisch, Kroatisch, Holländisch. Den englischen und amerikanischen Markt konnte ich leider nicht begeistern.

Sonstige Publikationen:

22. **Abenteuer vor der Haustür**
    20 ZDF-Magazinbeiträge à vier Minuten für Jugendliche mit Grundübungen des Survival. Als DVD und Video.
23. **Hörbuch »Atlantik-Tagebuch«**
    Akustische Berichte von der Fahrt mit dem Baumstamm über den Atlantik.
24. **Hörbuch »Echt verrückt«**
    Teile aus dem gleichnamigen Buch.
25. **DVD: Survival**
    Ein Spiel.

In Arbeit:

26. **Survival für Eltern und Kinder**
    von 5 bis 10 Jahren. Als Buch und TV-Serie.
27. **»Karawane der Hoffnung«**
    Mit dem Islam gegen weibliche Genitalverstümmelung. Eine Fata Morgana wird Wirklichkeit.
28. **»Echt verrückt«.** Band II
    Neue, aberwitzige und wahre Geschichten.

Ein Appell an meine Leserinnen und Leser

TARGET
(ZIEL)
RUEDIGER NEHBERG
Direct actions for human rights
Gezielte Aktionen für Menschenrechte

Es gibt neue Projekte. Bei den Waiapí-Indianern und gegen die weibliche Genitalverstümmelung. Besonders das letzte Thema ist für mich zur letzten großen Herausforderung geworden. Zusammen mit meiner Lebenskampfgefährtin Annette Weber und fünf Freunden habe ich deshalb meine eigene Menschenrechtsorganisation TARGET (Ziel) gegründet. Sie macht mich unabhängig und aktionsschnell. Finanziell und in Entscheidungen. Denn ich bin fast 70, und da bleibt keine Zeit mehr für lange akademische Diskussionen.

TARGET's besondere Strategie: Beendigung des Brauches der weiblichen Genitalverstümmelung mit der Hilfe des Islam. Zwar verstümmeln auch Christen (»Es steht in der Bibel!«) und Andersgläubige, aber in den betroffenen Gebieten ist der Islam der dominierende Glaube. Und dort ist die meist gehörte unrichtige Begründung: »Es steht im Koran.« Deshalb ist es TARGET's Vision, dass höchste Glaubensführer erklären:

Frauenverstümmelung ist mit der Ethik des Islam unvereinbar, Gottesanmaßung und Diskriminierung des Islam.

Bis hin nach Mekka. Nicht mehr und nicht weniger.

Wer uns dabei unterstützen möchte, ist herzlich eingeladen, das als Förderer zu tun. Schauen Sie gern auf unsere Homepage, oder kommen Sie zu meinen Vorträgen. Dort erfahren Sie, welche unglaubliche Kooperation wir bereits in der islamischen Welt erfahren haben, was mit den Spendengeldern geschieht, auf welche messbaren Erfolge wir verweisen können.

Herzlich bedanken sich

Rüdiger Nehberg und Annette Weber
Frühjahr 2005

TARGET (e.V.)
Ruediger Nehberg
Poststr. 11, 22946 Trittau
www.target-human-rights.com
E-Mail: ruediger-nehberg@target-human-rights.com
Spendenkonto: 24240, Sparkasse Stormarn, BLZ 230 516 10
In der Schweiz: Konto 40-622117-1,
Kontobezeichnung: TARGET Ruediger Nehberg,
Finanzinstitut: PostFinance

Bei Überweisung bitten wir dringend um Ihre Anschrift für die Spendenbescheinigung.

MALIK

Rüdiger Nehberg

Echt verrückt!

Erlebte Geschichten. 270 Seiten mit 17 Cartoons von Kim Schmidt und zahlreichen Fotos. Gebunden

Spektakuläre Survival-Aktionen und sein Engagement für die Yanomami-Indianer: Damit ist Rüdiger Nehberg berühmt geworden. In seinem ungewöhnlichen Leben am Limit sind aber auch unzählige witzige und schaurige Episoden passiert, mit denen Rüdiger Nehberg das Publikum bei seinen Vorträgen zum Lachen, Gruseln und Staunen bringt und die jetzt nachzulesen sind – Begegnungen der skurrilen Art und witzige Anekdoten wie das erste Rendezvous mit peinlichen Folgen als junger Bäckerlehrling, der Ringkampf mit einer Felsenpython nur so zum Spaß, der Unterhosenkauf mit dem Scheich oder die Nil-Reise in einem Sarg. Und wenn Nehberg beim 1000-km-Marsch durch Deutschland vor lauter Hunger einer Ringelnatter ihre Beute abluchst, bekommt auch »Nouvelle Cuisine« eine ganz neue Bedeutung …

02/1044/01/L

MALIK

Rüdiger Nehberg

Überleben ums Verrecken

Das Survival Handbuch. 493 Seiten mit 16 Seiten Farbbildteil und Illustrationen von Yo Rühmer. Gebunden

Feuer machen, Nahrung suchen, Trinkwassergewinnung, Erstversorgung bei Schlangenbissen, Bedrohung durch Haie oder Insekten – Survival klingt nach Extremsituationen in fernen Ländern, nach lebensmüden Abenteurern. Aber dieses Buch ist mehr. Es zeigt, daß Gefahren kalkulierbar und zu meistern sind, und leitet konkret an, wie man aus Alltagssituationen schnell und unkompliziert das Beste machen kann: Fitness im Straßenverkehr und auf Reisen, Selbstverteidigung für Mann und Frau – Rüdiger Nehberg, der als erster »Survival« in Europa zum Thema machte und zur Kultfigur einer ganzen Bewegung wurde, legt die Summe seiner über 30jährigen Erfahrung vor. Beispiele aus Praxis und Training, spannende Episoden aus Nehbergs faszinierendem Leben und zahlreiche anschauliche Illustrationen runden diesen unentbehrlichen Leitfaden ab.

02/1026/01/R

PIPER

Rüdiger Nehberg bei Piper:

Überleben in der Wüste Danakil
335 Seiten mit 34 Farbfotos und einer Karte. Serie Piper

Survival-Lexikon
368 Seiten mit zahlreichen Abbildungen von Julia Klaustermeyer. Serie Piper und gebunden bei Kabel

Medizin-Survival
Überleben ohne Arzt. 268 Seiten mit zahlreichen Abbildungen. Serie Piper und gebunden bei Kabel

Survival-Abenteuer vor der Haustür
296 Seiten mit 116 Illustrationen von Marian Kamensky. Serie Piper

Die Yanomami-Indianer
Rettung für ein Volk – meine wichtigsten Expeditionen. 413 Seiten mit einem farbigen Bildteil und einer Karte. Serie Piper

Mit dem Baum über den Atlantik
THE TREE und andere Abenteuer. 240 Seiten mit 67 Farbfotos und 3 Karten. Serie Piper und gebunden bei Kabel

Abenteuer am blauen Nil
Drei Mann, ein Boot, zum Rudolfsee
Zwei Abenteuer in einem Band. 462 Seiten mit 34 Farbfotos. Serie Piper

01/1299/02/L

www.ruediger-nehberg.de

RUDI KAMIKAZE
RUDI KAMIKAZE